GENDARMES
AU
COMBAT

1
Indochine, 1945-1955

DU MÊME AUTEUR

Aux Presses de la Cité :

L'HOMME DE PRAGUE, 1977 :
LES SENTIERS DE LA GUERRE :
Tome I : LES SENTIERS DE LA GUERRE, 1981.
Tome II : FRÈRES D'ARMES, 1982.
Tome III : LE FLAMBEAU, 1983 (Prix Claude-Farrère, 1984).
L'HÉRITAGE.

Dans la collection « Troupes de choc » :

LA LÉGION AU COMBAT, 1975.
BATAILLON BIGEARD, 1976.
LES CADETS DE LA FRANCE LIBRE, 1978.
LES 170 JOURS DE DIÊN BIÊN PHU (couronné par l'Académie française), 1979.
LA 2e D.B., 1980.
LA GUERRE DES APPELÉS EN ALGÉRIE, 1980.
LA COLONIALE DU RIF AU TCHAD, 1982.
BATAILLON DE CORÉE (Les Volontaires français, 1950-1953), 1983.
LE RÉGIMENT DE MARCHE DE LA LÉGION, 1914-1984.

Chez d'autres éditeurs :

DEUXIÈME CLASSE À DIÊN BIÊN PHU, Table Ronde, 1964.
MOURIR AU LAOS (Prix Raymond-Poincaré, 1965), France-Empire, 1965.
LES PETITS SOLEILS, France-Empire, 1967.
PRENEZ-LES VIVANTS, Balland, 1972.
LES PARAS, Balland, 1971 (collection « Corps d'élite »).
LA LÉGION, Balland, 1972 (collection « Corps d'élite »).
L'AFRIKAKORPS, Balland, 1972 (collection « Corps d'élite »).
VANDENBERGHE, LE PIRATE DU DELTA, Balland, 1973.
COMMANDOS DE CHOC. INDOCHINE (Les Héros oubliés), Grasset, 1975.
COMMANDOS DE CHOC, ALGÉRIE (Le Dossier rouge), Grasset, 1976.
LA LÉGION ÉTRANGÈRE (en collaboration avec Peter YOUNG), Robert Laffont, 1984.

Presses Pocket :

DEUXIÈME CLASSE À DIÊN BIÊN PHU, 1976.
LA LÉGION AU COMBAT, 1978.
BATAILLON BIGEARD, 1979.
LES CADETS DE LA FRANCE LIBRE, 1980.
LA 2e D.B., 1981.
LES 170 JOURS DE DIÊN BIÊN PHU, 1981.
LA GUERRE DES APPELÉS EN ALGÉRIE, 1982.
LA COLONIALE DU RIF AU TCHAD, 1983.

Livre de Poche :

LES PARAS, 1973.
LA LÉGION, 1974.
L'AFRIKAKORPS, 1975.
VANDENBERGHE, LE SEIGNEUR DU DELTA, 1977.
COMMANDOS DE CHOC, INDOCHINE, 1981.

Erwan BERGOT a obtenu, en 1983, le Grand Prix de Littérature de la Ville de Bordeaux pour l'ensemble de son œuvre.

ERWAN BERGOT

GENDARMES AU COMBAT

1

Indochine, 1945-1955

Collection « Troupes de choc » dirigée par Jeannine BALLAND

PC

Les Presses de la Cité
Paris

Dans la même collection :

La Légion au combat, Erwan Bergot.
Commando de chasse, Jean Mabire.
Paras de la France Libre, colonel Roger Flamand.
Corsaires en béret vert, René Bail.
Bataillon Bigeard, Erwan Bergot.
1er Bataillon de choc, Raymond Muelle.
G.M. 100, Jean-Pierre Bernier.
La Légion saute sur Kolwezi, Pierre Sergent.
Les Cadets de la France Libre, Erwan Bergot.
Les Panzers de la Garde Noire, Jean Mabire.
La Bataille des Ardennes, Michel Hérubel.
Les 170 jours de Diên Biên Phu, Erwan Bergot (couronné par l'Académie française).
Normandie-Niémen, Yves Courrière.
La 2e D.B., Erwan Bergot.
Commandos d'Afrique, de l'île d'Elbe au Danube, Patrick de Gmeline. (Prix Raymond-Poincaré.)
Les Marines à Khé-San, F. d'Orcival et J.-F. de Chaunac.
Panzers en Afrique, Jean-Marie Fitère.
La Guerre des Appelés en Algérie, 1956-1962, Erwan Bergot.
Les Bombardiers de la France Libre, François Broche.
Les Paras du matin rouge, Jean Mabire.
Le Corps expéditionnaire français en Italie, Jacques Robichon.
La Bataille des Convois de Mourmansk (1941-1945), J.-J. Antier.
Les Sous-Marins de la France Libre, Maurice Pasquelot (Prix Raymond-Poincaré.)
Bataillon R.A.S. — Algérie, Jean Pouget.
Paras-Légion. Le 2e B.E.P., Pierre Sergent.
La Coloniale — du Rif au Tchad, 1925-1980, Erwan Bergot.
Les Hélicos du Djebel — Algérie, 1955-1962, Marc Flament.
Les Chasseurs de la R.A.F. dans la bataille d'Angleterre, juillet-août 1940, Jean Bourdier.
La Crète, tombeau des paras allemands, Jean Mabire.
Le Commando du 6 juin, N° 4 Commando, Raymond La Sierra.
La Bataille de Malte, Jean-Jacques Antier.
Bataillon de Corée, Erwan Bergot.
La 1re D.F.L., Yves Gras.
Corps Francs 39-40, Patrick de Gmeline.
La Division Brandebourg, Éric Lefèvre.
2e R.E.P., Pierre Sergent.
Régiment de Marche de la Légion, Erwan Bergot.
Les Escorteurs de la France Libre, Michel Bertrand.
Les Chasseurs Alpins, Jean Mabire (Prix Raymond Poincaré.)
1er Bataillon de Choc en Indochine, Raymond Muelle.
La Bataille de Midway, Michel Hérubel.
La Bataille des Philippines, Leyte-J.-J. Antier.
Royal Etranger — Légionnaires cavaliers au combat 1921-1984, Alain Gandy.

ISBN 2-258-01657-6

PROLOGUE

LE SABRE DU SAMOURAÏ

Mars-août 1945

Kep, Cambodge, 7 mars 1945.

Tout en bas, au-delà des bâtiments de l'ancienne douane, à gauche de ce qui fut le centre de repos de Kep, la mer. Chaque matin, au moment où il quitte sa villa pour se rendre à son bureau, le maréchal des logis-chef Charles Vançon s'arrête et contemple cette étendue plate, lisse comme un miroir, qui s'étend à l'infini et au bout de laquelle il y a la France, quinze mille kilomètres au-delà. La France ! Le maréchal des logis-chef Vançon l'a quittée depuis le 16 janvier 1938, plus de sept ans déjà, quand la direction de gendarmerie l'a désigné pour le Cambodge. Il n'a de sa patrie que quelques rares nouvelles, mais il sait que depuis quelques jours le dernier des Allemands a repassé le Rhin. Son pays est libre. Définitivement.

Avec un léger pincement au cœur, Vançon se demande quand, à son tour, cette portion de l'empire qui s'appelle l'Indochine sera débarrassée de la présence de ses occupants, ces petits hommes jaunes aux jambes torses qui se sont abattus en 1941 sur le pays et qui s'y maintiennent à la façon des crabes, arrogants et cyniques, pillant sans vergogne un territoire qu'ils prétendent intégrer à « la plus grande Asie ».

Quelle dérision !

Vançon redresse sur son front son casque réglementaire et se dirige à grands pas vers sa gendarmerie, affectant d'ignorer la présence vociférante d'une section de Nippons qui pratiquent un simulacre d'assaut, au milieu de la place du marché, contre des sacs de jute bourrés de paille de riz.

Il marche, regardant droit devant lui, le visage volontairement inexpressif. Mais il donnerait bien un mois de sa solde, et même davantage pour avoir enfin le droit de les passer au fil de sa mitrailleuse...

— Chef ?

La voix est discrète, l'homme davantage encore. Vançon reconnaît, adossé à un coin de paillote, le garde auxiliaire Tramol, un Cambodgien au cuir noir et tanné comme celui d'un Africain, d'une fidélité à toute épreuve.

Vançon s'approche, interroge :

— Qu'y a-t-il ?

— Chef, les « Pigeons verts [1] » ont arrêté le garde Phoum. Ils l'ont emmené prisonnier au camp de Kompong Trach !

Phoum est adjoint au chef de la brigade de Damnack-Changœur. Il est surtout l'un des plus fidèles collaborateurs de Vançon, chargé de surveiller les mouvements des avions de l'aérodrome de Kompong Trach, l'un des maillons du réseau de résistance qu'anime, depuis Canthô, le capitaine Jean d'Hers pour tout l'Ouest cochinchinois. Vançon ne peut sous aucun prétexte abandonner aux autorités nippones l'un des gardes dont il a la charge ; ce serait renoncer à toute autorité. En une seconde, sa décision est prise.

Il se précipite chez l'administrateur, chef de province, M. Duvelle et les deux hommes conviennent de partir immédiatement pour le camp militaire.

— Emmenez votre interprète, suggère Duvelle.

Vançon fait la grimace. L'interprète, Nguyen Van Dang, un Tonkinois, est depuis des mois un agent japonais. Ses fréquentes absences pour de prétendues raisons de famille n'ont en réalité pour but que de lui permettre de rendre compte des activités de son chef, ainsi que de suivre des cours de propagande nationaliste. Les Japonais travaillent pour l'avenir. Ils se savent perdus, aussi ont-ils décidé de ne laisser derrière eux que l'anarchie et le chaos, suscitant, aidant ou formant les mouvements nationalistes anti-Blancs, même — et surtout — s'ils sont communistes. Ils l'ont fait aux Indes néerlandaises, ils le font en Birmanie, ils le préparent en Indochine.

Il y a vingt kilomètres de Kep à Kompong Trach. La 202 de Duvelle avance lentement, en cahotant, obligée souvent d'empiéter sur le bas-côté pour laisser passer des convois de camions bâchés qui remontent de Kampot. Vançon sait qu'ils transportent les blessés rapatriés des îles du Pacifique où se déroulent de sanglants combats. Pour les dissimuler aux yeux des civils, les Japonais ont dressé, tout autour de leurs cantonnements, de grands panneaux

1. Surnom donné par les Cambodgiens aux aviateurs nippons.

de chaume gardés par des sentinelles hargneuses et braillardes. Ils veulent cacher la grande débâcle, mais cela ne sert à rien.

Tous les soirs, se faufilant le long de la plage, le maréchal des logis-chef Vançon aborde à un pavillon de repos niché dans un bois de cocotiers. Là, dans un galetas, il a dissimulé un émetteur-récepteur clandestin qui capte Delhi, l'Australie, parfois même Radio-Brazzaville. Sur une carte du Pacifique, il inscrit le recul des troupes du Mikado : la Birmanie, les Philippines et, depuis quelques jours, Iwo Jima, le « porte-avions insubmersible » à 1 200 kilomètres seulement de Tokyo.

La chute du géant nippon n'est plus qu'une question de mois, peut-être de semaines. Et ce ne sont pas leurs airs bravaches, leurs hurlements de bêtes fauves, leurs regards haineux qui peuvent encore impressionner les Français.

Il y a cinq ans que ceux-ci attendent leur revanche.

En 1941, profitant de l'apparente faiblesse des Français, isolés à l'autre bout du monde, dans l'impossibilité d'être secourus par la mère patrie occupée par les Allemands, les Thaïlandais, alliés de l'Axe, sont passés à l'attaque pour arracher au Cambodge les provinces de Siêm Réap et de Battambang. Ce fut l'échec, mais les Japonais, s'immisçant sans raison dans ce conflit, offrirent leur « médiation ».

La force primant le droit, obligation fut faite d'abandonner lesdites provinces et d'accepter le transit des troupes nippones à travers l'Indochine. Terme vague recouvrant une réalité tragique, l'occupation pure et simple du territoire.

Bientôt, les Japonais affluèrent avec du matériel lourd et l'Indochine devint une immense base arrière. Le Tonkin pour la Chine du Sud et la Birmanie, l'Annam pour la flotte — la baie de Cam Ranh est un mouillage unique au monde — la Cochinchine et le Cambodge pour le Pacifique, la Malaisie et les Philippines.

Sous prétexte d'accords avec l'ambassadeur de Vichy à Tokyo, Arsène Henry, les lycées, les hôpitaux et les casernes furent réquisitionnés. La main-d'œuvre locale fut levée en masse, façon détournée mais efficace de priver l'agriculture et l'industrie locales de tous leurs travailleurs.

Pour les gendarmes d'Indochine[2], cette invasion ne fit qu'ajouter, aux charges déjà lourdes, d'autres charges plus insupportables encore. Déjà très encombré du fait des désertions de cadres et de soldats indochinois, de la piraterie, ce mal endémi-

2. Détachement de Cochinchine-Cambodge-Saigon : 136 gendarmes et gradés Détachement Annam-Tonkin-Hanoi : 67 gendarmes et gradés.

que de l'Extrême-Asie, le service exigeait qu'ils soient le tampon entre les autorités japonaises et la population locale.

Pour la plupart d'entre eux, disséminés dans la brousse, remplissant les fonctions les plus diverses, administratives et militaires sous les ordres d'administrateurs-résidents, l'arrivée d'un détachement nippon signifiait toujours des réquisitions — locaux, vivres, main-d'œuvre — donc des difficultés avec les administrés. Ils devenaient, de fait, les collaborateurs de l'ennemi.

Dans le même temps, ils coopéraient aux activités de la Résistance. Ils recevaient des parachutages d'armes envoyés des Indes, constituaient des dépôts clandestins en brousse, acheminaient même les aviateurs alliés abattus au-dessus du territoire. Ils renseignaient leurs supérieurs sur les mouvements des troupes, des avions, des bâtiments de guerre ou de commerce et ce dans un climat de suspicion.

Très tôt, les Japonais avaient tissé, autour d'eux, un étroit filet de surveillance, soit en recrutant leurs subordonnés immédiats, soit en soudoyant coolies ou travailleurs. Ceux-ci, en effet, recevaient une carte spéciale délivrée par les autorités nippones et, si d'aventure ils commettaient quelque délit, il était impossible de les arrêter ; cette carte était un talisman et leur permettait de se réfugier à l'intérieur d'une enceinte militaire. Bien imprudent serait le gendarme qui oserait y pénétrer.

C'est ce à quoi pense, ce matin, le maréchal des logis-chef Charles Vançon, tandis que la voiture s'approche de son but. Le camp de Kompong Trach est adossé à la brousse, protégé par d'importants réseaux de barbelés, gardé par des sentinelles en treillis vert.

A peine s'est-elle présentée devant le poste de garde, que la 202 est stoppée.

— Je vous attends ici, propose Duvelle d'une voix mal assurée.

Escorté de Dang, l'interprète, paralysé de frayeur, Vançon s'avance, immédiatement entouré d'une bande de démons hurlants, qui le mettent en joue et font mine de le percer à coups de baïonnette. Ne serait la sacro-sainte question de principe, Vançon renoncerait bien volontiers. Il se demande avec inquiétude dans quel guêpier il est allé se fourrer. Mais il s'oblige au calme et crie : « Commandature » en brandissant une lettre que lui a remise le résident à l'intention de l'officier commandant le camp.

Toujours hurlants, les « pigeons verts » escortent Vançon et l'interprète jusqu'à une paillote et les poussent à l'intérieur. Là se tient un officier, sabre à la ceinture, assis, hiératique et énigmatique, derrière une table bancale, entouré d'une dizaine de soldats, armés jusqu'aux dents. Devant eux, étroitement ligoté, la face contre terre, le visage boursouflé de coups, gît Phoum, le garde cambodgien.

— Je suis le sous-lieutenant Hito, fait traduire l'officier. Qu'êtes-vous venu faire dans une enceinte militaire japonaise ?

Vançon tend le pli. Hito s'en saisit et, sans l'ouvrir, le jette dédaigneusement sur la table.

— J'attends votre réponse, insiste-t-il, arrogant.

Vançon se tourne vers Dang et, en annamite, il dit :

— Je suis venu chercher mon subordonné. S'il a commis une faute, c'est à moi, à moi seul, de le sanctionner.

Dang est plus mort que vif. Il ne peut dévoiler devant son chef son appartenance aux services japonais, il est obligé de jouer le jeu. La voix tremblante, il traduit. La réponse arrive, cinglante :

— Il est venu espionner notre camp !

Vançon comprend que l'affaire est grave. Il comprend surtout qu'il doit, très vite, contrôler la situation. S'il se laisse impressionner, Hito est bien capable de le faire arrêter, comme complice, ou comme responsable. Sans plus réfléchir, il feint une violente colère à l'adresse de Phoum qu'il relève et qu'il injurie, le menaçant de son index tendu, comme d'un pistolet.

Les Japonais éclatent de rire en voyant la mine stupéfaite et apeurée du garde qui ne saisit pas l'objet des menaces dont son chef le gratifie.

— Je l'emmène, dit Vançon. Il va avoir affaire à moi et je le punirai moi-même de belle façon !

Perplexe, mais ébranlé par l'assurance du Français, Hito accepte, non sans exiger une décharge écrite et la promesse que ses hommes pourront vérifier la réalité de la punition. Vançon signe, sans vergogne.

Les sentinelles japonaises se montrent partagées. Les unes acceptent la décision de l'officier, les autres veulent s'y opposer. Profitant de la confusion, Vançon s'éloigne à grands pas, remorquant son Cambodgien terrorisé. Dans son dos, il entend la voix acerbe et goguenarde de Hito qui lui lance, en un français parfait :

— Dans deux jours, monsieur Vançon, c'est vous qui prendrez la place de votre gendarme !

Sur le moment, Vançon a cru à une vantardise. Mais, le soir même, tandis qu'il rend compte à son chef, le capitaine d'Hers, de l'incident sans omettre la menace finale, il s'entend répondre :

— Prenez d'urgence toutes dispositions pour camoufler vos armes et tous les documents de votre poste. Faites des provisions de vivre. Il se prépare quelque chose de grave...

A la nuit tombée, le maréchal des logis-chef Berruet, commandant le poste de gendarmerie de Prabat Cheam Chum, se présente discrètement. Exceptionnellement, il s'est habillé en civil. Il se montre inquiet.

— Depuis quatre jours, explique-t-il, des camions japonais bourrés de troupes passent la frontière à Svaï Rieng. Ils se dispersent, filant sur Phnom Penh, ou vers le sud, par ici, vers Kampot. De toute évidence, ce ne sont pas des renforts en transit vers le Pacifique. Ils s'installent pour durer.

Vançon opine, gravement. La menace du lieutenant Hito prend tout son sens. Il répercute les ordres reçus tout à l'heure concernant le camouflage des dépôts d'armes et des documents.

— Mettez vos gens en état d'alerte...

Berruet a un geste fataliste du menton :

— Au premier coup de feu, mes gardes se disperseront, ce ne sont pas des guerriers. Et puis, comment défendre un « poste » qui n'est qu'une villa, en plein milieu du village ?

Les postes de gendarmerie d'Indochine ne sont pas des forteresses, puisqu'elles doivent être accessibles en permanence au public.

— Faites au mieux.

Le gendarme Nicolas a assisté à l'entretien. C'est l'un des plus jeunes, il est arrivé en 1940. Infatigable coureur de brousse, il a en charge les bagnards qui font office de coolies pour réparer ou entretenir la route.

— J'ai une requête à formuler, dit-il de sa voix posée.

— Je vous écoute.

— Au cas où vous seriez dans l'impossibilité d'exercer votre commandement — si le lieutenant Hito mettait sa menace à exécution par exemple — m'autorisez-vous à prendre la brousse ?

Vançon ne répond pas tout de suite. Responsable de l'ordre à Kep, il doit envisager toutes les situations. Si, comme semble le redouter Nicolas, comme le craint le capitaine d'Hers, comme tout paraît l'indiquer, les Japonais ont décidé de désarmer les Français d'Indochine, quelle serait la conduite à adopter ? Il ne peut évidemment être question de capituler. Alors, résister ? Mais où ? Avec quoi ? Surtout avec qui ? Berruet vient de le dire, ce sera aussitôt la débandade parmi les troupes indigènes. Alors faire « Camerone » sur place ? Ce serait sauver l'honneur sans aucun profit pour la présence française.

Nicolas a réfléchi, lui aussi :

— Mon père a été fait prisonnier en 1916 devant Douaumont. Toute mon enfance a été bercée par les récits de l'humiliation ressentie par des soldats sans armes, humiliés, obligés d'obéir à des sentinelles, de travailler comme des bêtes. Les Japonais sont pires que les Boches, ils nous traiteraient comme du bétail. Jamais je ne serai prisonnier.

Vançon acquiesce, d'un signe de tête :

— Vous êtes responsable de la prison de Kep. Si vous estimez pouvoir résister sur place, faites-le et alertez la garnison de Kampot. Si vous ne le pouvez pas, libérez vos bagnards et considérez-vous comme dégagé du devoir d'obéissance à mon égard. Votre devoir sera de servir. — Il sourit, amical : — Et de survivre, ajoute-t-il.

A deux cents kilomètres de là, le capitaine Jean d'Hers est très exactement en train de tenir le même discours à ses gendarmes, venus le consulter. Pour eux, en contact étroit avec la population, l'issue ne fait pas de doute ; les Japonais se préparent à attaquer, ils n'ont logiquement pas d'autre conduite à adopter. Livrant partout des combats retardateurs, ils ne peuvent s'offrir le luxe d'avoir, auprès d'eux, des soldats armés, appartenant à un pays qui a repris sa place dans le combat contre l'Axe. C'est une question de sécurité élémentaire.

— Ils attaqueront, remarque le chef Ravelle, commandant le poste de O Mon, sur les bords du fleuve Bassac, mais quand[3] ?

Personne n'en sait rien.

— Soyez prêts à toute éventualité, répond le capitaine. En tout cas, pour ce qui nous concerne, pas d'hésitation ; regroupez-vous tous ici, à Cantho, nous serons plus difficiles à vaincre.

Le maréchal des logis-chef Ravelle approuve, son adjoint, Bétaille, également. Quant au gendarme Detter, l'homme de confiance du capitaine, il se borne à fourbir les armes.

Le capitaine Jean d'Hers n'est pas homme à prendre ses décisions à la légère. Son apparence même est celle d'un roc. Solide, les épaules larges, le visage énergique, il est uniquement guidé par le souci du service. Parce que son père, bien que réformé avant

3. La date du 9 mars était connue de Paris. Le 6 mars, les services américains ont déchiffré un message de Tokyo : « L'état-major impérial ordonne l'application du plan de désarmement des troupes françaises en Indochine et en Chine. » Avertie, la mission française de liaison auprès de l'état-major américain de Nouméa rend compte à Paris. La nouvelle ne tarde pas à filtrer, puisque, le 7 mars, *le Figaro* écrit : « Selon une source étrangère, les Japonais ont désarmé les troupes françaises par mesure de précaution, dans l'éventualité d'un débarquement américain... »

Malgré cela, Paris n'a prévenu ni la D.G.E.R. (les services secrets) ni la mission française de Calcutta, ni celle de Tchoung King en Chine, ni Hanoi où pourtant siégeait le chef désigné de la résistance, le général Mordant.

En fait, il semble que le gouvernement français ait voulu « punir » les hommes de l'amiral Decoux de leur « collaboration » avec les « fascistes japonais ».

1914, a réussi à s'engager et est tombé devant Verdun en 1915, il a décidé à son tour de choisir le métier des armes. Saint-cyrien en 1929, volontaire pour la gendarmerie coloniale, il sert en Indochine depuis 1938. En 1940, il a sollicité, en vain, l'honneur de se battre en France.

Catholique fervent, il a su inspirer autour de lui, auprès des populations cochinchinoises, à la fois respect, admiration et confiance. Du reste, ses enfants ont été élevés ici même, à Cantho, et le dernier, le septième, mort l'an passé de malnutrition, a été inhumé dans le carré européen du cimetière du chef-lieu de province.

La vie est rude, dans le delta du Mékong, pour le petit peuple annamite. Aux catastrophes naturelles — cyclones et typhons — s'est ajouté le poids de l'occupation japonaise. Autrefois grenier à riz de toute l'Indochine et même au-delà, la Cochinchine paie en nature un lourd tribut à l'occupant qui pille sans scrupule, réquisitionne la main-d'œuvre, rafle riz et viande. Les buffles sont de plus en plus rares à paître dans les herbages du Transbassac.

Le capitaine Jean d'Hers a, très tôt, choisi la résistance. Sans forfanterie, simplement parce que c'était son devoir. Un devoir double ; celui d'officier français d'abord, celui de responsable de la sécurité et de la tranquillité des populations qui lui ont été confiées ensuite.

Il est entouré par un solide réseau de gendarmes, ossature de son organisation secrète. Outre le maréchal des logis Ravelle, son voisin, en poste à O Mon, il a poussé ses antennes jusqu'à Long Xuyen, chez le chef Andrieux et, au cours d'une mission de liaison sur Saigon, il a rencontré ses homologues du Cambodge, les lieutenants Noël et Abadie, ainsi qu'un responsable de la résistance de l'Est cochinchinois, le maréchal des logis-chef Roger Courtet, adjoint au poste de Thu Dau Mot[4].

Pour le capitaine Jean d'Hers, la résistance intérieure indochinoise n'a d'utilité que si elle peut contribuer au succès d'une invasion des forces alliées, soit qu'elles arrivent des Indes, comme le laissent prévoir les détachements parachutés de Calcutta, soit qu'elles débarquent directement sur les rivages de Cochinchine ou d'Annam, suite logique de la reconquête américaine des positions du Pacifique.

Imaginer, comme le pensent certains bravaches qui exhibent à Saigon les Sten récupérées dans des parachutages clandestins, que la Résistance peut suffire à bouter les Japonais hors d'Indochine relève de l'aberration mentale. Au contact avec les populations,

4. Cf. carte p. 38.

Jean d'Hers se rend bien compte que les Français — et leurs amis — sont isolés, les slogans nippons de la « Plus Grande Asie » ou de « l'Asie aux Asiatiques » n'ont pas laissé insensibles certains notables locaux, nationalistes provisoirement modérés qui se déchaîneront si la Kempeitai, la sinistre police japonaise, leur en fournit l'occasion et les moyens. Et la foule suivra...

De toutes les façons, personne, en Indochine, ne peut rien faire d'autre que d'attendre ; l'initiative leur échappe totalement. Ils sont dépendants soit des Alliés qui décideront — ou pas — de débarquer par air ou par mer, soit des Japonais qui passeront à l'action, au jour, à l'heure et de la façon qui leur conviendront.

— Ne vous faites aucune illusion, explique-t-il à ses adjoints, les Japonais seront efficaces et brutaux. Efficaces parce que c'est leur intérêt, brutaux parce que c'est leur nature et qu'ils éprouvent à notre égard haine et mépris.

Un instant de silence, puis :

— N'oubliez pas que nous sommes des soldats, la seule présence militaire dans cette province de Cochinchine. L'heure va venir bientôt de nous conduire en soldats. — Il change de ton : — Rappelez-vous les consignes. Dès que vous recevrez l'un de ces messages conventionnels « Saint-Barthélemy » ou « A la hussarde ! », vous rejoignez le point de rendez-vous que nous nous sommes déjà fixé.

Un à un, les gendarmes prennent congé. S'ils sont inquiets pour les lendemains, ils ne le montrent pas ; pour eux aussi le devoir est clair.

Ce soir-là, dans toute l'Indochine, des consignes d'alerte ont été lancées à l'ensemble des troupes françaises, au Tonkin où se trouvent principalement le 5e Régiment étranger et le 9e Régiment d'infanterie coloniale, et à Saigon où cantonne le 11e R.I.C.

Et pourtant, la nuit, comme la matinée qui suit vont être calmes, ce qui amène le commandement à lever l'alerte au milieu de la journée du 9 mars 1945.

Alors, tout va très vite. A 19 h 30, au palais Norodom, à Saigon, l'ambassadeur Matsumoto présente à l'amiral Decoux un ultimatum qui ne s'embarrasse pas de fleurs, exigeant : « que l'armée de terre, de mer et de l'air, la police et la garde indochinoise soient placées sous le commandement unique de l'armée impériale ».

La réponse doit être donnée dans les deux heures qui viennent.

A 20 heures, avant même que l'ultimatum soit expiré, partout et en même temps, les Japonais passent à l'attaque.

A Dong Dang, à la frontière de Chine, la petite garnison de 150 tirailleurs tonkinois se bat deux nuits et deux journées entières avant de capituler, munitions épuisées. Les survivants sont massacrés.

A Lang Son, ville tragique du Tonkin sur les bords du Song Ky Cong, l'agression se traduit par un bain de sang : 643 tués sur les 760 défenseurs de la citadelle, parmi lesquels le général Lemonnier, décapité au sabre.

A Hanoi, la citadelle obtiendra les honneurs de la guerre après que sa garnison aura eu 484 tués.

A Hagiang au bord de la rivière Claire, comme à Takhek au Laos, à Hué, à Tourane, à Saigon même, les troupes françaises livrent, des heures durant, des combats désespérés avant de déposer les armes, munitions épuisées.

A Phnom Penh, passé le premier instant de surprise, la garnison française effectue une sortie, appuyée par des chars. Mais, là aussi, toute résistance organisée cesse après trente-six heures.

La présence militaire française a été balayée de l'Indochine.

Le 11 mars, les Japonais sont partout les maîtres.

Partout ? C'est inexact. Au Tonkin, une colonne de légionnaires, brisant l'encerclement, se fraie en combattant un difficile chemin vers la Chine.

En Annam, un groupe mixte, composé de gendarmes de la garde indochinoise, étoffée de cadres de l'infanterie coloniale, s'est jeté dans la jungle de montagne, essayant de gagner le Laos. Le lieutenant-colonel Valéry, qui la commande, réussira à survivre jusqu'à l'armistice au prix de lourdes pertes : seuls 19 hommes parviendront à destination.

En Cochinchine, la dispersion joue dans un premier temps en faveur des Français. Dès réception du premier message d'alerte : « A la hussarde » puis « Saint-Barthélemy », le maréchal des logis Roger Courtet a pris la brousse avec une poignée de gardes fidèles, des Cochinchinois catholiques. Il se réfugie dans la jungle impénétrable de la forêt d'An Son, toute proche [5].

Il y reste trente-cinq jours, pourchassé sans trêve par un ennemi implacable, guidé par des Annamites qui, pour la circonstance, ont adopté l'uniforme et choisi des pseudonymes japonais, ainsi Truong, dit Taka, ainsi Nhang, dit Sakeï, par ailleurs responsables de nombreux assassinats et de viols de civils européens de la région des plantations. Capturé par traîtrise le 15 avril, Courtet est torturé, puis expédié au sinistre bagne de Thu Duc.

A Cantho, le capitaine Jean d'Hers n'a pas attendu réception du second message. Dès vingt heures, le 9 mars, il s'est équipé, a rassemblé son groupe de gardes fidèles — une demi-douzaine — puis il a salué sa femme :

5. Qui deviendra, en 1947, le repaire du régiment viêtminh 301.

— Prends soin des enfants, lui dit-il. Jamais je ne me rendrai aux Japonais, dussent-ils te prendre comme otage et te fusiller. Je ferai mon devoir jusqu'au bout.

La jeune femme a serré les dents. Elle a tenté de rassurer son mari :

— Ici, répond-elle, je ne risque rien, les Cochinchinois nous connaissent et nous aiment, ils ne nous feront aucun mal.

La même nuit, le capitaine d'Hers a retrouvé ses gendarmes, Ravelle, Bétaille et son fidèle Detter. Il y a plusieurs mois déjà qu'ils ont aménagé des abris pour le personnel et des caches pour l'armement et les explosifs.

Le capitaine n'a pas choisi sa zone d'implantation au hasard. Elle se situe sur la rive sud du fleuve Bassac, l'un des bras du Mékong, qui délimite la frontière de la presqu'île de Ca Mau, l'extrême pointe de l'Indochine.

C'est un terrain marécageux, envahi de palétuviers, où quelques rares rizières flottantes constituent de véritables petites îles, faciles à défendre contre l'effet de surprise. La population y est clairsemée. Au fil des années, elle a acquis un sens aigu de la solitude, loin des riches régions de Tra Vinh ou de Bentré, le grenier à riz du territoire.

Les hommes sont pêcheurs, à l'occasion contrebandiers, un peu pirates. C'est parmi les indigènes que Jean d'Hers a coopté ses compagnons indigènes. Six gardes d'un dévouement et d'une fidélité maintes fois éprouvés, volontaires pour quitter la relative sécurité d'un poste de garde et partager l'existence précaire d'hommes traqués.

Cette zone est coupée par deux grands canaux de drainage, qui joignent le Bassac à la mer. Au nord-ouest, le canal de Caï Bé à O Mon. Au sud-est, le canal de Quan Lo à Phung Hiep. Ces deux canaux délimitent et isolent la zone d'opération du petit groupe de résistants.

Pour les attaquer, s'ils s'y décidaient jamais, les Japonais ne disposent que de deux itinéraires d'accès routiers : la route qui relie Cantho à Soc Trang, et celle qui va de Rach Gia à Bac Lieu. Elles enjambent les canaux sur des ponts métalliques, à Cay Nac, Cay Rac et à Phung Hiep. Ce sont les premiers objectifs que le capitaine Jean d'Hers a fixés à ses hommes.

— Une fois ces ponts détruits, explique-t-il, nous serons dans la position d'une forteresse dont les ponts-levis ont été relevés. Pour venir jusqu'à nous, les Japs seront contraints d'arriver par les canaux. Nous les attendrons.

C'est un raisonnement sain. Rien ne se prête mieux aux embuscades que ce terrain, coupé, peu favorable aux grands déploiements de troupes, où les ruisseaux — les songs — forment un lacis inextricable où seuls les habitants parviennent à se reconnaître.

La journée du 10 mars se passe à attendre. En effet l'ordre de regroupement concerne également le poste de Long Xuyen que tient le maréchal des logis-chef Andrieux.

Mais Andrieux ne viendra pas. Depuis la veille, il est assiégé par la compagnie du commandant Sako, aidé par une milice « spontanément » levée par un certain Huyn Phu Sô, un bonze « inspiré », fondateur d'une secte religieuse prônant un bouddhisme réformé ; il a pris le nom de Hoa Hao [6].

Les gardes indochinois désertent. Ne demeurent auprès d'Andrieux que les Khmers Krom de sa garnison, des indigènes originaires du Cambodge qu'une haine farouche oppose aux Annamites. Andrieux tient quatre jours. Le 14 mars, à dix heures du matin, munitions épuisées, armement et radio sabotés, Andrieux cesse le feu.

Après vingt jours d'interrogatoires et de torture dans les locaux de la Kempeitai, à la prison de Chi Hoa, à Saigon, il est envoyé au bagne de Thu Duc où il retrouve, avec plusieurs autres camarades, son ami le maréchal des logis Courtet.

Le capitaine Jean d'Hers n'est pas resté inactif. Le 11 mars, avec Trung, un gendarme auxiliaire, et Detter, son homme de confiance, déguisés en nha-qués, ils effectuent de jour une reconnaissance du pont de Cay Nac, leur premier objectif.

Pour ce déplacement, l'équipe utilise un canot, le *Saint-Eloi,* camouflé en sampan de rivière. Il est équipé d'un moteur de 90 CV, et, sous la bâche de *cai-phèn,* un auvent en demi-lune fait de bambou et de latanier tressé, est dissimulé un petit canon anti-chars de 25. L'armement du *Saint-Eloi* est complété par deux affûts pouvant recevoir, chacun, un fusil-mitrailleur 24/29. De la sorte, le « destroyer de rivière », comme l'appelle Detter, constitue une solide base de feu avec laquelle l'ennemi devra compter.

Le soir tombe. Tandis que Bétaille reste à la garde du bivouac, le capitaine d'Hers s'éloigne, à la barre du *Saint-Eloi*, escorté de trois gendarmes auxiliaires annamites, de Ravelle et de Detter. La nuit est noire, la navigation se fait à l'estime, aux étoiles. Arrivé sur le canal principal, d'Hers coupe le moteur ; l'approche se fera à la godille.

A onze heures, le pont de Cay Nac est atteint. Les gendarmes auxiliaires demeurent dans l'embarcation, abrités derrière une

6. Du nom du village natal de Huyn Phu Sô, surnommé le « bonze fou ».

touffe de roseaux, le canon, servi par Ravelle, pointé sur le débouché de la route.

Dans l'eau jusqu'aux épaules, Detter et son capitaine avancent, portant à bout de bras les musettes contenant le plastic, les cordeaux détonants et le dispositif de mise à feu à retard. Ils se mettent au travail. Ils sont obligés parfois de s'interrompre lorsque des convois passent en ferraillant au-dessus de leurs têtes, ou que des patrouilles à pied circulent sur la route.

A une heure du matin, tout est terminé, les deux hommes regagnent le bateau. Au moment où l'un des gendarmes détache l'amarre, un groupe de six Japonais débouche exactement à leur hauteur. Ceux-ci aperçoivent ce qu'ils prennent pour l'embarcation d'un quelconque contrebandier, ils la hèlent. L'un des gendarmes auxiliaires répond, en annamite. Par chance, l'un des Japonais est en réalité un guide indigène. Après quelques échanges de phrases, l'ennemi s'éloigne et le *Saint-Eloi* peut regagner sans encombre son débarcadère secret.

A peine les Français ont-ils mis pied à terre qu'une sourde déflagration secoue la torpeur de la brousse, en même temps qu'une brève lueur orangée embrase un instant le noir du ciel. Sans un mot, le capitaine se retourne et serre la main de ses hommes. Mission accomplie.

Deux jours plus tard, après avoir, dans les mêmes conditions, réalisé une reconnaissance au pont de Cay Ray, l'équipe opère le second sabotage dans la nuit du 14 au 15 mars.

Les Japonais n'acceptent pas ces destructions sans réagir. Des renforts arrivent de Saigon, ou remontent de Bac Lieu. Guidés par des paysans recrutés de force, ils commencent à opérer des ratissages dans la zone où se cachent les Français. Mais le capitaine a envisagé cette possibilité. Dans la nuit du 15 au 16 mars, il déplace son bivouac vers l'ouest et l'installe à proximité du village de Phuong Binh d'où est originaire le gendarme auxiliaire Trung.

Dans le même temps, Ravelle, Bétaille et trois gendarmes auxiliaires effectuent la reconnaissance du troisième objectif, le pont de Phuong Hiep.

— Cela ne va pas être facile, explique le chef Ravelle. Le pont est exactement au centre de l'agglomération, à deux pas de la place du marché où stationnent en permanence des camions japonais bourrés de troupes. Il est gardé ; une sorte de guérite de paille a été édifiée en plein milieu, des sentinelles contrôlent les gens qui le traversent.

Après un long silence, le capitaine d'Hers explique son plan d'action :

— Nous allons constituer deux équipes, dit-il enfin. La première, comprenant quatre hommes à vos ordres, Ravelle. Mission : vous infiltrer, à pied, jusqu'aux lisières ouest de Phuong Hiep. A onze heures, vous déclenchez une intense fusillade, de façon à attirer le maximum d'ennemis dans votre direction. Soyez bruyants, mais rapides. Décrochez après cinq minutes de feu. Je prends le commandement de la seconde équipe avec Detter et Trung. C'est moi, seul, qui piégerai le pont. C'est tout.

Le plan se déroule comme prévu. A trois heures du matin, au moment où les deux équipes se regroupent au bivouac secret, le pont de Phuong Hiep vole en morceaux.

Les Japonais se déchaînent. Dès l'aube du lendemain, des avions timbrés du cercle rouge survolent la région à basse altitude tandis que l'infanterie, au coude à coude, ratisse chaque coin de brousse. Les villages cochinchinois sont évacués de force, leurs habitants regroupés sous bonne garde dans les grandes agglomérations. Les paillotes sont incendiées, les buffles abattus dans les rizières. C'est la grande razzia, le grand pillage.

Aux Japonais se joignent bientôt des bandes de pirates, moitié bagnards libérés, moitié partisans Hoa Hao, flairant le carnage. La région est passée au crible, pas un canal qui ne soit fouillé, puis barré par des sampans enchaînés les uns aux autres et gardés par des sections de mitrailleuses. Autour du groupe de gendarmes, l'étau se resserre.

Le 18 mars, un Européen, M. Dupré, planteur à Than Hung, rallie le bivouac. Il apporte des vivres et des médicaments et se propose d'accompagner le capitaine. Celui-ci refuse :

— Si vous prenez les armes, vous ne serez pas couvert, comme nous le sommes, par les conventions de Genève. Dieu sait le traitement que vous réserveront les Japonais s'ils vous capturent. Je vous suggère de devenir le chef de notre base secrète.

Dupré s'incline.

Face au déploiement ennemi, le capitaine a, en effet, décidé de réagir, ne serait-ce que pour conserver à son équipe l'esprit offensif qui est le sien depuis le 9 mars.

Le 19 mars, le *Saint-Eloi,* armé en guerre, canon paré, fusils-mitrailleurs en batterie, quitte, à l'aube, son mouillage secret de Phuong Binh et s'engage dans le dédale des giongs menant au canal principal de Quang Lo.

Les gardes auxiliaires connaissent les itinéraires non gardés. A 11 heures du matin, la vigie signale :

— Groupe de Japonais droit devant.

En effet, à moins de cent mètres, sur la rive d'en face, une compagnie ennemie ratisse les berges du canal.

— Feu ! ordonne d'Hers.

Le combat s'engage aussitôt. Le canon fait merveille, empêchant la mise en batterie des mitrailleuses adverses, tandis que les deux fusils-mitrailleurs balaient de leurs feux les rangs des fantassins. Chez les Japonais, c'est la panique ; les hommes tombent, fauchés comme des quilles. Aux cris des blessés se joignent les hurlements de rage des gradés, tentant de rameuter leurs troupes.

— Bateau à tribord, clame Detter.

Débouchant d'un coude du canal, une vedette fluviale vient d'apparaître. Sans plus attendre, elle ouvre le feu sur le *Saint-Eloi*, qui louvoie de façon à présenter son étrave à l'ennemi, cible plus difficile à atteindre.

Le chef Ravelle a braqué son canon. Deux obus lui suffisent. Il fait mouche. La première fois, en muselant le canon ennemi placé à la proue, la seconde en provoquant une voie d'eau exactement à la limite de la ligne de flottaison. La vedette coule, en trois minutes.

— Fonce !

Le *Saint-Eloi* a pris de la vitesse. Il dépasse la compagnie de fantassins japonais qui s'est ressaisie et commence à coordonner ses mouvements, malgré les chargeurs des fusils-mitrailleurs que Bétaille et Detter vident à toute allure. Le voici à la hauteur de l'épave de la vedette. Encore quelques dizaines de mètres et il sera sorti de la nasse, retrouvant une eau libre.

C'est alors que le moteur s'arrête.

Pendant une trentaine de mètres encore, le *Saint-Eloi* court sur son erre, mais sa vitesse est rapidement tombée, d'autant plus qu'il naviguait à contre-courant. Malgré tous les efforts du mécanicien, le moteur demeure muet.

Et le *Saint-Eloi* dérive.

Les gardes auxiliaires saisissent les rames, essayant, sans y parvenir, d'empêcher leur embarcation de se placer en travers du canal. Mais le courant est le plus fort et l'inévitable se produit ; le *Saint-Eloi* commence à rebrousser chemin, franchit à nouveau l'endroit où a été coulée la vedette japonaise et s'approche dangereusement de la rive où, maintenant, la compagnie ennemie concentre ses feux sur le canot à la dérive.

Malgré les deux fusils-mitrailleurs, malgré le canon de Ravelle, les Français ne sont pas de taille à résister longtemps. Peu à peu, les blessés encombrent le *Saint-Eloi*. La première victime est le gendarme Bétaille, tué net d'une balle au front, puis deux gendarmes auxiliaires annamites.

Pendant un quart d'heure, Français et Japonais se fusillent, à moins de vingt mètres. Mais les munitions s'épuisent.

Un instant, le capitaine songe à débarquer et à donner l'assaut ; il n'en a pas le temps. Il est touché à son tour et glisse, lentement, soutenu par son fidèle Detter qui ne peut que recueillir son dernier souffle.

Le *Saint-Eloi* tourne sur lui-même, présentant maintenant sa poupe aux Japonais, debout sur la rive. C'est le carnage. Sur les seize membres de l'équipe, tous sont touchés et, quand les Japonais, à l'aide de longues gaffes, ramènent le canot à terre, ils constatent qu'il ne contient plus que des cadavres. Pour plus de sécurité, ils les lardent de coups de baïonnettes.

Puis ils tirent les corps sur la rive, les déshabillent et les abandonnent ainsi.

Pourtant un homme n'est pas mort. Le gendarme Sylvestre. Il a reçu quatre balles, deux coups de baïonnette, mais il vit. Il est couvert de son sang et de celui de ses camarades. Il n'a pas bronché lorsque les Japonais se sont acharnés sur lui. Depuis la fin de la matinée, il gît, misérable et nu, la soif lui brûlant la gorge, des crampes dans les membres, dévoré par les sangsues et les fourmis rouges. Il veut vivre, il veut témoigner.

Il reste ainsi huit heures, jusqu'à ce que la nuit soit entièrement tombée. Prudemment, il se redresse, constate que les Japonais se sont éloignés.

Alors, il se laisse glisser dans le canal, boit un peu d'eau saumâtre, lave ses plaies, arrache fourmis et sangsues. Un temps, il s'abandonne au courant qui l'entraîne vers le sud. Puis, lorsqu'il s'estime hors de portée, il touche terre et entreprend une longue marche vers le bivouac secret.

Il n'y parvient qu'à l'aube, grelottant de fièvre, au bord de l'épuisement. Il a tout juste le temps de faire au planteur Dupré le récit de l'embuscade tragique, de la mort du capitaine d'Hers et de ses camarades avant de s'écrouler, évanoui.

Le planteur donne l'alerte. Le lendemain, des religieux de Soc Trang vont sur les lieux et donnent aux morts une sépulture décente.

Ramené à Saigon, le capitaine Jean d'Hers est inhumé au cimetière aux côtés de son septième enfant, mort l'an passé[7].

Dénoncée par des Annamites antifrançais, Madame d'Hers et ses six enfants sont arrêtés deux jours plus tard par la Kempeitai. Mais, pour une fois, la seule sans doute, les Japonais se montrent prévenants envers elle.

7. Le capitaine Jean d'Hers a été fait Compagnon de la Libération. Il repose aujourd'hui à la Valette-du-Var où une avenue porte son nom.
Etienne Bétaille a été inhumé en 1950 au cimetière Saint-Vivien, à Saintes.

— Vous pouvez être fière de votre mari, madame, lui déclare le commandant Sako. Je m'incline très bas devant vos six enfants. Leur père a sauvé l'honneur français dans l'Ouest.

« Victoire ! Indochinois, vous êtes désormais un peuple libre ! Grâce aux armes victorieuses du Japon, le joug français est aboli ! Tous les Français sont morts ou prisonniers... »

Le poste crachote, il siffle, il craque, il a du fading, mais les quatre hommes qui écoutent Radio Saigon serrent les poings. Jusqu'à ce soir, ils espéraient que la résistance à l'agression japonaise serait plus vigoureuse, mieux organisée et qu'il demeurerait, ici ou là, des bastions militaires auxquels se raccrocher. Ce communiqué claironnant met fin à leurs illusions.

Depuis une semaine, ils sont cloîtrés dans la même pièce, la chambre à coucher de l'ancien directeur de la prison de Kampot. Tant bien que mal, ils ont bricolé un récepteur à galène et se servent, comme antenne, du treillis métallique du sommier.

Avec Vançon, il y a Merle, chef de la gendarmerie de Kampot, ainsi que deux civils, Lançon, le résident adjoint, et Billerot, le chef de la Sûreté. Tous ont été arrêtés le 10 mars.

Depuis cette date, Vançon enrage. Il est allé lui-même se fourrer dans la gueule du loup. Ignorant des tragiques événements qui ensanglantaient l'Indochine, il a effectué une liaison auprès de son camarade Merle pour mettre au point avec lui les ultimes détails de la riposte à une éventuelle attaque ennemie. En entrant dans Kampot, il s'est trouvé face à face avec des mitrailleuses. Aussitôt ceinturé et entraîné dans le poste de la garde dont les hommes étaient parqués sous la menace des fusils japonais, il n'a eu d'autre ressource que de lever les bras.

Il est furieux, mais pas trop inquiet. Hier matin, se payant d'audace, il a réussi à joindre sa femme par téléphone. Par elle, il a appris qu'elle avait détruit les documents secrets et, avec l'aide de deux bagnards cambodgiens, à évacuer les armes — onze mousquetons et fusils Gras — et le coffre-fort du poste.

— Je suis seulement en résidence surveillée, a-t-elle précisé.

— Et Nicolas ?

— Disparu. Je pense qu'il s'est mis en congé, a-t-elle répondu prudemment.

Vançon a souri. Nicolas a tenu parole. Même s'il a choisi la difficulté, il est demeuré un homme libre. Combien de temps arrivera-t-il à tenir ? Vançon se le demande avec inquiétude ; l'avenir semble tragiquement bouché.

Comme tout se sait, même à l'intérieur d'une prison, Vançon et ses compagnons de geôle ont appris les horreurs qui se sont déroulées à Phnom Penh durant les effroyables journées du 10 et du 11 mars. Ils ont frémi au récit du supplice de la famille du sergent-chef télégraphiste Larrat, tués à coups de baïonnette dans la rue, sa femme enceinte, clouée au sol, agonisant en plein soleil, sous les sarcasmes et les quolibets des hommes du leader nationaliste Son Ngoc Than, rallié aux Japonais.

— Les Nippons ont le plus parfait mépris de la vie humaine, a dit Lançon qui a été naguère en poste à Tokyo.

Il imagine sans peine ce qui s'est passé sur tout le territoire. Les pistes doivent être jalonnées de têtes coupées et les bagnes n'ont d'autre but que de faire périr le plus de monde possible. Le bagne...

C'est ce qui attend, demain, les prisonniers de Kampot.

Brutalement extirpés de leur cellule, d'abord soumis à un interrogatoire poussé qui les laisse meurtris et pantelants, ils sont entassés, le 19 mars, à cinquante, dans d'étroites camionnettes où ils ne peuvent se tenir que debout. Conduits à Phnom Penh, ils y arrivent le 20 après trente heures d'un voyage de cauchemar. Là, leur convoi est joint à celui qui draine vers la capitale tout ce que le Cambodge comptait de fonctionnaires, civils ou militaires français.

Vançon retrouve les seize gendarmes du Cambodge et leurs chefs, les lieutenants Noël et Abadie. Ces derniers sont méconnaissables. Battus, torturés, le visage et les membres en sang, ils n'ont rien mangé depuis quatre jours. Pris de pitié, Vançon et ses compagnons prélèvent un peu de leurs chiches rations de riz pour les aider à survivre. Ils parviennent même, à prix d'or, à acheter quelques fruits qu'en dépit des interdictions des sentinelles, ils réussissent à faire passer aux deux officiers.

De Phnom Penh, par voie fluviale, ils partent pour Kompong Cham où ils sont enfermés deux mois durant, dans les locaux pénitentiaires, gardés par les anciens bagnards auxquels les Japonais offrent une cruelle vengeance.

A l'embarcadère, le résident cambodgien, Kim Kit, tient à saluer le résident français Lançon.

— Avant de vous quitter, monsieur le Résident, laissez-moi vous embrasser. A votre dernier moment, je penserai beaucoup à vous.

— En voilà un qui ne nourrit pas d'illusions sur le sort qui nous est réservé, observe le maréchal des logis-chef Vançon.

Il croit avoir touché le fond du désespoir. Il ne sait pas encore que le pire est à venir.

Dans la prison, où les conditions d'hygiène sont effroyables, la dysenterie a fait son apparition, aggravée, pour la plupart des détenus, par la malnutrition. La ration quotidienne de riz, fixée à 300 grammes par jour, tombe à 200 grammes dès le début du mois de juin.

L'explication, cynique, est donnée par le lieutenant Nago :

— Nous ne pensions pas, explique-t-il, que vous seriez aussi nombreux à survivre. Nos stocks avaient été calculés pour deux cents détenus. Vous êtes quatre cents.

Vançon et ses camarades, Ferry et Lerouvillois, les doyens, cinquante ans, l'adjudant Gotaly, qui a été désigné comme responsable du groupe et Merle, l'ancien titulaire du poste de Kampot, déduisent que deux cents d'entre eux sont implicitement condamnés à mort.

— Jusqu'à ce que le quota des survivants soit atteint, conclut le chef Lavialle.

Le moral, qui se maintenait tant bien que mal, est en chute libre. D'autant plus que les informations en provenance du front du Pacifique, qui les aidaient à survivre en entretenant l'espoir, n'arrivent plus jusqu'ici.

Voici une semaine, ils ont appris, au conditionnel, que la forteresse d'Iwo Jima, où l'on se battait depuis le mois de février, avait fini par capituler [8].

Même si la nouvelle est vraie, cette défaite n'a pas entamé le fanatisme des Nippons ni leur détermination, encore moins leur cruauté. Pour une sordide histoire de sandales dérobées, ils ont attaché quatre Cambodgiens — des droits commun — à des poteaux et se sont exercés, des heures durant, à la baïonnette. Finalement, les suppliciés ont été jetés dans le Mékong, attachés ensemble par du fil de fer barbelé. L'un vivait encore.

Les Français ne sont pas épargnés non plus. Chaque jour, un certain nombre d'entre eux sont convoqués « pour interrogatoire ». Vançon n'y échappe pas. Le 11 juin, il subit le premier questionnaire :

— Où se trouvent les dépôts d'armes que vous avez constitués pour équiper les francs-tireurs ?

Vançon affecte l'ignorance. Un coup, porté du tranchant de la main, lui fait éclater les lèvres. Il décide alors de feindre un évanouissement, ce qui lui vaut d'être roué de coups, à terre. Un seau d'eau glacée est censé lui rendre ses esprits :

— Où sont les documents secrets ? Nous n'avons pas retrouvé le coffre-fort !

Vançon répond, avec difficulté :

— Les bagnards cambodgiens que vous avez libérés à Kep ont sûrement dû l'emmener pour dérober son contenu.

8. Le 26 mars.

— Qu'y avait-il à l'intérieur ?

— Un peu d'argent, destiné à la paie des ouvriers travaillant pour les P.T.T.

— Et des documents ?

— Non, les seuls documents en ma possession étaient un exemplaire du règlement de la gendarmerie. Vous pouvez vous le procurer dans toutes les bonnes librairies.

Cette réponse lui attire une grêle de coups de rotin. Mais, jusqu'au bout, Vançon s'accroche à cette version. Il ne peut ni ne veut avouer qu'il a caché la clef du coffre dans sa chaussette, sous ses leggins de toile ; elle le fait déjà suffisamment souffrir. Et, du reste, même avec la clef, que feraient les Japonais ? Lui-même ignore où sa femme a caché le coffre.

Au bout de six heures de sévices, les Japonais le renvoient dans sa cellule. Il s'y traîne, se laisse tomber sur sa natte. Ses camarades le soignent, du mieux qu'ils peuvent, en silence ; ils savent que leur tour viendra.

Le lendemain, le maréchal des logis-chef Lavialle est conduit au bureau de la Kempeitai. Il est ramené à la nuit tombée, porté par deux bagnards cambodgiens. Son corps n'est plus qu'une plaie. Ses bourreaux se sont acharnés sur ses jambes, ses pieds dont la chair a éclaté, lui interdisant, pour longtemps, la station debout. Il délire, prononçant des mots sans suite. Ses camarades, qui le veillent, croient deviner l'acharnement du lieutenant Nago. Lavialle a eu, à ses yeux, le grand tort de participer activement, les armes à la main, à la contre-offensive française à Phnom Penh, le 11 mars dernier.

Deux jours plus tard, ordre est donné à tous les prisonniers de préparer leurs bagages. Ils quittent Kompong Cham. Destination, le Laos où, d'après les Japonais, ils vont recevoir des soins et connaître les « joies de la vie en plein air, et se racheter des exactions commises en participant à de grands travaux pacifiques ».

Dès l'aube du 15 juin, le misérable détachement est rassemblé par des sentinelles féroces, baïonnettes dégainées, qui hurlent et aboient, le visage convulsé, roulant des yeux furibonds.

Le lieutenant Nago paraît enfin et, en mauvais français, s'adresse à ses prisonniers :

— Vous devez savoir que le Mékong n'est pas navigable jusqu'à Kratié. Vous ferez donc la route à pied. Et tous ensemble. — Il brandit son sabre : — J'ai reçu l'ordre de faire fusiller sur place les traînards et de brûler leurs bagages.

Atterrés, les Français se regardent. Il y a 85 kilomètres jusqu'à Kratié. C'est une véritable marche à la mort que les Japonais ont décidée.

— Et Lavialle ? demande le chef Merle. Dans l'état où sont ses pieds, jamais il ne franchira le premier kilomètre.

Vançon n'hésite pas.

— Nous le porterons, à tour de rôle.

Tous se taisent. Même s'ils comprennent que c'est la seule solution, ils devinent qu'elle sera tout aussi cruelle pour eux. Ils sont eux-mêmes affaiblis par le régime auquel ils sont soumis depuis deux mois ; tout effort supplémentaire réduira leurs chances de survie. Mais ils acceptent, utilisant des bambous, des ficelles et une natte à peu près solide.

Le lendemain, ils se mettent en route. Pour tout viatique, ils emportent une ration de vivres pour quatre jours, 800 grammes de riz cru, de la plus mauvaise qualité, grains brisés, déjà charançonnés, des fonds de sacs où la poussière tient une place égale.

Ce que fut cette marche demeure, dans le souvenir des survivants, une série d'images de cauchemar, la lente agonie de quatre cents hommes en loques, une file immense d'hommes brisés, avançant vaille que vaille sur une piste de latérite, tantôt aveuglante de soleil, tantôt gluante de pluie.

Le climat du Sud Laos est fait de ces extrêmes, une chaleur de four, suivie d'une atmosphère glacée. La dysenterie fait des ravages et la piste est bientôt jalonnée de ces petites tombes à fleur de terre, hâtivement creusées sous les insultes et les coups des sentinelles, surmontées d'une croix faite de deux branches cassées, liées ensemble par une liane souple.

Il n'y a pas de nom, rien qui rappelle la mémoire de ce Français qui dort là. D'ailleurs, ses compagnons eux-mêmes ignorent l'identité de celui qu'ils ont inhumé.

Ils l'ont seulement trouvé allongé sur le bord de la piste. Ils l'ont inhumé, roulé dans sa natte, parfois nu — les Laotiens l'ont dépouillé de ses derniers vêtements — et lui ont seulement fait l'aumône d'une prière. Ils ne savent rien de lui ; c'est seulement l'un de leurs compagnons de misère et de désespoir. Leur frère. Et cela suffit.

Le 20 juin, tantôt à pied, tantôt en chaloupe, le calamiteux cortège des survivants arrive à Paksé.

Il est accueilli par une sorte de dogue écumant, court sur pattes, l'inévitable sabre de samouraï lui battant les mollets.

— Je suis médecin, éructe-t-il. Je vais soigner les malades !

Une centaine de malheureux se pressent bientôt devant la paillote qui est censée être l'« hôpital ». La plupart sont refoulés sans ménagement. Les plus chanceux obtiennent un cachet d'aspirine. Le gendarme Lestrade, qui a participé au portage de Lavialle, dont l'état ne cesse de s'aggraver, réussit à alerter le père Bayet, le curé de Paksé.

— Arrangez-vous, dit ce dernier, pour faire transférer votre camarade à l'hôpital civil. Il fonctionne encore.

Le « commandant » japonais ne l'entend pas de cette oreille. Il brandit son sabre :

— Je vais soigner cet homme, décide-t-il.

Des sentinelles s'emparent de Lavialle, le traînent sans ménagement à l'intérieur de la paillote. Quelques minutes plus tard, des cris affreux se font entendre. Une demi-heure passe et le verdict tombe, tragique :

— Votre camarade était atteint d'appendicite. J'ai tenté une opération...

« Sans anesthésie », pense Vançon.

— ... mais il était trop tard. Vous pouvez emporter son corps.

Le père Bayet obtient malgré tout l'autorisation d'emmener la dépouille de Lavialle. Il est enterré dans le petit cimetière de Paksé, auprès d'un jeune soldat de la Coloniale, François Genetrix.

Pendant quelques jours, les Français restent parqués à l'intérieur de ce qui fut la caserne de la Garde. Certains pensent qu'ils ont atteint l'ultime étape de leur trop longue marche à la mort. D'autres tentent de s'organiser. Les Japonais veillent à tout ; ils ont une imagination débordante pour rendre la vie infernale. Défense est faite aux prisonniers de sortir des baraquements ; les sentinelles tirent, comme au stand de foire, sur l'imprudent qui se hasarde, de jour ou de nuit, en direction des latrines, une baraque de *cai-phèn*.

— Vous devez brandir un drapeau blanc, explique le sous-officier responsable de la discipline.

Cinq jours passent ainsi. Et puis, un matin, les soldats nippons s'abattent comme des sauterelles dans la caserne, font sortir tous les prisonniers. Ils exécutent d'abord une fouille surprise. Tout ce qui, jusque-là avait échappé à leur vigilance est impitoyablement confisqué et brûlé, en tas, au milieu de la cour. Ce sont de misérables objets, bouts de tissu, carnets de bord, couteaux, rasoirs ou brosses à dents, chaussures de rechange — lamentables espadrilles rapetassées avec des bouts de fil de fer. Désespérés, les Français regardent se consumer dans les flammes de ce cruel autodafé ce qu'ils avaient cru pouvoir sauver, parfois une simple photographie de leur femme, de leurs enfants, ces symboles qui les aidaient à survivre. Mais les gardiens ne s'apitoient pas. Puis, fusils braqués, ils organisent le convoi ; c'est à pied, sous un soleil implacable, que les prisonniers effectueront la dernière étape qui va les conduire sur le plateau des Bolowens, au sinistre camp de Paksong.

Paksong est une ancienne plantation de café. Les Japonais en ont fait un camp de « rééducation par le travail [9] ». Ils agissent exactement comme s'ils avaient l'éternité devant eux et ont pris la décision d'ouvrir, à travers la Cordillère annamitique, une route carrossable qui reliera directement la vallée du Mékong depuis Paksé, jusqu'à la mer, à Qui Nhon, en passant par Muong May, Attopeu et Kontum. En franchissant le Mékong au bac de Paksé, cela leur permettrait, vers l'ouest, de relier directement le Laos à Bangkok, en Thaïlande, par Oubon et le plateau de Korat.

C'est une œuvre titanesque à laquelle ils se sont attelés. Jusqu'ici, la main-d'œuvre était fournie par les Tonkinois des plantations, rustiques, travailleurs et, de surcroît, grassement payés. Les Tonkinois ont gagné un galon de plus ; ils sont devenus gardiens bénévoles, recevant, en outre, une formation à la fois politique et militaire [10], la politique étant, en l'occurrence, une permanente leçon de nationalisme et de haine antifrançaise.

Il y a déjà environ 350 détenus au camp de Paksong. Ce sont les cadres, fonctionnaires et militaires, séjournant au Laos. Marsouins de l'Infanterie coloniale voisinant avec légionnaires, tirailleurs et gendarmes.

Vançon a la surprise d'y retrouver son adjoint, le gendarme Nicolas, capturé voici un mois, après 70 jours de brousse.

— J'ai appris qu'il y avait des guérillas françaises dans le Centre Laos. Avec le garde Phoum et les deux bagnards cambodgiens, Chéa et Outh, nous avons pris contact avec des Moïs du Nord Cambodge. Ils nous ont guidés, à travers la montagne, en direction de Muong May [11]. Nous avons été vendus par des Laos Issaraks, alliés des Japonais, et faits prisonniers dans une embuscade, près de Voene Saï.

Vançon le serre dans ses bras. Nicolas a effectué, en deux mois, à peu près quatre cents kilomètres à travers la jungle.

Et la vie s'organise, partagée entre les rares instants de repos et les corvées de construction de la route et du pont qui doit enjamber la rivière Champi [12].

Quel que soit leur état de santé, les prisonniers doivent, par roulement et pendant douze heures par jour, soit charrier des galets depuis la rivière jusqu'au tracé de la route, soit scier, débiter et

9. La leçon portera ses fruits et les camps viêtminhs des années 50 ne seront pas autre chose.

10. Ils vont devenir, dans les mois et les années suivants, les cadres et les bo-doïs de l'armée de Giap.

11. Où se trouve le groupe Rouby, de la Force 136. Cf. *Commandos de choc en Indochine*, d'Erwan Bergot (Grasset).

12. Cf. *Le pont de la rivière Kwaï*.

transporter, à bras, des grumes de bois de quinze à vingt mètres de long. Malheur à celui qui est surpris ou même soupçonné de mauvaise volonté. Il est roué de coups avant d'être enfermé au cachot, une cabane d'un mètre sur un mètre cinquante, dont le toit, raffinement suprême, est constitué d'une plaque de tôle ondulée. Quand il fait beau, c'est un four ; quand il pleut, le roulement de cataracte des gouttes, résonnant comme un gong permanent, rend fou.

Malheur aussi à celui qui réussit à se faire admettre à l'infirmerie. Elle ne possède qu'une sortie, celle qui donne sur le cimetière. En deux mois, la moitié des détenus de Paksong y meurent [13].

Chaque jour qui se lève est l'aube d'un désespoir nouveau.

Un désespoir qu'entretiennent les Japonais. Chaque jour prélève aussi son contingent de torturés. La Kempeitai est omniprésente. Le lieutenant Okada se signale par sa cruauté et son absence de sentiments humains. Il a inventé des supplices raffinés et contemple, sans trahir aucune émotion, ses victimes aux corps torturés, qui crient comme des bêtes à l'abattoir. Ses interrogatoires sont conduits lentement et durent des jours, voire des semaines entières. Il faut d'abord briser le moral de ses prisonniers.

Deux gendarmes en font l'apprentissage. Lestrade, le premier, subit, vingt-cinq jours durant, un effroyable calvaire. Ongles arrachés, peau brûlée, plante des pieds systématiquement éclatée, supplice de la baignoire, de l'entonnoir, savants découpages de petits bouts de peau à l'aide de fine lamelles de bambou, Lestrade apprend, jour après jour, les degrés de l'horreur.

Mais sa résistance lasse ses bourreaux. Le 17 juillet, il est ramené, sans connaissance, dans la paillote où se sont regroupés ses collègues, les adjudants Bauchez et Gotaly, Vançon et Merle et surtout Raynard, l'âme de cette équipe, le débrouillard capable de découvrir, dans ce camp où la pénurie est de règle, le fruit qui réconforte, la racine qui soulage, le peu de mélasse ou de nuoc-mam qui agrémente la minuscule ration de riz.

Raynard a réussi à se procurer une fiole d'alcool, grâce à laquelle il peut désinfecter les plaies de son camarade et le sauver de la septicémie à laquelle il était sûrement promis.

Un autre gendarme est bientôt convoqué auprès du lieutenant Okada, Virard, ancien chef du poste de Kratié. Il va hurler quatre jours durant, sans désemparer. Et puis, un matin, ses cris se taisent. Jamais ses camarades ne le reverront, les Japonais sont allés l'enterrer quelque part dans la jungle. Peut-être ont-ils voulu effacer à jamais la trace de leur forfait [14] ?

13. Sur 680 détenus, 290 seulement seront libérés.

14. Le lieutenant Okada, arrêté et jugé comme criminel de guerre, sera pendu en octobre 1945.

Et les jours passent, tous semblables, tous marqués au coin du malheur. Le 10 août, le gendarme Ferry, le doyen du groupe, à 52 ans, meurt de béri-béri. Le 11, c'est le tour de Lerouvillois. Le 15, Fournier, moribond, se dresse sur sa natte faite de sacs de jute et, les yeux exorbités sur une vision de l'au-delà, s'écrie : « Je vois des flammes, des flammes ! [15] » Puis il ajoute : « Vous serez libres le 22 août. » Il retombe en arrière. Il est mort.

Sur le moment, aucun des camarades de Fournier ne prête attention à cette prophétie. Aucun d'entre eux n'ose songer que cet enfer s'achèvera un jour ; l'espoir déçu, ils l'ont appris, tue aussi sûrement qu'une balle de fusil.

Et, pourtant, le 22 août, une rumeur attire leur attention. En dépit des consignes, Vançon sort de sa cagna et se dirige vers un rassemblement à l'entrée du camp. Arrivé là, il s'arrête, stupéfait. Face aux sentinelles japonaises qui présentent les armes, un détachement de soldats vêtus d'uniformes verts, coiffés d'un large chapeau de feutre dont un côté est relevé, vient de débarquer d'une camionnette.

— Ce sont des Gurkhas anglais, dit l'adjudant-chef Bauchez.

Des Anglais ! Les prisonniers ne peuvent y croire. Et puis, ils prennent brusquement conscience de l'évidence ; si les Anglais sont là, la guerre est finie. Cela signifie surtout que le Japon a signé l'armistice, peut-être même a-t-il capitulé ? Mais quand ?

Le premier, le chef Esnaud marche droit sur la porte gardée de barbelés. Il l'ouvre. Les Japonais laissent faire. Il y a seulement deux minutes, ils auraient ouvert le feu, sans sommations. Plus que tout, l'ouverture symbolique de la porte du camp donne un sens à la liberté que les bagnards de Paksong viennent de retrouver.

Dans le lointain, près du bâtiment du commandement, un clairon égrène les notes du « Cessez-le-feu ».

La rumeur s'amplifie, devient hourvari. Une gigantesque ovation balaie le camp. « C'est fini. Enfin ! »

— Vive l'Angleterre ! Vive la France !

Au fond de son bidon, entre tôle et feutre, Nicolas avait caché un drapeau français. En quelques secondes, un aréquier est abattu, dressé au milieu de la place centrale. Tout en haut, flottent à nouveau les trois couleurs. Instant chargé d'émotion. Froidement, Raynard, le débrouillard, a dépouillé un Japonais de son clairon et s'en sert pour égrener la sonnerie « au drapeau » suivie de « aux morts ».

Un peu plus tard, les officiers français détenus sont reçus par

15. Le Japon a capitulé ce jour-là, après Hiroshima et Nagasaki.

le chef britannique du détachement, en présence du commandant japonais du camp.

La conférence dure une demi-heure. Elle est décevante ; le lieutenant-colonel Valéry, l'officier le plus élevé en grade, qui a tenu la brousse pendant près d'un mois, venant d'Annam, prend la parole devant les hommes, rassemblés autour de lui :

— Le Japon a capitulé le 15 août, dit-il. Mais il semble que la souveraineté française sur l'Indochine soit, pour le moment, remise en cause. En tout cas, les Britanniques ont mission — et eux seuls — de procéder au désarmement des troupes nippones, au sud du 16e parallèle, tandis que les troupes chinoises opéreront au nord.

— Et nous ?

Le lieutenant-colonel Valéry esquisse un geste fataliste.

— Nous allons être rapatriés sur Phnom Penh, puis sur Saigon. — Il hésite, puis achève : — Nous y serons conduits sous escorte japonaise.

Un murmure de désappointement court sur les rangs. Quelques homme protestent.

— Quoi ? Nous allons encore dépendre de ces macaques vaincus ?

— Ce sont les consignes que les Anglais ont reçues et sont chargés de transmettre.

Lentement, les rangs se défont. Et puis, soudain, obéissant à quelque mot d'ordre informulé, une dizaine de prisonniers s'élancent vers l'enclos où les soldats japonais avaient parqué quelques buffles destinés à leur ordinaire. En dix minutes, les animaux sont abattus, dépecés et leur viande distribuée par escouade aux trois cents rescapés affamés.

D'autres pillent les réserves de riz. Les Japonais qui tentaient d'intervenir sont pris à partie, injuriés et, pour la première fois depuis longtemps, obligés de refluer devant la détermination des Français.

Le voyage jusqu'à Phnom Penh dure trois semaines. Ce n'est pas ce que les prisonniers attendaient ; le lent cheminement, à pied ou en chaloupes le long du Mékong, n'a rien d'un retour triomphal. Atterrés, les Français découvrent le travail de démolition accompli, en six mois, par les Japonais. Ceux-ci ont non seulement balayé la présence française, mais ils ont rendu celle-ci impossible à rétablir. Au mépris des accords de capitulation, nombre de soldats, de sous-officiers japonais ont déserté et sont allés grossir les bandes d'irréguliers qui sèment terreur et dévastation dans les villes.

A Kratié, c'est très officiellement que les Nipons ont livré leur armement à des milices « révolutionnaires » arborant le drapeau rouge.

Les Français s'indignent. Ils sont éconduits et menacés.

A Kompong Cham, une populace hurlante, brandissant des banderoles et des armes, interdit aux Français de poser le pied sur la terre ferme. Ce qui fournit aux Japonais un excellent prétexte pour refuser de les ramener sur Phnom Penh :

— Nous ne pourrions plus garantir votre sécurité.

Vançon et ses camarades sont outrés. Pour eux, gendarmes et garants du maintien de l'ordre, leur mission demeure, personne ne les en a relevés.

Alors, ils décident de reprendre leurs fonctions. Dans les jours qui suivent, ils prennent contact avec les officiers qui ont été parachutés depuis la capitulation nippone et qui représentent ici l'autorité des Alliés.

A Phnom Penh, c'est le commandant Gallois, un Français d'Indochine [16]. Il était seul. Il accueille avec empressement les offres des services des gendarmes.

C'est ainsi que l'adjudant Gotaly prend la direction de la gendarmerie du Cambodge, tandis que le maréchal des logis Prat assure le fonctionnement de la Military Police. Pour sa part, Vançon reçoit mission de réorganiser la Garde cambodgienne dans le sud du pays. Vêtu de neuf, sans prendre un seul jour de repos, il se dépêche de rallier Kep. Il y trouve son bureau et son appartement occupés par un certain Nguyen Cong Chu, qui s'est affublé du titre de « commissaire ».

L'entretien est bref.

— Qui vous a mis en place ?

— Le gouvernement de Song Ngoc Than, réplique l'Annamite, mal à l'aise.

— Autant dire les Japonais, réplique Vançon. — Il consulte sa montre et ajoute : — Vos fonctions viennent de prendre fin. Vous avez trente secondes pour disparaître.

Nguyen Cong Chu se confond en courbettes et sort à reculons.

Un peu partout, en Indochine du Sud, les gendarmes se réinstallent. Sans bruit, sans publicité. Ils tentent de rétablir l'ordre, de rassembler les quelques gardes indochinois qui n'ont pas été dispersés au gré de la tourmente. D'autres reprennent les armes aux côtés de leurs camarades marsouins du 11e R.I.C., toujours désarmés, attaqués dans leur caserne de Saigon.

16. De son vrai nom Gagean, ancien ingénieur des travaux publics, rattaché à la « Force 136 ». Il sera tué en 1947 devant Siem Réap.

C'est ainsi que le maréchal des logis Merle sera blessé d'une balle à la hanche, tandis que son camarade Bayle aura une jambe emportée par une grenade au cours de sévères combats de rue à Cholon.

Saigon connaît l'anarchie. Les Européens sont traqués, poursuivis, souvent lynchés, parfois, comme à la Cité Héraut, massacrés jusqu'au dernier. Le désordre est à ce point que les Anglais, débordés, sont contraints de réarmer les Japonais pour ramener un semblant d'ordre dans la capitale.

Enfin, les troupes du général Leclerc commencent à arriver à partir du 15 septembre et relèvent les Britanniques du général Gracey. Les soldats d'Indochine respirent. Un peu. Puis, très vite, ils prennent la mesure du fossé qui les sépare de leurs camarades de la 2e D.B. ou de la 9e D.I.C. qui débarquent, auréolés de leur victoire contre l'Allemagne. Ces jeunes vainqueurs se refusent à écouter les récits des combats héroïques de 1940, la résistance du 9 mars 1945, les actes de courage, les exploits individuels.

Des purges interviennent en haut lieu ; la politique reprend ses droits. Administrateurs, fonctionnaires, responsables divers sont limogés, parfois emprisonnés.

Pas plus Vançon que ses camarades ne comprennent.

— En quoi avons-nous démérité ? [17]

Le maréchal des logis-chef Courtet a repris, seul, la ville de Laï Thieu et tenu un long mois durant, jusqu'à sa relève par une unité de la 9e D.I.C. Pour toute récompense, il est rapatrié par le premier bateau, sans même le réconfort d'une citation.

Le 2 novembre, Vançon représente la gendarmerie du Cambodge pour rendre les honneurs à l'amiral Thierry d'Argenlieu, nommé haut-commissaire en Indochine. A ces soldats, qui ont lutté et souffert, qui ont livré, sans jamais se déshonorer, un combat obscur et sans espoir contre un ennemi d'une supériorité écrasante, il dit :

— La France revient. Le sang a déjà coulé, c'est une bonne chose. Quant à vous, il n'est pas sûr que la Métropole consente à recevoir les enfants prodigues que vous êtes...

Enfants prodigues ! Le terme fait mal. Vançon ferme les yeux. Enfants prodigues, le capitaine d'Hers et ses camarades, Ravelle, Bétaille, Detter ? Enfants prodigues, ses compagnons de bagne enterrés au hasard des routes de l'exil, Lavialle, Ferry, Lerouvillois ? Et Virard mort sous la torture ? Enfants prodigues, Nicolas le rebelle, Merle et Bayle les grands blessés ?

Il part, amer. Pour lui, la page indochinoise est tournée.

17. A chaque militaire de tout grade, il sera demandé un rapport écrit sur son comportement et sa conduite au cours des journées de mars 1945, ainsi qu'un témoignage sur le comportement de ses chefs...

PREMIÈRE PARTIE

L'ANNÉE TERRIBLE

La 1re Légion de marche
Cochinchine, 1947-1949

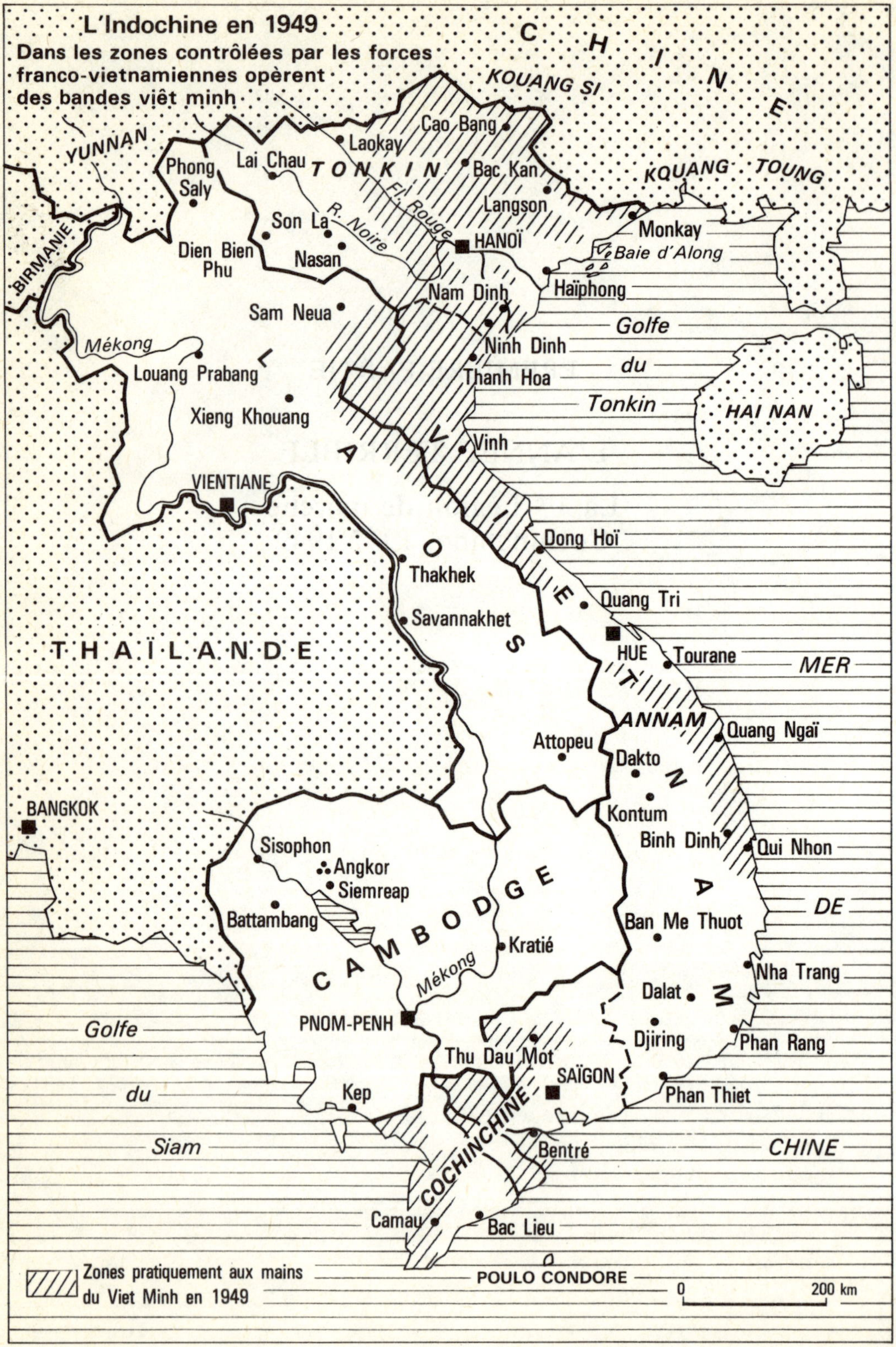
L'Indochine en 1949
Dans les zones contrôlées par les forces franco-vietnamiennes opèrent des bandes viêt minh
CHINE
KOUANG SI
KOUANG TOUNG
YUNNAN
BIRMANIE
TONKIN
Cao Bang
Laokay
Bac Kan
Lai Chau
Phong Saly
Langson
Monkay
Fl. Rouge
R. Noire
Son La
HANOÏ
Baie d'Along
Dien Bien Phu
Nasan
Haïphong
Nam Dinh
Sam Neua
Golfe du Tonkin
Ninh Dinh
Mékong
Louang Prabang
Thanh Hoa
HAI NAN
Xieng Khouang
LAOS
Vinh
VIETNAM
VIENTIANE
Dong Hoï
Thakhek
Quang Tri
Savannakhet
HUE
Tourane
THAÏLANDE
MER DE CHINE
ANNAM
Quang Ngaï
Attopeu
Dakto
Kontum
BANGKOK
Binh Dinh
Qui Nhon
Sisophon
Angkor
Siemreap
CAMBODGE
Battambang
Ban Me Thuot
Kratié
Nha Trang
Dalat
PNOM-PENH
Golfe du Siam
Djiring
Phan Rang
Thu Dau Mot
SAÏGON
Kep
Phan Thiet
COCHINCHINE
Bentré
Camau
Bac Lieu
POULO CONDORE
Zones pratiquement aux mains du Viet Minh en 1949
0
200 km
C.A.R.T

I

1.

Cao Lanh, Cochinchine, février 1947.

Cao Lanh, sur la carte, c'est un simple point noir au bord du tracé bleu du Mékong, large fleuve qui déboule des montagnes avant de se découpler, de se tordre, de se ramifier, de finir, cent cinquante kilomètres au sud-est, dans la mer, au milieu des bancs de sable que la marée découvre.

Vu du sol, Cao Lanh n'est rien. Ou pas grand-chose, une longue ligne de paillotes blondes et rousses, posées de guingois au bord des berges ou des pontons des pêcheurs, incrustées dans une végétation prolifique, amas de verdure sombre d'où s'échappent par touffes, lances verticales, les fûts graciles des cocotiers ou des aréquiers qu'ébouriffe le vent d'est.

A l'écart, veillant à la fois sur les eaux et sur la plaine, sentinelle isolée, le poste. Lorsque le maréchal des logis-chef Jacques Leprun y est arrivé, voici quinze jours, il a éprouvé surprise et appréhension. Dans sa mémoire, un poste était un fortin, fièrement posé sur un pic inaccessible, murailles crénelées, tours carrées, tel que les films héroïques d'avant-guerre les montraient dans leur hautain isolement, « S.O.S. Sahara » ou « Trois de Saint-Cyr ».

En réalité, le « poste » de Cao Lanh, où il a relevé un groupe de Bigors du 4e R.A.C., n'est qu'une modeste villa coloniale, deux pièces principales, protégées des ardeurs du soleil par une véranda couverte de tôles ondulées, donnant sur une cour étroite que limitent, au sud, les bâtiments bas de l'ancienne boyerie, à l'est et à l'ouest, une murette de briques grises, haute de quatre-vingts centimètres, renforcée par endroits de sacs de sable en paille de riz.

La villa est simple, spartiate même. Des murs autrefois blancs, maculés de plaques humides et de graffitis obscènes ou vengeurs tracés au charbon de bois et, par places, griffés d'impacts de balles. Une famille de planteurs européens y a été massacrée voici deux ans par les Japonais.

Ni portes, ni fenêtres, seulement de simples volets de bois ajourés laissant filtrer un air lourd chargé d'odeurs de marécage. Les murs eux-mêmes ne sont pas étanches ; au ras du sol et du plafond, des claustras permettent le passage des margouillats, ces petits lézards translucides qui se nourrissent de mouches et d'anophèles, et des cafards tropicaux énormes et bruns qui craquent sous les semelles.

Pas de mobilier, excepté, accroché à une solive, le squelette d'un panka de bambou enrubanné de toiles d'araignée en festons.

D'abord, Leprun a fait la grimace en découvrant son domaine ; l'endroit ne lui plaisait guère. Un malaise indéfinissable l'avait saisi aux tripes. Non point qu'il craigne pour sa sécurité ou sa vie, l'idée ne lui en était pas venue. D'origine modeste, s'il avait des mœurs rustiques, il allait lui falloir apprendre le dénuement.

Dans un coin, il a monté son lit Picot et fixé sa moustiquaire. A côté de lui, sur une caisse en bois, il a fiché une bougie et disposé à l'intérieur le contenu de son sac marin, seul bagage autorisé pour le voyage.

Il s'est assis et il a regardé autour de lui, pensant qu'il allait devoir vivre ici pendant deux années. Il s'est demandé comment il y parviendrait. Pourtant il a été prévenu. Le lieutenant Pacot, son chef d'escadron, le lui a précisé avant son départ de Sadec, la ville voisine, aussi lointaine dans le temps et dans l'espace que si elle se trouvait sur la lune.

Leprun est seul. Irrémédiablement.

Et il est inquiet ; il a une maigre confiance dans sa troupe, douze gardes républicains de Cochinchine, pour la plupart de jeunes paysans mal dégrossis aux mœurs étranges, au parler incompréhensible, aux habitudes culinaires qui révoltent un estomac européen habitué aux nourritures variées et plaisantes à l'œil.

Depuis son arrivée à Cao Lanh, le maréchal des logis-chef Jacques Leprun n'a mangé que du riz blanc. Il n'a pu encore s'accoutumer aux poissons secs que ses gardes font griller au bout de longues tiges de bambou et qui dégagent un fumet de pourriture, encore moins aux mixtures étranges à l'odeur forte qui accompagnent les légumes, ce *nuoc-mam* au parfum violent...

Tout, ici, est fait pour le dépayser. Aussi bien l'environnement, bêtes et gens, que le paysage. Auvergnat, il ne peut s'acclimater à n'accrocher son regard à rien. Que ce soit le Mékong, d'un poli de miroir, que ce soit la plaine des Joncs, la bien nommée, vaste étendue désespérément plate, jusqu'à l'horizon, jusqu'à la nausée.

Parfois pourtant, au plus chaud de la journée, quand le soleil plombe, vertical, une brume grise se lève du marécage, créant des mirages, ombres mouvantes, agiles comme des troupes de cavaliers, tours carrées que prolongent des remparts à ras de terre, ou bien navires de haute mer, toutes voiles dehors.

Et la chaleur, au-dessus, épaisse comme un manteau, moite comme un bain de vapeur, qui imbibe tout, imprègne la peau, pénètre dans les poumons qui s'essoufflent, rend les mouvements alanguis comme ceux des noyés.

Les journées sont longues et oppressantes, les nuits, brutales et bruyantes.

Insectes et animaux se réveillent avec le crépuscule. Une cacophonie peuple l'atmosphère de mille hurlements, jacassements, plaintes, zonzonnements, feulements, aboiements, sifflements ; le vagissement rauque du gecko s'achève en hoquets étranglés, le barrissement du crapaud-buffle est si proche et si puissant que le premier soir, Leprun a cru qu'un homme se noyait tout près et appelait à l'aide. Le crissement de crécelles des criquets de bambou, le vrombissement de bombardier des moustiques, vaste cacophonie assourdissante, enfièvrent l'imagination.

Il se sent environné d'êtres vivants, pullulant, tous occupés à mordre, à piquer, à dépecer, à dévorer...

Et pourtant, Leprun n'est ni impressionnable, ni pusillanime. C'est un paysan, robuste, uniquement préoccupé d'appliquer, ici, les règles inculquées naguère dans la Garde républicaine d'occupation, à Horb sur le Neckar. Il est seulement déconcerté par le milieu où ces règles doivent s'exercer. Il cherche comment s'adapter.

Ses gardes cochinchinois sont de braves bougres, rigolards, dont les visages mobiles démentent la prétendue impassibilité asiatique, tantôt graves, souvent attentifs, apparemment soucieux de plaire à leur chef, mais maladroits, gauches et, hormis les trois anciens de l'ex-garde indigène, peu aguerris, encombrés d'un fusil russe, bien trop grand pour eux.

Sa population le déconcerte ou plutôt, « ses » populations, tant elles sont distinctes, séparées par des clivages invisibles mais infranchissables. Tout en bas de l'échelle sociale, les pêcheurs, de pauvres diables aux corps musculeux, noircis de soleil, vivent presque nus, poussant des heures durant leurs sampans à fond plat sur les eaux jaunes du Mékong et de ses multiples bras où ils immergent de petits filets carrés remontant des poissons ovales et vifs aux reflets d'argent.

Au-dessus, les cultivateurs, humbles *nha-qués* à l'échine voûtée mais joyeux et alertes. Puis les propriétaires, reconnaissables à leur costume à l'européenne, pyjama rayé en pilou et casque colonial.

Il y a également les artisans, forgerons, manœuvres, tailleurs, boutiquiers et, tranchant sur le lot, le Chinois ; blême, il ne s'expose jamais aux ardeurs du soleil ; adipeux, il méprise l'effort physique ; secret, il ne parle guère. Et riche, il possède l'unique maison « en dur » du village. Plus qu'un notable, c'est une nécessité sociale. Il vend de tout, même ce qu'il ne détient pas en stock, de la lampe à pétrole en passant par le whisky, les métrages de tissu de satinette noire, tous les produits de France, du dentifrice au Sidi Brahim, le seul vin qui ne se gâte pas à l'humidité. Tout argent qui circule dans Cao Lanh passe, est passé ou passera entre ses doigts boudinés. On hait, on méprise cet homme, moitié banquier, moitié usurier, mais si l'honorable M. Peï Hseng s'en allait, le village mourrait.

Tout cela, le maréchal des logis-chef Jacques Leprun l'a rapidement compris. En tant que « délégué civil et militaire » du village de Cao Lanh — 1 000 habitants — il a reçu la visite des délégations de la population, que ce soient par catégories sociales ou par familles confessionnelles. Ici, comme partout en Cochinchine, toutes les religions cohabitent, plus ou moins bien ; elles ont leurs quartiers, leurs habitudes, parfois leurs pasteurs. Les catholiques ont le père Quynh, les bouddhistes, le révérend Tam et les Hoa Hao, qui vivent, hautains et sauvages, à mi-chemin de la cité et du marécage, leur prêtre, un vénérable vieillard borgne, dont le plaisir, à ce qu'on raconte, est de découper les Viêts en petits morceaux. Leprun n'est pas certain qu'il ne lui arrive pas d'en goûter une bribe, de-ci, de-là.

Leprun a reçu tout le monde. Enfin presque tout le monde ; si l'on excepte le harcèlement de bienvenue qui a salué sa prise de fonction en écornant la façade et en écaillant quelques tuiles du toit, les Viêts ne se sont pas encore montrés. Ils ne sont pas loin. Peut-être même à l'intérieur du poste ; Leprun l'envisage sérieusement. Les autres, ceux de la bande qui constitue l'autre autorité, il sait qu'il les rencontrera fatalement, ne serait-ce que parce que sa mission consiste à faire régner l'ordre et la sécurité dans ce village, et que celle des Viêts est précisément de contrarier ses projets.

Il n'a pas été long à comprendre que Cao Lanh est très exactement situé sur l'axe emprunté par les *chi-doï* rebelles qui transitent de la zone des combats de la Plaine des Joncs en direction de la pointe de Camau, tout au bout de la presqu'île, dans le Sud. Ils en profitent pour tâter les postes de rencontre, quelques rafales, juste pour prendre la mesure des garnisons, connaître les emplacements des armes, tester la discipline de feu, montrer leur présence.

Leprun apprend vite. Seul Européen parmi un milieu qui lui est étranger, il doit, s'il veut survivre, être en permanence à l'écoute de « son » village.

— Xep ? C'est la femme venir dire y en a les Viêt-minhs dans la cocoteraie, en face de l'île...

Trinh, l'ancien, utilise un vocabulaire succinct, auquel il a fallu accoutumer l'oreille. Leprun sourit, cela l'amuse encore.

— Combien sont-ils ?

Trinh secoue la main, horizontale, doigts écartés.

— Peut-être six, sept, comme ça...

— Double les sentinelles. Interdiction de répliquer, il faut économiser les munitions.

Trinh s'éloigne, ses socques de bois claquant sur le carrelage. Il ne met des souliers, des godillots exhumés de quelque dépôt datant de la guerre, l'autre, la Grande, que le dimanche, pour accompagner ses enfants à la messe.

Leprun achève de rédiger son rapport quotidien, puis il établit une fois encore l'état des munitions. Un vrai casse-tête, tant modèles et calibres sont différents...

— C'est l'armée Bourbaki, a-t-il coutume de dire.

Il a raison, en ce mois de février 1947, le corps expéditionnaire est pauvre, presque aussi pauvre que l'adversaire qu'il combat. Il est vrai que tout est allé si vite ; l'intendance n'a pas suivi. Ou plutôt, elle a fait comme elle a pu, improvisant avec le manque de moyens du bord.

« Je ne savais pas mon bonheur en Allemagne, pense encore Leprun. Dire qu'il y a un mois... »

2.

Pour le maréchal des logis-chef Jacques Leprun, comme pour ses quelque mille camarades de la 1re Légion de marche, tout a commencé à la mi-décembre 1946. Brusquement, un ordre est arrivé, prescrivant de former et de mettre en route dans les délais les plus rapides une légion de marche constituée d'un millier d'officiers, de gradés et de gardes, destinés à l'Indochine où la guerre venait de s'allumer.

Quelques jours avant Noël, Leprun s'est retrouvé sur les bords du Neckar, à Horb, une petite bourgade allemande à peu près épargnée par la guerre et qui possédait des bâtiments suffisants pour héberger, regrouper et équiper les futurs partants.

En débarquant du Dodge 6 × 6 qui l'emmenait avec huit autres camarades venus comme lui d'Offenburg, vers les sinistres casernes grises, au bout de la ville engourdie de froid — il faisait – 18° — Leprun a éprouvé ce sentiment qu'il connaissait bien, celui de tourner une nouvelle page de son existence. Il n'était pas le seul. Près de lui, Menut, un autre chef et Carré, un jeune garde, semblaient plongés dans les mêmes réflexions. Le plus ému était le plus jeune. Menut lui a dit :

— Réjouis-toi, tu vas voir un pays neuf.

— Et moins glacial, a ajouté Leprun.

— Souviens-toi de ce que disait Napoléon, a repris Menut. « Une troupe chargée de maintenir l'ordre au-dedans ne doit pas être privée de l'honneur de servir la grandeur de la patrie au-dehors ; elle n'en reviendra que meilleure et plus respectée. »

Carré a ouvert de grands yeux :

— Vous voudrez bien me redire cette phrase, chef ? Je la mettrai dans la lettre que je vais écrire à mes parents. Ils m'attendaient pour Noël !

Ni Leprun, ni Menut n'ont répondu, le Dodge stoppait dans la cour du quartier. Sous la neige, ils ont gagné leurs chambrées où ils ont retrouvé des collègues, venus de tous les lieux d'occupation des Français en Allemagne. En vieux soldat, Leprun n'a pas été long à discerner les critères qui ont présidé aux désignations. Les célibataires ont été choisis en priorité, ainsi que les plus jeunes en service. S'il y a ici quelques mariés ou quelques anciens, ce sont, comme lui, des volontaires.

Si Carré, engagé dans l'euphorie de la Libération, arrivé trop tard pour participer aux ultimes combats de la guerre, a encore tout à apprendre, Leprun, tout comme Menut ou encore comme Chazal, tous trois maréchaux des logis-chefs, ont participé à la Résistance. Puis, ils ont servi dans le cadre du fameux groupement Daucourt, qui s'est battu dans l'Ain avant de rallier la 1re armée, devenu régiment, rattaché à la 1re Division française libre [1] ; il a défendu vaillamment Kilstett, au nord de Strasbourg en janvier 1945 au moment de la contre-offensive de von Rundstedt en Lorraine du Nord et en Alsace [2].

Les jours qui suivent passent comme un tourbillon, tous marqués au coin de la précipitation. Il faut faire vite, il faut aussi faire avec ce que l'on a, et la France est pauvre. Au grand dam de la

1. Cf. *La 1re D.F.L.* du général Y. Gras, Coll. Troupes et Choc, Presses de la Cité.

2. Le combat de Kilstett donnera son nom à la première promotion d'après-guerre de l'école des officiers de la gendarmerie.

psychologie la plus élémentaire, les candidats au voyage sont tout d'abord dépossédés par leurs corps d'origine de tout ce qui appartient à l'Etat. Les paquetages de campagne, donnés en échange, varient d'une région militaire à l'autre et étalent toute la misère des temps, l'intendance n'étant pourvue que d'effets anglais, américains ou français, souvent dépareillés et de toute façon, hors taille.

Plus que jamais entre en jeu l'immortel précepte : « du moment qu'un homme entre dans sa tenue, c'est qu'elle lui va ».

La mise en condition au niveau opérationnel, à Horb sur le Neckar pour la 1re Légion de marche, à Romans pour le 2e, à Pamiers pour la 3e, va en fait débuter par un gigantesque strip-tease collectif où chacun recherche, par des échanges compensés, à rétablir une meilleure adéquation des pointures, entre petits et grands, corpulents et faméliques.

Les ressources de cette technique une fois épuisées, les réclamations remontent en direction des fourriers qui, à leur tour, s'adressent aux capitaines d'habillement, qui se retournent vers les intendances « H » de Lyon ou de Toulouse.

Un uniforme commun sera finalement réalisé avant la remise solennelle des fanions de légions sur le Polygone de Sathonay à la mi-janvier.

Les escadrons sous les armes sont coiffés du casque « Adrian » modèle 1939, leurs équipements sont les bretelles et les ceintures de cuir modèle 1893, les sacs à dos proviennent de l'U.S. Army ainsi que la capote de drap kaki à deux rangées de boutons.

Les hommes sont chaussés de l'increvable godillot modèle 1917 « Clemenceau » tout surpris d'être associé à des jambières à lacets. Avec un pareil harnachement, le képi est rangé aux oubliettes, pour de nombreuses années, il est d'abord remplacé par le bonnet de police kaki dont certains sont encore du type « encorné ». Plus tard, en Indochine, avec l'uniforme de cérémonie un calot d'armes verra le jour, noir gansé de jaune, avec fond bleu gendarme.

Dans quelques semaines, à bord du *Pasteur* pour les 1re et 2e Légions, à bord du *Félix Roussel* pour la 3e, une nouvelle perception de tenues dites « tropicales » va, pour une journée, transformer les entreponts en foire à la friperie.

La 1re Légion, qui a connu les fastes de l'occupation en Allemagne, a droit au short et à la chemisette britanniques avec casque colonial à couvre-nuque plongeant et carré type *Trois lanciers du Bengale*.

Moins heureuse, la 2e Légion doit se contenter de prises de guerre effectuées sur l'Afrikakorps de Rommel. Vaste casque de feutre brun, sur lequel demeurent parfois les attributs des anciens titulaires, chemisettes de coton beige, shorts et pantalons à larges passants, chaussures basses à semelles cloutées et bas de laine verts. A leur sujet les opinions divergent : certains les affirment venues des stocks des défunts chantiers de jeunesse, d'autres, des rebuts de l'intendance italienne.

Cette allure « montgomeryenne » est aggravée par un field-jackette à col montant du type armée des Indes. Elle sera rapidement transformée en saharienne par l'habileté des tailleurs indochinois qui sauront ouvrir le col, couper les manches et rogner les pans.

Les officiers toucheront, peu avant leur débarquement, la tenue verte des Gurkhas, qui, pour un temps, sera considérée comme l'uniforme d'apparat. Heureusement, cette dotation initiale ne va pas être éternelle, des fabrications françaises remplaceront peu à peu, après usure et au détriment du folklore, les effets des adversaires ou des alliés d'hier. Et, dès 1948, le pittoresque des coiffures s'atténuera avec l'arrivée du chapeau de brousse en coton piqué fièrement relevé du côté droit à la façon des mousquetaires.

A ce couvre-chef, adapté au combat à pied, s'ajoutera le large béret de coutil beige, agrémenté, à l'arrière, de deux rubans aux couleurs de la gendarmerie, puis du Vietnam que certains esprits irrévencieux baptiseront de « suivez-moi jeune homme ».

Aussi fantaisiste soit-elle, cette personnalisation de l'uniforme fera, pour un temps, la prospérité des tailleurs locaux et des marchands de passementerie militaire de la rue Paul-Blanchy, à Saigon.

Pour importante qu'elle soit, la question de l'habillement n'est pas la seule à être traitée dans les centres de regroupement des légions de marche, que ce soit aux T.O.A. [3] ou en Métropole.

Aux formulaires administratifs, aux dénominations barbares, s'ajoutent la constitution des dossiers médicaux et les visites d'aptitude à servir en Extrême-Orient.

Les médecins-chefs rappelés à Horb ont alors la difficile mission d'opposer un cœur de pierre ou une logique irréfutable aux volontaires dont la bonne volonté — ou le volontariat spontané — ne compense pas le profil médical, ou bien, à l'inverse, aux florissants désignés d'office qu'une inaptitude de dernière heure arrangerait bien.

Ces derniers sont amers.

— Nous nous sommes engagés dans la Gendarmerie pour recevoir une affectation sédentaire et vivre en famille. Pas pour courir l'aventure.

3. Territoire d'occupation en Allemagne.

D'autres, ex-P.G. qui totalisent six années de service — dont quatre de Stalag —, souhaitaient seulement parfaire leurs quinze ans avant de prendre une retraite proportionnelle et bénéficier d'un emploi réservé. Ils s'estiment trompés.

Leprun et Menut ricanent :

— Vous n'avez pas choisi la bonne adresse, il fallait opter pour l'intendance !

— Qu'allons-nous faire en Indochine ? demande le jeune Carré. Dresser des contraventions aux militaires qui ne respectent pas les règles de circulation ?

La plupart des gardes d'Allemagne appartenaient à la prévôté. Leur instruction de combattants est nulle, ou presque, ils n'imaginent pas à quoi d'autre on peut les employer.

Tous savent que l'Indochine est grande, qu'il y a depuis un an un corps expéditionnaire arrivé avec Leclerc pour y rétablir un ordre troublé au départ des Japonais par une poignée d'agitateurs. L'Extrême-Orient ne faisant plus la « une » des journaux, ils pensent raisonnablement que les hommes de Leclerc ont rempli leur mission.

Et pourtant, en Indochine, il y a la guerre et ils vont y prendre part. Activement, même s'ils ne le savent pas encore.

3.

La guerre en Indochine. Le 19 décembre 1946, rompant unilatéralement la trêve instaurée depuis le mois de mars 1946, les troupes du Viêt-minh sont passées à l'attaque.

Depuis la capitulation japonaise du 15 août 1945, l'imbroglio indochinois s'est aggravé de façon inextricable. Si dans le Sud, après les Anglais, les Français ont repris à leur compte le rétablissement d'une certaine sécurité au point qu'un gouvernement de Cochinchine a pu voir le jour, au nord, dans ce Tonkin livré aux Chinois qui soutenaient le gouvernement communiste de Hô Chi Minh, les événements n'ont fait qu'empirer malgré de nombreuses tentatives de rapprochement entre Français et Viêt-minhs.

D'abord soutenus politiquement et aidés matériellement par les Américains, conseillés par des Japonais déserteurs, Hô Chi Minh et ses fidèles se sont bien vite sentis menacés par la présence, au Tonkin, de nationalistes chinois qui non seulement mettaient à sac le territoire mais qui avaient dans leurs projets de liquider physiquement l'embryon de gouvernement nationaliste. Ils ont donc préféré voir revenir les Français. Ceux-ci ont difficilement débarqué à Haiphong le 6 mars 1946 et contribué au départ des divisions « célestes » du général Lou Han.

Dans le même temps, des discussions s'ouvraient d'abord avec Jean Sainteny, puis avec le général Leclerc qui obtenait que les troupes des deux camps cohabitent, sous le parapluie juridique d'un modus vivendi. Dans les faits, ce n'était qu'une sorte de paix armée, hargneuse et suspicieuse, constamment menacée par des incidents « spontanés » quand ils n'étaient pas délibérément provoqués.

Invité à venir en France au début de l'été, Hô Chi Minh est arrivé en plein milieu d'une crise ministérielle, et n'a pu rencontrer le moindre responsable gouvernemental. Invité, pour passer le temps, à assister à la revue du 14 juillet, Hô Chi Minh est ensuite parti faire du tourisme sur la côte basque, ruminant sa déconvenue. Il voulait négocier l'indépendance du Viêt-nam, il a pêché la crevette.

A son retour, il a appris qu'un gouvernement d'une République Cochinchinoise avait vu le jour, sonnant le glas d'un Viêtnam unifié. Du coup, sa décision était prise. Faute d'accord avec Paris, il arracherait l'indépendance par les armes. Depuis des mois, son adjoint chargé de la « propagande armée », Vo N'guyen Giap, s'était préparé à l'affrontement. Au colonel Fonde, venu se plaindre à lui des exactions quotidiennes et des provocations dont étaient victimes les soldats du corps expéditionnaire, il a répliqué, sèchement :

— Notre décision est prise, nous ne céderons pas ! Les destructions ? Qu'importe, la politique prime l'économie. Les pertes ? Un million de morts vietnamiens. Aucune importance, des Français tomberont aussi. Nous sommes prêts !

L'affrontement était inévitable. Deux jours plus tard, le 23 novembre à Haiphong, l'émeute grondait. Des Tonkinois s'en prenaient à des soldats français isolés. Pour les dégager, pour disperser la foule qui s'attaquait aux installations portuaires, la marine ouvrait le feu. L'irréparable était accompli, la provocation avait payé.

Trois semaines plus tard, après dix jours de tension, le 19 décembre à Hanoi, l'armée du Viêt-minh, qui creusait sans vergogne des tranchées aux abords immédiats des casernements français, passait à l'attaque. Les soldats surpris en ville étaient massacrés, d'autres se réfugiaient dans la citadelle qui résistait à plusieurs assauts malgré de lourdes pertes.

Les civils n'étaient pas épargnés non plus, femmes, enfants, vieillards étaient assassinés dans leur maison, parfois par leurs propres domestiques.

Là encore, à la suite des bo-doïs, ces soldats viêts en pyjama noir, la populace pillait, brûlait, assassinait. Par tradition, les Vietnamiens aiment bien couper en morceaux.

Toute la nuit, et les jours suivants, la bataille faisait rage, à Hanoi, mais aussi à Langson, à Nam Dinh, à Haiphong. Partout les troupes de Giap connaissaient l'échec. En quatre jours, il était rejeté hors de Hanoi, mais il allait falloir une semaine de durs combats pour réduire le « quartier chinois » où des volontaires de la mort résistent, jusqu'au dernier [4].

A Nam Dinh, c'était un siège de trois mois que subissaient marsouins du 6e R.I.C., légionnaires du 3e Etranger et parachutistes de la compagnie Ducasse.

Dès qu'ils avaient compris l'échec de leur coup de force, Hô Chi Minh, ses proches, son gouvernement et ses troupes d'élite avaient quitté furtivement la capitale du Tonkin pour se réfugier dans la région des calcaires de Bac Kan, bastion inexpugnable, le « triangle de fer » d'où ils ne pourront jamais être chassés.

A Paris, le général Leclerc avait vainement cherché à obtenir des renforts pour l'Indochine. Après l'échec des négociations, il avait clairement défini les deux termes de l'alternative : « Ou bien nous partons, ou bien il faut tout de suite 200 000 hommes. Et probablement deux années pour ramener la paix. »

Mais, pas plus qu'Hô Chi Minh voici trois mois, Leclerc n'avait trouvé d'interlocuteur valable. La France était en crise.

Seule concession, le gouvernement chargé d'expédier les affaires courantes avait admis le principe de l'envoi de quelques troupes pour l'Extrême-Orient, mais sans préciser ni où elles seraient prélevées, ni la façon dont elles seraient équipées. Sollicités, les Américains avaient déclaré : « Nous ne vous aiderons en aucun cas. » Ils s'étaient montrés plus explicites encore : « Le matériel que nous vous avons fourni pour la défense de l'Europe occidentale ne doit sous aucun prétexte quitter l'Allemagne fédérale. A plus forte raison pour une guerre de reconquête coloniale. »

Alors, pendant encore trois années, jusqu'à ce qu'en 1950, à la faveur de la guerre de Corée, le général de Lattre de Tassigny arrive à convaincre Washington que la France participe en Asie à la lutte du monde libre face à l'agression communiste, le gouvernement et l'état-major français vont tricher. Sur tout.

D'abord sur les effectifs, mais aussi sur les matériels, les moyens de transport, l'armement, les munitions.

Bien sûr, il y aura la « façade », des régiments, des divisions « O.T.A.N. » apparemment complètes, mais en réalité sous-

4. Les rares survivants constitueront le noyau du célèbre régiment 88 de la division 308, qui se battra à Diên Biên Phu.

encadrées, artificiellement gonflées par des soldats du contingent, tandis que les personnels de carrière, officiers, sous-officiers, engagés, serviront en Indochine dans les unités « hors » O.T.A.N., marsouins, légionnaires, tirailleurs...

Dans l'immédiat, dès qu'a été connu le coup de force du 19 décembre 1949, l'état-major a paré au plus pressé. L'armée de terre a reconstitué des unités dissoutes[5] ou créé des bataillons nouveaux.

De la même façon, la gendarmerie a reçu l'ordre de former au plus vite trois légions de marche de garde républicaine (L.M.G.R.) à effectif de 1 000 gradés et gendarmes chacune, à acheminer dans les délais les plus brefs sur l'Indochine.

S'il est dicté par la précipitation, le choix de la gendarmerie n'est pas le fruit du hasard. Les personnels qui la composent, tous sous-officiers, en font non seulement des soldats théoriquement confirmés, mais surtout des cadres aptes à assurer des commandements opérationnels à tous niveaux.

C'est du reste la vocation traditionnelle de la gendarmerie en temps de guerre que de participer à la formation des unités de réserve ainsi qu'à leur encadrement pour les mener au combat. On l'a vu en 1914, on l'a vu en 1939 et, plus récemment, dans les maquis ou dans les formations issues de la Résistance.

Le problème qui se pose cependant à la direction de l'arme en ce mois de décembre 1946 est celui du nombre important exigé par l'état-major : 3 000 officiers, gradés et gardes au total. Une telle ponction dans les effectifs d'une gendarmerie en pleine réorganisation va demander des prodiges, tant au plan de la désignation des personnels qu'à celui de leur mise en condition, de leur regroupement, de leur équipement.

Première formée, la 1re Légion de marche voit le jour à Horb, sur le Neckar, quelques heures avant la Noël. Les hommes qui y sont affectés proviennent de la prévôté d'occupation en Allemagne.

Dans les jours qui viennent, deux autres légions sont regroupées dans le midi de la France. La 2e L.M.G.R. à Romans, la 3e à Pamiers dans l'Ariège. Effectif, 1 000 officiers, gradés et gardes chacune.

Si les escadrons rassemblés dans les territoires occupés sont, dans une large mesure, constitués de gardes ayant acquis une certaine formation militaire dans les rangs des unités combattantes

5. Comme le 49e B.I., anciennement corps franc Pommiès reformé à Bernkastel, dans lequel servait le fameux Vandenberghe. Cf. *Commando Vandenberghe*, par Erwan Bergot, Pygmalion-Gérard Wattelet.

ou durant les stages, à Horb ou ailleurs, il n'en va pas de même pour les deux autres légions, formées principalement de gardes auxiliaires d'avant et d'immédiate Libération, et également d'anciens prisonniers de guerre dont l'instruction a été des plus sommaires.

— Quelle importance ? répondent les états-majors. Ils sont gendarmes, donc aptes à faire face à toutes les situations. Ils s'adapteront.

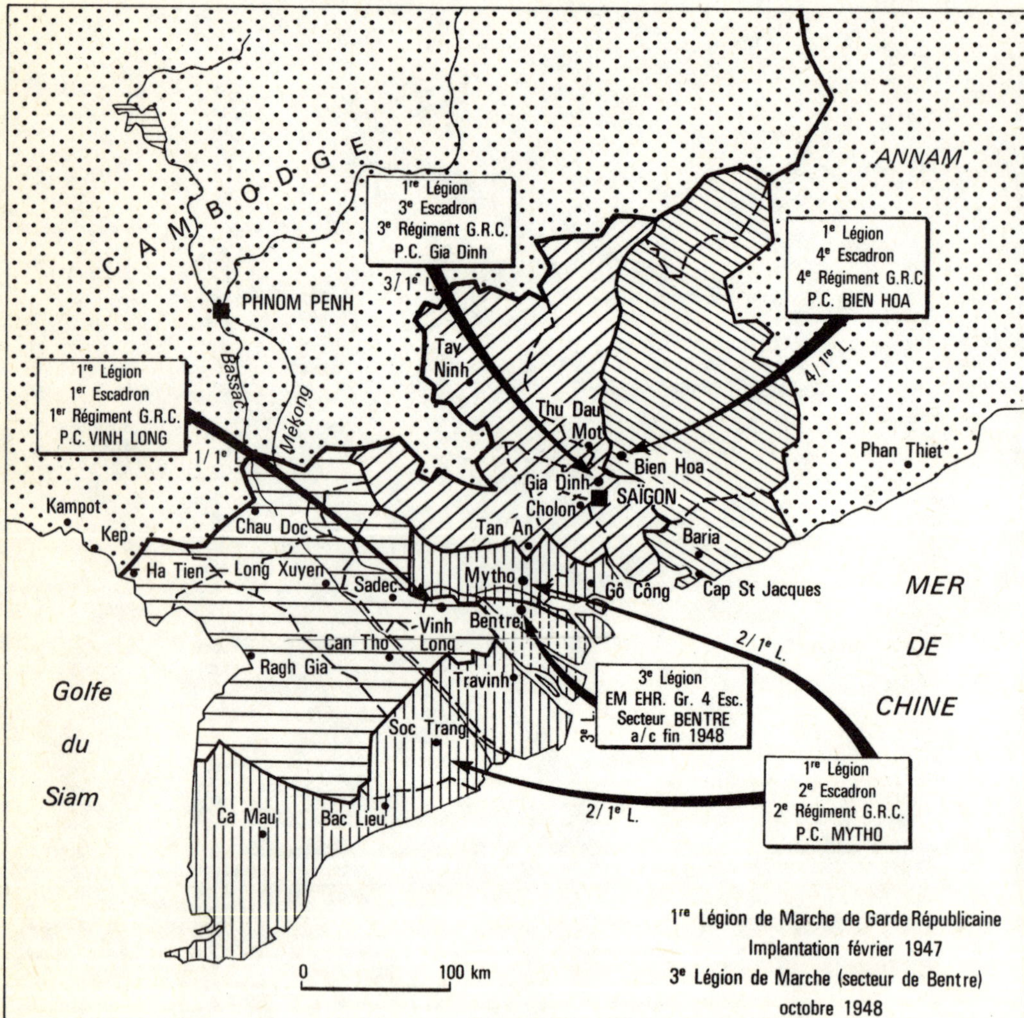
CAMBODGE
ANNAM
PHNOM PENH
Bassac
Mékong
1re Légion
3e Escadron
3e Régiment G.R.C.
P.C. Gia Dinh
3/1e L.
1e Légion
4e Escadron
4e Régiment G.R.C.
P.C. BIEN HOA
4/1re L.
1re Légion
1er Escadron
1er Régiment G.R.C.
P.C. VINH LONG
1/1e L.
Tay Ninh
Thu Dau Mot
Bien Hoa
Phan Thiet
Gia Dinh
SAÏGON
Cholon
Kampot
Kep
Chau Doc
Tan An
Baria
Ha Tien
Long Xuyen
Mytho
Sadec
Gô Công
Cap St Jacques
MER DE CHINE
Vinh Long
Bentre
Can Tho
2/1e L.
Ragh Gia
Travinh
3e Légion
EM EHR. Gr. 4 Esc.
Secteur BENTRE
a/c fin 1948
3e L.
Golfe du Siam
Soc Trang
1re Légion
2e Escadron
2e Régiment G.R.C.
P.C. MYTHO
2/1e L.
Ca Mau
Bac Lieu
1re Légion de Marche de Garde Républicaine
Implantation février 1947
3e Légion de Marche (secteur de Bentre)
octobre 1948
0
100 km

C.A.R.T

II

1.

Cao Lanh, Cochinchine, avril 1947.

— Les Viêts sortent la nuit, nous sortirons de nuit !

Le maréchal des logis-chef Leprun a ramené sur son front le béret gurkha, la coiffure de dotation qui lui a été attribuée naguère, en arrivant en Indochine à bord du *Pasteur,* le 21 février dernier. Délavé par le soleil et les pluies, avec de larges auréoles de sueur blanche, c'est devenu plus qu'un simple couvre-chef, un fétiche. Leprun n'oublie jamais de s'en coiffer.

En face de lui, le garde Fèvre approuve, gravement. Il est arrivé depuis cinq jours avec le complément d'effectifs du peloton, dix-huit gardes républicains de Cochinchine, d'anciens *linhs*[1] de la défunte garde indigène. Fèvre est un garçon blond et timide, rempli de bonne volonté, et aussi d'admiration pour l'autorité dont fait preuve son supérieur.

Leprun semble avoir toujours vécu ici. Il n'est rien, ni dans l'organisation matérielle du poste, ni dans son fonctionnement, qui ne porte sa marque, le souci du détail, l'efficacité. Faisant fi du respect du sacro-saint uniforme, en l'occurrence des surplus de l'armée anglaise, short-bermuda coupé en dessous du genou et saharienne à manches courtes, il a fait confectionner par le tailleur local des pyjamas noirs. Ceux-ci présentent, à ses yeux, l'avantage primordial de protéger les mollets des attaques des sangsues et des moustiques, et surtout d'assurer une quasi-invisibilité.

— Vous ne craignez pas d'être confondu avec les Viêts ? demande Fèvre.

Leprun sourit :

1. Linh : soldat, Désignait les auxiliaires armés de la garde Indigène.

— C'est précisément le but recherché ! Seuls Français dans la région, nous n'avons que peu de chances de rencontrer une patrouille amie. Par contre, nous pourrons mieux nous diluer dans le paysage aux yeux des guetteurs rebelles !

Fèvre n'est qu'à demi convaincu.

— Mais les règlements ? La Convention de Genève...

— La Convention de Genève précise que nous devons posséder un attribut de l'uniforme. Un seul ! Moi, j'ai mon béret !

Il le flatte du plat de la main, le tirant comme d'une casquette de joueur de pétanque, et ajoute :

— Demandez aux Viêts s'ils respectent la Convention de Genève ! Quand vous aurez vu, comme moi, ce qu'ils font à un de leurs compatriotes soupçonné d'être un « Viêt-gian », un traître à la « Cause », vous reviendrez m'en parler !

Il se lève, ajuste ses équipements et sort de la villa.

— Je vous laisse la maison, dit-il. Montez bonne garde !

Les douze G.R.C. désignés pour la patrouille de nuit sont déjà rangés en ligne dans la cour, échangeant les plaisanteries d'usage avec ceux qui restent au poste.

— Garde à vous ! lance le maréchal des logis Van Tri, le plus ancien des sous-officiers.

Les hommes se figent, le canon de leur fusil, un modèle antique, de fabrication anglaise, de marque Enfield 303, leur arrivant presque à la hauteur du béret.

Leprun les passe en revue, s'arrêtant devant chacun d'eux, l'appelant par son nom, corrigeant quelque détail de l'équipement. Interpellant un voltigeur, il lui commande :

— Saute !

L'homme obéit, exécutant sur place une sorte de danse du scalp, dans un effarant bruit de gamelles.

— Que portes-tu ?

— Moyen manger, xep...

Leprun appelle Van Tam.

— Explique à ton zèbre que s'il fait autant de bruit dans la rizière, il va être entendu à des kilomètres et nous faire repérer. Il risque une rafale.

Van Tam traduit, ajoutant quelques commentaires de son cru, d'un ton véhément. Leprun se tourne vers Fèvre.

— Les Cochinchinois sont susceptibles, commente-t-il. Si un Français les punit directement, ils ont l'impression de perdre la face et ils t'en veulent à mort. Ils admettent tout — ou presque — d'un compatriote. Je ne donne jamais un coup de pied au cul, je délègue, conclut-il avec un sourire.

La patrouille est prête. Sur un signe de la main, elle s'ébranle, dans le silence relatif des brodequins à clous de l'intendance. Ce détail agace un peu le maréchal des logis Leprun. Sans les avoir consultés, il partage l'avis de l'ensemble de ses camarades, soumis, comme lui, aux impératifs réglementaires. Tous pensent en effet que, loin d'être adapté, l'équipement fourni aux troupes autochtones les alourdit inutilement. Leprun imagine des chaussures qui seraient en toile, pourvues de semelles de caoutchouc. Les Viêts, plus pratiques, ont depuis longtemps adopté la sandale « Hô Chi Minh », une semelle taillée dans de vieux pneus retenue par des lanières découpées dans des chambres à air. Une réalisation que Leprun envisage de reprendre à son compte. Ne lui manque que l'argent. Mais, là encore, il a quelques idées...

La nuit est noire, les étoiles, voilées par la brume qui monte du marécage, n'apparaissent que par intermittence, lointaines, indifférentes à la peine des hommes. La patrouille s'est glissée hors du village, sans que les chiens ne l'aient détectée. Cao Lanh dort. De-ci, de-là, quelques petites lumières clignotent à travers les interstices du *cai-phèn,* des cloisons faites de lamelles de bambou tressé

Sur la terre meuble de la diguette, les brodequins ne font pas crisser le sol. L'allure est rapide. Il s'agit d'abord de franchir vivement le no man's land qui sépare le village de la zone où les rebelles se sentent chez eux, cette frontière invisible et pourtant si réelle.

A gauche, après l'îlot planté de cocotiers où est érigé le tombeau « chinois », s'étend une longue bande de terre inondée au bout de laquelle se dresse la barrière végétale, un véritable rempart d'où, Leprun le sait, les guetteurs ennemis surveillent le poste. Au-delà, c'est l'inconnu, le territoire ennemi.

Pour cette première sortie, il a décidé de ne s'aventurer que deux kilomètres plus loin. Il ne veut pas prendre d'autre risque ; il ignore encore comment se comporteront ses hommes en cas de rencontre avec les Viêts.

Une heure passe. La progression est plus lente. De l'eau jusqu'à la taille, la patrouille avance en ordre dispersé, les fusils portés, horizontalement, à bout de bras. De temps à autres, Leprun se retourne et, de la main, corrige la direction. La vase aspire les pieds, les herbes flottantes s'enroulent autour de la taille. Il faut marcher, le torse en avant, les genoux haut levés, perpétuellement préoccupé de conserver l'équilibre. Autour des visages, des essaims de moustiques tourbillonnent, dans un vrombissement d'escadrilles. Il fait chaud, l'eau est tiède comme de la soupe.

De grosses bulles fétides montent le long des jambes, et viennent crever à la surface dans un clapotement nauséabond. Le maréchal des logis-chef Leprun accuse la fatigue. Des crampes tétanisent ses mollets. Il lui faut de plus en plus d'effort pour s'arracher à la vase. Et le bout du marécage est encore loin, si loin...

« Pourvu que les Viêts ne nous attendent pas, songe-t-il. Sinon, quel carton ! »

Ils constituent une cible idéale, pratiquement immobiles, et dans l'incapacité d'esquiver la moindre rafale. Vulnérables.

Voici la fin du cauchemar. Une fin provisoire. De l'autre côté du talus, un autre marécage s'amorce, mais une digue en permet le contournement, creusée, de-ci, de-là, de larges entailles en « touches de piano ». Les Viêts ont voulu marquer ainsi le début de leur territoire. « La frontière », pense Leprun.

Il a fait stopper ses gens, tapis dans une haie d'épineux. Seul, devant, un genou en terre, il observe, tous ses sens en éveil. Ses yeux scrutent l'obscurité, ses oreilles, envahies du vacarme habituel de la plaine des Joncs, que dominent les hurlements des crapauds-buffles, s'efforcent de distinguer une présence humaine, une voix, un piétinement, des branches froissées. Rien.

— En avant ! souffle-t-il.

La patrouille repart. A des riens, un peu moins de rapidité dans les gestes, plus de circonspection dans la marche, Leprun a compris que ses hommes étaient sur leurs gardes. Eux aussi se sentent en insécurité. C'est le point crucial de la progression, le passage au-delà duquel ils risqueront leur vie. Etrangers, en zone rebelle, ils redoutent d'être surpris, sans défense.

— Stop !

Il y a maintenant trois heures que la patrouille progresse. La montre de Leprun marque une heure du matin. Le moment est venu d'établir l'embuscade.

L'endroit choisi est un point de passage obligé, un carrefour de digues, organisé autour d'un boqueteau d'aréquiers et de mimosacées aux feuilles rétractiles. En avant, à droite, le marécage se poursuit, vers le nord. A gauche, s'étend une zone de hautes herbes menant à une sorte d'île, un promontoire touffu aussitôt donné comme point de surveillance à Phuoc, le servant du F.M. « Bar ».

Les autres patrouilleurs sont répartis le long de l'orée du petit bois, de façon à prendre chacun un des axes des diguettes menant à eux.

Les consignes sont strictes. « Ne tirez que sur mon ordre ! » a exigé Leprun, qui s'est lui-même posté en avant de son dispositif, auprès de l'arme automatique.

Son principal souci, en cas d'arrivée des Viêts, est de ne pas engager le combat de trop loin. Il devine que les éclaireurs ennemis progressent avec de très grandes distances. C'est en tout cas ainsi qu'il procède lui-même ; il essaie de se mettre dans la peau de l'ennemi. Et il n'a qu'une confiance limitée dans les qualités de tireurs de ses hommes. Pour sa part, il ne possède qu'un pistolet-mitrailleur « Sten », uniquement valable à très courte distance.

Et l'attente commence. Longue, pénible, douloureuse. Il faut s'obliger à l'immobilité la plus totale, en dépit des insectes que ravit l'aubaine de ces corps offerts à leur voracité. Les crampes rendent les muscles douloureux. L'environnement semble rempli de dangers indiscernables mais proches.

Le marécage s'est tu, importuné sans doute par cette présence étrangère. Les animaux sont sur le qui-vive, ce qui suffit peut-être au possible guetteur ennemi à donner l'alerte. La brousse est au premier occupant.

Peu à peu, l'habitude aidant, les bêtes reprennent leur concert. Le gecko éructe, les criquets crissent, le crapaud-buffle ronronne. La patrouille est adoptée.

Deux heures, trois heures. Rien ne se produit. La guerre est une longue patience. Leprun pense déjà à demain. Tant de choses à faire. L'aménagement du poste, l'instruction des hommes, les papiers à remplir et surtout le marché à visiter.

Tous les mardis, Cao Lanh semble sortir de sa léthargie. Tôt le matin, de longues files de paysans convergent vers la grande place en bordure du fleuve, apportant fruits et légumes qu'ils vendent afin de pouvoir acheter ce qui leur manque, la graisse de porc, les poissons secs, les pièces d'étoffe, noires ou fleuries dont les femmes feront *cai-kouans* ou *cai-hao* [2] pour les jours de fête. Et mille autres produits venus de la civilisation, savonnettes aux parfums violents, tabac noir pour les hommes, flacons de médicaments chinois pour soigner morsures, fièvres, migraines ou douleurs intestinales...

L'esprit de Leprun vagabonde. Il a fini par aimer « son » village où, maintenant, il est devenu l'une des personnalités les plus en vue. A son passage, les enfants se découvrent et le saluent, les deux mains jointes sur la poitrine. La marchande de soupe chinoise et de *chia-gio* [3] lui donne du *« ong-ba »* (monsieur « trois galons »), affectant de le prendre pour un capitaine.

Le marché hebdomadaire est pour lui l'occasion de prendre la température de son sous-quartier. S'il y a affluence, si les conversations ne cessent pas à son approche, c'est signe que tout va bien, que les Viêts ne se montrent ni pressants, ni exigeants. Si, par contre, les *nha-qués* restent chez eux, ou si les regards le fuient, si les contacts sont difficiles, l'ennemi prépare un mauvais coup et

2. *Cai-kouan :* pantalon flottant, *cai-hao :* justaucorps féminin.
3. Petits pâtés chauds enroulés dans une feuille de bananier.

a distribué consignes ou menaces. Il n'est pas rare que, dans les heures qui suivent, ils se livrent à un harcèlement. Depuis quelques semaines, ils ont amené dans la région un mortier « local » qui expédie, aux abords du poste, des obus de fonte qui, souvent, n'explosent pas, mais qui, quand ils fonctionnent, dispersent de gros éclats parfois larges comme des soucoupes. Les Viêts sont inventifs.

Leprun est revenu au présent. Quelque chose l'a alerté. Une seconde, il se demande ce qui lui a fait dresser l'oreille, il n'entend pourtant rien. Et il comprend que c'est, précisément, ce silence qui l'a tiré de sa rêverie. Les animaux se sont tus. Brusquement.

Il n'est pas le seul à l'avoir observé. Il sent, comme une onde, un frémissement parcourir la ligne de ses hommes. Ils se sont crispés sur leurs armes.

— *Im* (silence), souffle-t-il.

Tous les regards fouillent l'horizon indistinct dans l'espoir d'apercevoir une ombre mouvante, la tache claire d'un visage, d'un casque, l'éclair métallique d'une arme. En vain. Rien ne bouge, aucun bruit ne se fait entendre.

Et puis, d'un coup, Leprun en est certain, l'ennemi est là. Rien en apparence n'est modifié dans le paysage, mais un sixième sens l'a averti. Peut-être ses oreilles ont-elles capté le chuchotement de voix prudentes ? Peut-être son odorat a-t-il enregistré un parfum fugace de nuoc-mam ou de sueur aigre ? Il ne saurait le dire. Mais il a redressé sa mitraillette. De sa main libre, il a touché l'épaule de Phuoc. Sous ses doigts, les muscles du tireur au F.M. se sont raidis. Phuoc est paré.

Sans que rien d'autre ne les ait annoncés, soudain, les Viêts sont là. Six hommes progressant en colonne. En tête, un voltigeur apparemment sans armes mais qui doit tenir, entre ses doigts qui en retiennent la cuillère armée, deux grenades quadrillées.

Suivent deux soldats, armés, le premier, d'un P.M. Sten, le second d'un long fusil, probablement japonais. Ils escortent trois autres soldats, plus décontractés, l'arme posée, horizontale, sur l'épaule.

Ils sont à trente mètres. Ils s'approchent, sans méfiance. Leprun ne donne pas l'ordre du feu. Il souhaiterait que l'homme à la grenade les dépasse ; il lui serait alors possible d'abattre les porteurs d'arme.

Un coup de feu troue le silence. Leprun jure. L'un de ses hommes a perdu son sang-froid. Plus grave, il a tiré sans viser, la balle est passée, en claquant, au ras des oreilles de son chef.

Les Viêts ont des réflexes vifs. L'éclaireur jette ses deux grenades droit devant lui, les autres ont plongé dans les broussailles. Pas assez vite toutefois pour échapper à la longue rafale que Phuoc a lâchée, par pur réflexe. Ses camarades s'en donnent maintenant à cœur jòie, ils truffent le paysage de coups de fusil qui, s'ils vont se perdre au loin, donnent sûrement l'alerte à tous les chi-doïs des environs. Leprun hurle :

— Halte au feu !

Puis, se dressant :

— Allez, en avant !

Les gardes jaillissent des fourrés et galopent sur la diguette, commençant à fouiller les abords. Naturellement les Viêts ont disparu. Pas tous, l'un d'eux gît, en contrebas, serrant sa cuisse à deux mains, les dents serrées sur des gémissements de souffrance. Van Tri, l'adjoint, abaisse le canon de sa mitraillette vers la tête du blessé.

— Pas question ! Nous allons le ramener, il nous donnera des renseignements sur la mission dont il était chargé.

— Lui pas bon, proteste Van Tri. Pas moyen parler...

— Nous verrons bien !

Leprun houspille ses gens. Il est furieux. Gâcher une aussi belle occasion est exaspérant. « Du diable si nous n'allons pas tomber nous-mêmes dans une embuscade au retour ! » pense-t-il.

— *Mao lên !* grogne-t-il.

Avec deux fusils croisés, sous ses cuisses et sous ses omoplates, deux gardes ont constitué une sorte de chaise sur laquelle ils ont installé le blessé. Il a crié de douleur. Une baïonnette, appliquée contre sa gorge, l'a vite ramené au silence.

Déjà, à l'est, le ciel pâlit. A la lueur de l'aube, Leprun examine son prisonnier. Il grimace, toute cette nuit de veille pour ce maigre résultat. Et le terme « maigre » est adapté à ce Viêt, dix-huit ans tout juste, qui doit peser dans les 40 kg. Il tremble de tous ses membres, promène des yeux affolés autour de lui, inquiet pour sa vie, plus inquiet peut-être encore pour les tourments que lui réservent sans doute ses frères de race.

— Ton nom ?

— *Khong biêt* (je ne comprends pas).

Van Tri traduit. Et rend compte :

— Il dit qu'il s'appelle Quang.

— Où allait-il ?

— Il raconte qu'il allait avec ses camarades installer un poste de contrôle sur la piste qui conduit à Cao Lanh. La mission qu'il avait reçue était d'empêcher les paysans de se rendre au marché.

— Pourquoi ?

— Parce qu'il est interdit aux paysans de sortir de la zone libérée.

Leprun soupire, soulagé. Sa nuit n'a pas été tout à fait vaine, il y aura au moins une dizaine de familles qui pourront venir à Cao Lanh.

Une idée lui vient. Il n'en dit rien encore, mais il se demande si, en invitant les populations voisines à s'établir autour du poste, il ne couperait pas les liens avec les autorités rebelles. « Une idée à creuser », pense-t-il. Il se propose dès la prochaine liaison d'en parler à son ami Menut, installé à quelques kilomètres de lui, dans l'île du Mékong qui lui fait face. Menut sera sûrement de bon conseil.

2.

Le maréchal des logis-chef est peut-être déçu. Et, pourtant, il a eu de la chance. Combien de patrouilles qui, la même nuit, ont sillonné les diguettes, les rizières ou les rachs de Cochinchine, menées dans des conditions identiques par des collègues de la 1re Légion, n'ont pas eu le même résultat ?

Les gardes sont partout en effet. A peine débarquée à Saigon, leur légion a éclaté sur l'ensemble du territoire, en une myriade de petits détachements occupant qui un poste, qui une tour, qui une villa de plantation hâtivement aménagée en redoute, quelquefois près d'une ville — et de sa garnison — le plus souvent isolés, comme autant d'îlots perdus au milieu d'un pays hostile, à des heures, parfois des journées de toute autre présence amie.

Tout est allé si vite !

Quand il a posé le pied sur la quai de Saigon, le sous-lieutenant Lamontagne a été effaré par le grouillement de la foule asiatique. Le dépaysement était grand entre la dernière vision qu'il avait conservée des quais de Marseille, abandonnés trois semaines plus tôt, à la mi-janvier 1947, à peu près déserts, et cette foule exubérante, polychrome, agitée de mouvements vifs et contradictoires, encombrant les pontons et les rues avoisinantes, sur laquelle plane une odeur forte, aux effluves inconnus, indéfinissables pour un odorat européen.

Tout, ici, est déconcertant. Les douaniers accueillent les nouveaux venus, indifférents aux accents de la musique militaire qui leur rend les honneurs. Un petit train cahotant et malcommode les a pris en charge, lui et ses camarades, pour les mener directement au camp Petrus Ky, point de passage obligé de tout détachement, vaste caravansérail où se côtoient tout ce que le Corps expéditionnaire compte de soldats en transit.

Un ciel impitoyable, d'un bleu dur, distille une atmosphère moite et lourde que brassent, mollement, des ventilateurs poussifs et blasés.

A peine installés, sommairement, dans des chambrées ouvertes au moindre courant d'air, un briefing a rassemblé les officiers.

Ils sont quelques-uns, sous-lieutenants issus de la première promotion d'élèves officiers de la Gendarmerie de Melun, baptisée « Kilstett », en souvenir du combat héroïque du Groupement Daucourt, en janvier 1945. A côté du sous-lieutenant Lamontagne, robuste gaillard au profil d'oiseau de proie, Baron, frêle et maladif ; Herlem, mince et vif, à l'œil pétillant d'intelligence ; Bernadac, élégant et soigné en toute occasion, d'un caractère trempé malgré son jeune âge. Personnier, l'athlète, à la voix de commandeur, au verbe truculent, d'un courage physique à toute épreuve, une « figure » de sa promotion. Tous sont là, regroupés autour de leurs lieutenants anciens ou de leurs capitaines d'escadrons, attendant enfin que soit définie leur mission.

Le colonel Degré fait son entrée. Homme froid, apparemment distant, c'est un redoutable travailleur, méticuleux jusqu'à la manie, mais d'un dévouement à toute épreuve envers ses gendarmes. S'il ne rayonne pas la chaleur humaine, tous ici savent qu'il se battrait pour les défendre.

Le discours du colonel est bref. Il vient, lui aussi, de débarquer.

— La mission de notre Légion, dit-il, consiste à encadrer l'ancienne garde indigène indochinoise, devenue, depuis la proclamation de la République de Cochinchine, au mois de juillet dernier, Garde républicaine de Cochinchine (G.R.C.).

« Chacun de vos quatre escadrons[5] va prendre en charge un régiment de cette G.R.C. Ce qui revient à dire que les capitaines d'escadrons deviendront chefs de corps. De la même façon, les chefs de pelotons deviendront chefs de groupes d'escadrons.

« L'implantation de chacun des régiments de la G.R.C. va se faire par ensemble de provinces, chaque escadron aura en charge une province. N'oubliez pas que vous dépendrez, au plan territorial, du chef de province cochinchinois et du résident français, pour emploi opérationnel, du colonel commandant le secteur.

Les officiers se regardent, puis, à la dérobée, consultent leur carte d'Indochine. Des noms nouveaux apparaissent, aux sonorités étranges, Soc Trang, Tra Vinh, Sadec... Ce ne sont encore, pour la plupart, que des points sur la carte. Ils essaient d'en imaginer la réalité, c'est impossible.

Un peu plus tard, dès qu'est connue la répartition des groupes d'escadrons, chaque chef de peloton peut connaître, enfin, la zone qui lui sera confiée.

— Où vas-tu ? demande Bernadac à son ami Personnier.

— Une ville nommée Bac Lieu. Et toi ?

— Go Cong.

5. Voir annexe 1, page 247.

Ils échangent une grimace, aucun n'en a jamais entendu parler.

— Et les autres ?

— Herlem est nommé à Thu Dau Mot, il a de la chance, il n'est pas loin de Saigon. Baron s'en va au bord de la mer, à Rach Gia. Pacot à Sadec, sur les bords du Mékong. Et Ory à Hatien, à la frontière du Cambodge.

— C'est la grande diaspora, constate le sous-lieutenant Bernadac.

Le soir est tombé sur Saigon. Tandis que les gendarmes se rassemblent par groupes d'affinités au sein de leurs pelotons, ils font connaissance avec les rations « Pacific » qui leur ont été attribuées — beaucoup d'entre eux vont jeûner, découragés par l'aspect imprévu de leur contenu, qu'aggrave la chaleur, miettes de thon au sel, bacon nageant dans la graisse tiède... Les officiers vont faire connaissance avec la ville, s'entassant dans les cyclo-pousses qui offrent leurs services dès la sortie du camp.

Une ville fascinante et déconcertante, criarde, malpropre, grouillante de vie, de bruits, de musiques, de frénésie, une ville pleine de contrastes, avec les quartiers annamites où règne le paroxysme et les quartiers européens au charme désuet des villes d'eau, jardins discrets abritant des villas que l'on devine luxueuses, immeubles cossus des grandes compagnies commerciales, banques majestueuses, hôtels sélects.

Quelques-uns se sont hasardés dans des auberges annamites pour tenter une approche de la gastronomie locale. D'autres, plus traditionnels, ont borné leur choix à des restaurants français.

Tous ont été surpris. Les uns par la présentation et le goût des plats exotiques, les autres par la « qualité » de l'addition. La vie est chère à Saigon.

Ils se quittent au moment du couvre-feu, promettant de se revoir, très vite, à Saigon pour confronter leurs expériences, mettre en commun leurs connaissances acquises sur le terrain.

Ils ignorent encore que ce rendez-vous aura lieu dans deux ans seulement, à la fin de leur séjour. Et uniquement pour les survivants.

III

1.

Thu Dau Mot, février-avril 1947.

— Embarquez !

Harcelés par Rémy, l'adjudant d'escadron, les gardes se pressent devant les wagons de bois accrochés à une locomotive antédiluvienne qui crache des torrents d'une fumée noire fleurant le feu de bois. Quelques réflexions fusent :

— C'est un train pour rire !

— Et nous allons loin avec ?

Entre la bousculade de l'arrivée, le dépaysement du pays, le harcèlement des gradés, les hommes ont pris le parti de subir sans trop se poser de questions. Ils dégustent les événements à petites doses.

Les paquetages sont rapidement hissés dans les wagons, une sorte de caisse en bois nantie de deux plates-formes à chaque extrémité, à la manière des voitures de la conquête de l'Ouest américain. Au milieu, deux banquettes de bois se font face, adossées aux parois. Par mesure de sécurité probablement, les fenêtres ont été aveuglées par de grosses planches de teck.

— Le transport ne va pas coûter cher, remarque Chazal. Nous sommes logés en 4e classe !

Ses camarades, Jean-Baptiste Iriart et Georges Linard, sourient, intéressés par les manœuvres compliquées de la locomotive qui s'est garée près d'un énorme tas de bûches que des coolies en short gris sale entassent dans le tender.

— C'est « la bataille du rail », observe Iriart, devant la locomotive, ils ont accroché des plates-formes chargées de rails. De quoi ont-ils peur ?

Brusquement, Iriart et ses camarades réalisent qu'ils sont dans un pays en guerre. En queue de convoi, une sorte de casemate sur roues est censée en assurer la garde. Sur le toit, une tourelle darde le canon de sa mitrailleuse vers le paysage, des meurtrières en garnissent les parois.

— Nous sommes la *Rafale* de Loc Ninh, répond l'un des hommes de la section d'escorte.

— Etes-vous attaqués souvent ?

— Attaqués ? Non, rarement. En réalité, les Viêts sabotent la voie, presque toujours au même endroit et, de temps à autre, ils nous harcèlent au fusil ou au lance-patates.

Les gardes sont impressionnés, autant par le courage que montrent les escorteurs que par la décontraction dont ils font preuve. De leur perchoir, ils hèlent les filles et dégustent une soupe chinoise qu'un coolie leur a apportée.

Comme si elle était vexée des plaisanteries qui l'ont accueillie, la locomotive siffle, furieusement. Puis, à petits cahots, elle s'ébranle, dans un grincement d'essieux et un bouquet de gerbes d'étincelles qui manquent de mettre le feu aux paillotes édifiées tout contre le ballast.

Passé Khanh Hoï, la proche banlieue de Saigon, la *Rafale* poursuit cahin-caha sa route incertaine, saluée par des nuées de *nhos* très sales et très nus qui agitent de vieux chiffons. Très vite, les gardes se sont désintéressés du paysage. Ils ont pris conscience qu'ils n'étaient pas des touristes, mais des soldats dans un pays dangereux.

Certains fourbissent leur arme, d'autres garnissent magasins et chargeurs. Avant le départ, ils ont perçu ce que l'adjudant Rémy appelait « une unité de feu ». Beaucoup d'entre eux n'avaient jamais vu ou touché de balles réelles. Ils les manipulent avec une sorte de respect craintif.

— Soyez économes, a conseillé l'adjudant : il n'est pas certain que vous en receviez d'autres avant longtemps. — Puis il a ajouté, avec cette forme d'humour qui lui est personnelle : — Ne cédez pas au vertige du tir désordonné.

Certains ont souri. D'autres ont retenu l'apparente contradiction des recommandations et interrogent :

— Comment faire la guerre si nous devons éviter de dépenser nos munitions ?

— Qui parle de guerre ? Nous sommes ici en mission de pacification.

Pacification, le mot est nouveau. Et vague. Tout comme le demeure leur destination finale. Ils savent seulement qu'ils vont s'installer dans un chef-lieu de province nommé Thu Dau Mot. Et leur principale préoccupation est de savoir où et de quelle façon ils seront logés. Tout ce qu'ils ont connu jusqu'ici de l'Indochine ne les pousse pas à l'optimisme. Ici, le mot « confort » semble inconnu.

La *Rafale* a dépassé Go Vap, puis, s'engageant résolument à travers des rizières piquetées de cocoteraies, elle file pleine vapeur vers le nord, puis stoppe peu avant Laï Thieu pour compléter son chargement de bois. Nouveau départ, en fanfare, et, après avoir franchi la rivière de Saigon sur un étrange et impressionnant pont métallique à balancier, le convoi s'arrête devant la petite gare de Laï Thieu, une bourgade posée comme un bouquet de verdure, sur la gauche.

Sur le quai, rassurant par sa seule présence, un gendarme. Il salue, se présente au chef de détachement, le sous-lieutenant Herlem.

— Adjudant Courtet, dit-il. Je suis le responsable du poste de gendarmerie de Laï Thieu.

— Comment est la région ?

Courtet esquisse une moue.

— Pas brillante, répond-il. Je suis ici depuis près de dix ans. Les Japonais ont brisé en quelques mois tout l'édifice que nous avions eu tant de peine à mettre debout. Beaucoup d'entre eux ont refusé de rentrer chez eux, leur rage anti-Blancs les a poussés à rejoindre les forces communistes qu'ils encadrent et instruisent.

— Les « Forces communistes » ? — Le sous-lieutenant Herlem s'étonne. — Vous voulez parler de groupes de rebelles ?

Courtet secoue la tête et sa main désigne une direction.

— Vous apercevez d'ici la masse sombre d'une forêt. C'est la forêt d'An Son. En mars 1945, j'y ai pris le maquis avec quelques-uns de mes *linhs*. Nous avons tenu cinquante jours, seuls, avant d'être capturés par les Japonais. Savez-vous combien d'hommes il a fallu ? Deux bataillons !

« Aujourd'hui, la forêt d'An Son est le refuge du régiment viêt 301. Vous avez bien entendu, un régiment. A peu près deux mille cinq cents soldats aguerris, redoutables, qui sortent de temps à autre pour faire régner l'insécurité sur l'ensemble de la province, ici, à Laï Thieu, mais aussi à Thu Dau Mot et même loin au-delà, vers Ben Cat !

« Vos gardes vont avoir du pain sur la planche !

Le sous-lieutenant Herlem n'a pas répondu. Il commence à comprendre pourquoi personne, avant l'adjudant Courtet, n'avait parlé avec franchise de l'état réel de ce pays.

Au départ, sur le bateau, les opinions étaient partagées. Il y avait les optimistes qui estimaient que la gendarmerie, même convertie en garde républicaine d'Extrême-Orient, userait plus de carnets de P.V. que de cartouches ; il y avait les raisonnables qui lisaient les journaux et sentaient que tout n'allait pas aussi bien que le racontaient les communiqués officiels, mais ils pensaient qu'entre leur arrivée et leur engagement, il leur serait octroyé un temps de réflexion et d'adaptation.

Il y avait enfin les intrépides qui croyaient aux vertus de la levée en masse et de l'improvisation.

Tous avaient tort. Hier encore, ils étaient à bord du L.C.M. qui les avait transbordés du *Pasteur* pour les conduire à Saigon. Et les voici ce matin, lancés dans l'aventure.

Sur le quai de la gare de Laï Thieu, Herlem a salué Courtet. Les deux hommes se sont séparés et le voyage a continué pendant une petite demi-heure jusqu'à ce que se profile à l'horizon la gare, terminus de leur voyage ferroviaire.

Il est une heure de l'après-midi. Tout dort, écrasé de chaleur. Sur le quai de la gare, deux hommes attendent le convoi, un civil, eurasien qui se présente comme étant M. Moll, l'administrateur de la province et un militaire, commandant le peloton du 5e régiment de cuirassiers.

— Bienvenue sur le territoire, dit ce dernier. Nous vous attendions avec impatience, vous êtes la première troupe française que nous ayons vue depuis longtemps !

Herlem ne répond pas. Une formule a pourtant retenu son attention : « vous êtes la première troupe ».

— Ma mission consiste exclusivement à effectuer des ouvertures de routes, précise l'officier.

Le sous-lieutenant Herlem apprendra vite que l'ouverture de route est une véritable opération de guerre avec quelques blindés assurant la protection des véhicules civils qui se hasardent hors de la ville, vers Saigon ou vers le nord, Hon Quan et les plantations d'hévéas, voire Bu Dop, tout en haut, à la frontière du Cambodge.

— Et nous ? questionne Herlem.

L'administrateur intervient :

— Vos gardes vont être répartis sur l'ensemble du territoire de la province pour encadrer les jeunes gardes républicains de Cochinchine qui ont été recrutés par mes soins et qui, pour le moment, sont logés dans la citadelle.

— Comment les instruisez-vous ?

Mouvement vague de la main.

— Les vétérans de l'ex-garde indochinoise s'en chargent. Mais nous sommes pauvres, les munitions sont rares et l'armement disparate.

Disparate, le mot est faible. Tout à l'heure, après le défilé en ville de ses trente-cinq gendarmes, le sous-lieutenant Herlem sera accueilli dans la citadelle, tout en haut de la ville, par une horde de gamins dépenaillés, portant aussi fièrement que possible des fusils de toutes marques et de toutes provenances, japonais, français, voire russes [1].

Ce premier contact est décevant. D'autant plus que, d'entrée de jeu, M. Moll, l'administrateur et de ce fait, supérieur hiérarchique du détachement, fixe les missions :

— En accord avec le commandant du secteur, vous allez, dans les délais les plus brefs, relever dans les postes les soldats du 43e R.I.C. qui vont être regroupés ici.

Herlem acquiesce. Il s'attend au pire. Et le pire arrive. Sur une carte murale, de petites punaises, dix-sept au total, indiquent les emplacements de ses postes. Avec stupeur, Herlem constate que son escadron va littéralement exploser sur une portion de terrain qui s'étend de la frontière cambodgienne jusqu'aux lisières sud de Saigon.

Il dispose de trente-cinq gendarmes. Et il calcule que dans le meilleur des cas, ses hommes seront deux dans un poste, mais, le plus souvent, ils seront seuls. Il est atterré. D'autant plus que, depuis un mois qu'il vit en leur compagnie, il connaît exactement les limites de leur instruction.

Mais il obéit, sachant que beaucoup de ses hommes sont déjà sacrifiés.

2.

De l'autre côté de la rivière, le Rach Thi Tin. A quinze cents mètres se situe la ville, avec sa population active, qui, au soir, vient flâner sur les pontons de bois où s'amarrent les jonques. Ici, au poste du « Haut Bac », c'est déjà la guerre. A la nuit, comme une forteresse relevant le pont-levis pour s'enfermer dans sa solitude, le maréchal des logis-chef Fontanille rabat le cheval de frise qui barre la route. Une route qui ne mène nulle part, depuis de nombreux mois déjà. Il y a quelque temps que les Viêts ont arraché le revêtement dont ils ont dispersé les morceaux dans la jungle.

Mais cette route est symbolique. Elle mène au bac, cordon ombilical qui apporte au poste ravitaillement et munitions, achemine les relèves et rapatrie blessés ou malades.

1. Récupérés à la frontière espagnole sur les Républicains vaincus et acheminés en Extrême-Orient dans les premiers mois de 1940.

Le garde Pierre Rouat forme équipe avec Fontanille et une quinzaine de gardes cochinchinois, tous jeunes engagés.

Les nuits sont longues, entrecoupées de veilles et de rondes pour la relève des sentinelles veillant au créneau, derrière la vieille mitrailleuse Hotchkiss à trépied ; elle achève ici une existence commencée plus de trente ans auparavant, dans la craie de Champagne ou la boue de Verdun.

Le poste est une enceinte formée de deux palissades de rondins entre lesquelles ont été tassées des tonnes de terre rouge, protégée, en avant, par plusieurs rangées de bambous acérés, à la pointe durcie au feu.

A l'intérieur, plusieurs paillotes abritent dortoirs des gardes autochtones et cuisines. Dans un coin, dans ce qui fut autrefois la maison du préposé au bac, se sont installés Fontanille et Rouat qui, en plus, ont entreposé vivres et munitions.

Aucune liaison radio n'est prévue. Il y a quelques semaines que Fontanille a reversé son poste 536, faute de piles de rechange. Pour seul signal de détresse, il ne dispose que d'une batterie de fusées de couleur, rouges ou vertes.

Les journées se passent en travaux d'aménagement, en patrouilles de sécurité aux abords du poste, en missions de contrôle des jonques de pêcheurs qui vont et viennent sur la rivière. La vie s'écoule ainsi, partagée entre l'angoisse de la nuit et la monotonie des journées.

— Xep ? Il y en a des soldats venir ici !

Fontanille repose son bol de riz blanc — du riz fourni par l'intendance arrivé tout droit... de Marseille ! — et va rejoindre Tranh, le guetteur du blockhaus d'angle. Il est deux heures de l'après-midi, ce 11 septembre 1947.

Fontanille n'est pas inquiet. Des soldats qui patrouillent en plein jour ne peuvent être que des amis. Souvent, au retour d'une opération dans la région de Cu Chi, des sections transitent par son poste avant d'emprunter le bac qui les ramènera à leur base. Et, précisément, le bac est là, amarré à son ponton. Ne manque que le pilote, qui a sûrement dû partir pêcher, à moins qu'il ne fasse la sieste, occupation obligatoire sous cette chaleur et à cette heure de la journée.

Fontanille a chaussé ses jumelles. Il voit une patrouille d'une trentaine de partisans, habillés de kaki, coiffés de calots de toile, emmenés par un grand escogriffe d'Européen dont les cheveux d'un blond filasse s'échappent par touffes d'un képi noir.

— Salut ! lance, désinvolte, le chef des partisans, dès qu'il est à portée de voix.

— D'où venez-vous ?

Geste vague indiquant l'ouest, puis l'Européen reprend :

— Nous sommes du 43e R.I.C., nous effectuons une liaison sur Thu Dau Mot. Le bac est là ?

— Oui.

— Dites-moi, pouvons-nous nous reposer chez vous une petite heure ? Mes gars sont fatigués, nous avons marché toute la nuit.

— Pas de problèmes. — Fontanille enfle la voix : — Ngo, va ouvrir la barrière !

Son déjeuner avalé rapidement à la popote des Cuirassiers, le sous-lieutenant Herlem achève la mise au point de son plan de relèves des postes. Il estime qu'au bout de quatre semaines, ses gardes ont besoin de s'aérer un peu. Son problème — l'un de ses problèmes — est de combiner ces relèves avec la disponibilité de son unique camion, un Chevrolet hors d'âge échoué ici après un itinéraire probablement extravagant. Ce Chevrolet qui sert à tout, au déménagement de ses gardes cochinchinois comme au ravitaillement hebdomadaire sur Saigon, aux évacuations sanitaires comme aux transports des groupes d'escorte des ouvertures de route.

Un garde est entré en trombe dans son bureau.

— Mon lieutenant ! Venez vite ! Le poste du « Haut-bac » est attaqué...

Herlem enfile ses équipements, coiffe son béret-gurkha et sort. Cent mètres plus bas, il s'arrête, au bord de la rivière et gronde d'impuissance.

Mille cinq cents mètres en face, hors d'atteinte car le bac est toujours amarré au ponton de l'autre rive, le poste agonise. Tendus, certains pleurant de rage, les hommes assistent, en direct, au massacre de leurs camarades dont on entend les ultimes rafales, comme les cris d'agonie, de même que l'on discerne les hurlements sauvages des Viêts.

Un homme, un seul, un jeune Vietnamien, a fait le mort. Après avoir rampé dans les herbes, il s'est jeté à l'eau et il a réussi à retraverser la rivière. Seul témoin, seul survivant, Ngo fera le récit de l'attaque, menée en plein milieu de la journée, grâce à la ruse d'un Européen.

Un gendarme est allé chercher une jonque. Du regard, le lieutenant Herlem consulte ses voisins.

— Qui est volontaire pour venir avec moi de l'autre côté ? demande-t-il.

Il obtient peu de réponses. Pour la plupart de ses hommes, le drame qui s'est joué sous leurs yeux, la mort atroce qu'ils devinent avoir été celle de leurs camarades leur a porté un coup sévère au moral.

— Je viens, mon lieutenant !

L'adjudant Rémy a fait un pas en avant. A sa suite, deux gardes se présentent.

La traversée est rapide. Tous les hommes ont le visage tendu, les dents serrées. Dans leurs mains, la Sten est maintenue d'une main ferme. Ils sont trop secoués pour être conscients de la folie de leur geste, quatre hommes seuls, à peine armés, face à un ennemi, pour l'instant silencieux mais qui, peut-être, les attend, retranché dans les ruines du poste.

Mais les Viêts ne se sont pas attardés. Sitôt leur forfait accompli, ils se sont éclipsés dans la jungle. Le sous-lieutenant Herlem entre le premier dans ce qui fut le poste et là, il s'arrête, figé d'épouvante. C'est une véritable boucherie à laquelle se sont livrés les agresseurs. Il y a du sang partout, en larges éclaboussures qui détrempent le sol et les murailles. Elles témoignent d'un acharnement sauvage. Des auxiliaires ont été découpés au coupe-coupe en petits cubes de chair, d'autres ont été cloués aux parois avec leur propre baïonnette.

Au milieu de la cour où ils ont été traînés, les deux gardes français ont été entièrement dévêtus, puis, après les avoir éventrés, les Viêts se sont abominablement acharnés sur leurs cadavres ; c'est à peine s'ils sont reconnaissables. L'un des deux hommes de l'escorte se détourne, vomit, puis éclate en sanglots.

— Pourquoi, mon Dieu ? demande-t-il. Mais pourquoi ?

C'est la question que tous se posent. Pourquoi en effet tant d'inutile sauvagerie, tant de folie sanguinaire ?

Ngo, le rescapé, attire le lieutenant à l'écart.

— Manque quatre hommes, dit-il. Je les connais bien...

Tout devient clair maintenant. Le poste était miné de l'intérieur. Depuis des jours, peut-être des semaines, les gardes Fontanille et Rouat étaient en sursis. Le sous-lieutenant serre les poings. Rien ne sert de s'attendrir ou de pleurer ses morts. Il doit réagir, secouer la douloureuse torpeur qui les gagne. Il ne faut pas que les Viêts gagnent sur tous les tableaux. L'horreur de ce massacre avait aussi pour but de marquer les esprits, d'affoler les spectateurs.

— Rémy, commande-t-il. Retournez en ville, réquisitionnez des sampans et une corvée. Je veux que dès ce soir les morts soient enterrés et que le poste, nettoyé, soit occupé par une nouvelle garnison.

Rémy esquisse une moue sceptique.

— Nous ne trouverons guère de volontaires.

— Dans ce cas, j'assurerai moi-même la garde du poste ! En attendant, je vais former une patrouille et me lancer à la poursuite des Viêts.

Herlem ne se fait guère d'illusions, il ne les rattrapera pas. Mais il doit, impérativement, reprendre l'initiative, montrer, tant à ses propres troupes, qu'à la population qui probablement renseigne l'ennemi, que les Français ne baissent pas les bras et que leur moral est intact.

L'adjudant Rémy a compris. Il secoue la tête :

— Mon lieutenant, c'est à moi de prendre la tête de cette patrouille, votre rôle est de rester ici, à commander votre escadron.

La patrouille de l'adjudant Rémy n'a obtenu aucun résultat positif. Au moins au plan du bilan. Pour l'adjudant elle a été une révélation.

Le coup de foudre pour un pays ne s'explique pas. En quelques heures, passées à courir une piste incertaine, une nuit, à tenir embuscade auprès d'un gué sur un suoï, Rémy est rentré à Thu Dau Mot envoûté.

— Je crois que j'aime ce pays, a-t-il dit, aussi simplement que s'il rendait compte de sa mission. J'aimerais bien être affecté en poste.

En souriant, le sous-lieutenant Herlem accepte. Et l'adjudant a refait son paquetage avant de mettre sac à terre à Ben Cat. Il y restera huit ans et, en 1954, à son rapatriement, il y aura conquis ses épaulettes d'officier.

Mais toutes les carrières n'auront pas cette fin heureuse. L'année 1947 va être, pour l'ensemble des troupes françaises, et singulièrement pour les gardes de la 1re Légion, l'année terrible. Sur les quelque trente-cinq gendarmes débarqués dans la province de Thu Dau Mot à la mi-février 1947, quinze auront été tués ou seront portés disparus à la fin du mois d'octobre. Il ne se sera pas passé de semaine sans qu'un poste soit attaqué et bien souvent pris après un bref combat.

En fait, le recrutement hâtif des auxiliaires cochinchinois a permis aux Viêts d'y introduire des hommes à eux. Pendant des jours, des semaines, ils ne bronchent pas, sinon pour se montrer des recrues exemplaires, de façon à gagner la confiance de leurs chefs. Ils mènent des patrouilles profondes, déjouent des embuscades, n'hésitant pas à abattre leurs anciens camarades. Ils prennent du galon, conquièrent même parfois la Médaille militaire après de nombreux exploits personnels.

Tous ne désertent pas le soir même comme le maréchal des logis-chef Lam Thon, à la stupéfaction générale. Mais, bien souvent, au retour d'une permission passée dans leur village, ils neutralisent les sentinelles, assassinent l'Européen dont ils avaient acquis la confiance et ouvrent les barrières au chi-doï voisin qui attendait, tapi dans l'ombre.

D'autres fois, le boy empoisonne le repas du chef de poste, ou le poignarde durant son sommeil.

Il est rare qu'un poste ait été enlevé de vive force. Et ceux dont la garnison était loyale ont résisté victorieusement aux assauts d'une compagnie, parfois même d'un bataillon ennemi. Ainsi le garde Chazal a-t-il repoussé, deux nuits durant, les assauts d'un chi-doï rebelle.

De la même façon, à Cao Lanh, le maréchal des logis-chef Leprun va-t-il subir un siège de trois jours et trois nuits, du 28 au 30 août 1947. A bout de résistance, ayant pratiquement épuisé ses munitions, au moment où il envisage de se faire sauter avec les Viêts qui sont entrés dans la cour du poste, il est sauvé, in extremis, par l'arrivée de son camarade Menut, qui a mobilisé une flottille de sampans et est venu, avec ses troupes, à la rescousse.

D'autres postes vont, de la même façon, résister au-delà de toute espérance. Dans la plupart des cas, les gardes savent qu'ils ne peuvent attendre aucun secours. Et ce ne sont pas les misérables fusées de détresse qui peuvent donner l'alerte. Qui prévenir, sinon un vague voisin, lui-même isolé, coupé de tout et qui a déjà bien du mal à assurer sa propre mission ?

Alors, ils tiennent. Comme Francis Carré en septembre à Thieu Can, qui se battra, deux jours durant, malgré une grave blessure à l'épaule et luttera, pied à pied, jusqu'à ce que l'ennemi se décourage.

Comme Guy Cavillon en avril à Ky Son, comme Clément Foulquier à Nham An, comme le chef Pierre Delaborde le 18 novembre à Cat Lo.

Mais l'exploit le plus remarquable est sans doute celui qu'accomplit Lucien Denouvion à Rach Muc.

Le poste de Rach Muc est situé en bordure de rivière, à six heures, par une mauvaise piste, du P.C. de Thu Dau Mot. Deux gardes français y tiennent garnison, encadrant un peloton de gardes cochinchinois.

Denouvion est arrivé ici depuis le mois d'avril 1947. Son premier travail, outre le recensement de la population, éparse dans la rizière, a été d'aménager les défenses de son poste, tout en refusant de céder à la tentation de s'y enfermer, tentation fatale à nombre de ses camarades qui parfois, souffrant de claustrophobie, sombrent dans la folie ou le délire de la persécution.

Denouvion a remarquablement conçu ses défenses. Il a fait dégager des champs de tir, creuser un petit fossé que la rivière a rempli. Il a monté un gros blockhaus en bois de teck que surplombe une tour sommaire elle-même dominée par le mât des couleurs, un tronc d'aréquier où flotte, en permanence, un pavillon tricolore, reçu de France le 14 juillet dernier.

Avec Jacques Brassard, son adjoint, ils se partagent le travail, de façon à avoir, en permanence, une patrouille de sécurité aux abords du poste.

Il a également mis en place un efficace service de renseignements, utilisant d'abord le capital de sympathie qu'il s'est acquis auprès de quelques vieux notables. Il avait même imaginé d'aller suivre les cours de vietnamien qu'un vieux doc-phu, un lettré portant barbiche, bésicles et boutons de jade, marques de son état. Il a dû y renoncer. Faute de temps d'abord, soucieux, ensuite, de la vie du vieillard que les Viêts avaient menacé.

Il a suffisamment de notions de langage parlé pour arriver à se passer d'interprète.

Ses auxiliaires sont, pour la plupart, de jeunes recrues, davantage poussés par l'appât d'une solde qui, pour être modique, n'en présente pas moins l'avantage d'être régulière et fixe, que par un engagement personnel. Ils sont dévoués, s'adaptent vite. Après quelques semaines, ils ont acquis, sur le terrain, l'instruction de base qui leur faisait défaut à leur arrivée. Quelques accrochages les ont aguerris.

Denouvion a confiance en eux. Peut-être pas au point de leur confier des missions en solitaires, mais il pense qu'en cas d'attaque, ils ne fuiront pas au premier coup de fusil.

A des riens, des visites au poste dont la fréquence s'estompe, des réticences de la part des civils, des feux qui s'éteignent à la tombée du jour, il sait que l'étau ennemi s'est resserré autour de son poste. Mais il est prêt. Désormais Brassard et lui prennent la veille à tour de rôle.

Il est sept heures du soir, ce 8 novembre 1947. Tout à l'heure, un violent orage de mousson a noyé le poste sous des trombes d'eau, arrachant la toiture d'une des paillotes où cantonne l'un de ses deux groupes, faisant déborder l'eau du fossé. Le ciel est d'un noir d'encre, les nuages demeurent menaçants. Au loin traînent encore des éclairs qui montrent que l'orage tourne, sans céder le terrain.

A la lueur de la bougie fichée dans une bouteille, Lucien Denouvion regarde l'heure.

— Je vais effectuer la ronde des sentinelles, dit-il à Brassard.

— Si tu le souhaites, je peux te remplacer ?

Denouvion accepte. Sa lampe-torche à la main, Brassard se glisse dehors, courbé sous la pression du vent qui tourne au milieu de la cour du poste.

Malgré les sifflements du vent, et le clapotis des eaux, un bruit, ténu, léger, imperceptible fait dresser l'oreille à Denouvion. Un rien, comme une exclamation étouffée.

Maintenant, il est sur le qui-vive. Son premier geste, avant de saisir sa Sten, a été pour souffler sa bougie et s'habituer un peu à l'obscurité. Il se lève, repousse le vantail de bois. D'abord, il ne distingue rien au milieu des grosses gouttes de pluie qui se sont remises à tomber. Au bout de quelques secondes, il aperçoit à quelques pas de lui une silhouette imprécise, debout, figée, immobile. Il va s'approcher, questionner, demander à Brassard pourquoi il ne bouge plus.

Un objet dur le heurte à la poitrine, en même temps qu'une voix nasillarde lui intime un ordre :

— Jeter ton arme et lever les bras !

Les Viêts ! Ici, au cœur même de son poste ! Cela lui semble extravagant. Il ne cherche pas à savoir comment ils y sont entrés, par ruse, par surprise ou par trahison de l'un des défenseurs. Ce qui lui importe est qu'un de ces petits hommes noirs lui commande quelque chose que lui, Denouvion Lucien, de la garde républicaine, responsable du poste de Rach Muc ne peut accepter. « Depuis quand... »

Il n'a pas lâché son arme. De sa main libre, il saisit l'extrémité du canon du fusil qui lui fouaille les côtes, le déplace d'abord vers la gauche. Une lueur, une détonation. Le Viêt a appuyé sur sa détente.

Denouvion ne desserre pas son emprise. Mieux, il tente d'arracher le fusil ; au toucher, il a identifié un 5,6 japonais. L'autre s'y cramponne, réussit à le réarmer et à faire feu une seconde fois. Mais il est de constitution trop faible pour résister longtemps. Entraîné par la force du Français, il trébuche et, avec un cri de rage, abandonne enfin son fusil.

Denouvion le jette au loin, puis, tout en criant à pleins poumons : « Alerte ! Aux créneaux ! » il abat son adversaire qui tentait de s'enfuir.

Aussitôt, la fusillade est générale. Viêts et gardes cochinchinois se battent dans le noir. Par déduction, Denouvion a reconstitué la manœuvre ennemie. Les rebelles ont profité de l'orage pour aborder par la rivière, directement sous les murs du poste qu'ils ont souplement escaladés avec des échelles de bambou. L'arrivée inopinée de Brassard les a surpris au moment où ils déposaient une charge explosive au pied de la tour de guet.

A la lueur des explosions, aux cris qu'ils poussent, Denouvion et ses hommes situent à peu près les Viêts, finalement acculés dans le coin opposé de la cour, au bord du rach.

A deux heures du matin, venue de la rive d'en face, résonne une corne de brume. Instantanément, les Viêts survivants sautent sur les remparts, plongent dans la rivière.

— Nous l'avons échappé belle, commente Brassard.

C'est alors seulement que Denouvion s'aperçoit que l'une des balles qu'a tirées le Viêt lui a traversé l'épaule.

— J'étais tellement en colère, raconte-t-il, que je n'ai pas senti la douleur.

Le bilan de cette attaque est éloquent. Sept gardes ont été blessés, deux ont été tués. Par contre les Viêts ont abandonné huit cadavres dans l'enceinte du poste et plusieurs de leurs armes, dont le fusil japonais.

Pour cette action, le garde Denouvion est cité à l'ordre de l'Armée.

— Cela ne méritait pas une palme, conclut-il, modeste. Je n'ai fait que mon métier. Et, en plus, je crois avoir perdu mon sang-froid !

3.

Perdre leur sang-froid est en effet la hantise des gardes et de leurs officiers. Moins peut-être pour eux-mêmes que pour les hommes qu'ils sont chargés d'encadrer.

Constamment sur le qui-vive, redoutant d'être trahis, attaqués dans le dos, menacés à tout moment d'une grenade qu'un terroriste jette sous leurs pas, ils ont le réflexe prompt à la détente.

Le 5 novembre, à Thu Dau Mot, un de ces engins explose, précisément, en plein milieu du marché, faisant plusieurs blessés parmi les civils. Deux gardes cochinchinois sont là. Sur les indications de quelques témoins, ils se lancent à la poursuite du lanceur de grenade qui galope, de rue en rue, et disparaît bientôt à un carrefour.

Hors d'haleine, les deux G.R.C. avancent, rendus prudents par l'expérience ; il est arrivé parfois que, sur le point d'être capturé, un Tu Vê se fasse sauter au milieu de ceux qui allaient le prendre.

Soudain, sur leur droite, le cliquetis d'une culasse. Un rapide demi-tour et, ensemble, les deux hommes vident le chargeur de leur Sten au jugé, par le trou noir d'une porte entrouverte.

De l'intérieur, leur parviennent des cris de souffrance, ainsi qu'une exhortation :

— Plus tirer, plus tirer !

— Sortez, les mains en l'air !

Trois civils apparaissent sur le seuil et la confusion est grande.

La consternation. Les deux gardes ont ouvert le feu sur de paisibles Chinois, tranquillement occupés à jouer au mahjong ; ce qu'ils ont pris pour le claquement d'une arme était le heurt des petits dés d'ivoire.

A l'intérieur, trois morts gisent, baignant dans une mare de sang.

Tout ce que pourra faire l'officier sera de présenter ses excuses et ses condoléances au chef de la congrégation chinoise, mais, pour un temps, les rapports seront tendus entre les deux communautés.

Averti du drame, le lieutenant Herlem en tire les conclusions, au moment où il accueille son successeur, le sous-lieutenant Moricet :

— Cette affaire est regrettable en tous points, mais elle est exemplaire du climat dans lequel nous sommes plongés. La terreur permanente use les nerfs et, qui sait ? peut-être vaut-il mieux réagir trop vite que de réagir à contretemps.

Pour le sous-lieutenant Moricet, cette observation est intolérable.

— Il vaut mieux tout faire pour épargner les vies humaines, répond-il.

— Vous n'empêcherez pas les méprises.

— J'agirai toujours de façon à les éviter, promet le jeune officier.

Il tiendra parole.

Noël est passé. Les fêtes du Têt approchent. L'incident de novembre s'estompe, guère loin d'être oublié. C'est l'Asie. Peu à peu, grâce à l'action conjuguée des troupes du secteur et des G.R.C. qui participent à la reconquête des populations, la confiance renaît. Jamais le marché n'a été aussi fréquenté, jamais les routes n'ont été aussi sûres depuis trois ans. Là où, l'an passé encore, il fallait un convoi armé, les camions circulent à peu près librement sur des axes, protégés de loin en loin par des patrouilles blindées du 5e cuirs.

Le 2 février au soir, au P.C. du secteur, le commandant Briand convoque le sous-lieutenant Moricet.

— Demain matin, explique-t-il, nous effectuons une opération en bordure du « Quadrilatère ». Je vous demande d'assurer le bouclage du dispositif sur la route, face à l'est.

Le « Quadrilatère » est cette zone de forêts et de brousse délimitée, au sud, par la ville de Laï Thieu, au nord, par le Song Bê, à l'est, par la rivière Dong Naï et la route de Than Uyen à Phuoc Hoa. C'est le fief inexpugnable du fameux régiment 301 ; il y a disposé des camps d'instruction, des souterrains, des emplacements de repos, des dépôts. Cette région est considérée comme le réduit le plus dangereux de la zone Est cochinchinois, de là partent toutes les actions rebelles tant vers le nord et les plantations, que vers l'est, parfois jusqu'à Bien Hoa.

Le sous-lieutenant Moricet écoute les explications techniques, puis il part pour ses cantonnements, distribuer ses ordres. Avec les gardes disponibles de son 5e Groupe d'escadrons, il a créé deux éléments d'intervention, le premier aux ordres de No, un adjudant cochinchinois, le 2e aux ordres du garde Le Chenadec.

A trois heures du matin, le peloton se met en route. Une heure et demie plus tard, il est en place. Le sous-lieutenant Moricet est de bonne humeur. Rien ne le distrait plus que ces départs en opérations où l'on quitte l'atmosphère confinée de la ville et de ses bureaux. Il fait beau, c'est le milieu de la saison sèche et l'aube est magnifique sur le paysage luxuriant de la forêt où les flamboyants mettent par endroits des couleurs d'un rouge éclatant.

Il va d'un groupe à l'autre, tient lui-même à vérifer l'emplacement de ses armes automatiques.

A sept heures et demie, Le Chenadec attire son attention par un léger sifflement

— Deux types arrivent !

Deux civils viennent de surgir d'un layon de la forêt, aussitôt interceptés par l'adjudant No.

— Que font-ils ici ? interroge Moricet.

No traduit :

— Ils disent qu'ils sont des charbonniers qui sont allés couper du bois...

— Qu'en pensez-vous ?

— Peut-être ne mentent-ils pas.

— Gardez-les avec vous jusqu'au démontage de l'opération. — Il brandit l'index. — Mais pas de blagues, hein ?

Placides, fatalistes, les deux civils s'installent à l'écart, accroupis à l'annamite, les mains entre les pieds, l'œil au vague.

Les heures s'écoulent, marquées au coin de l'ennui. Rien ne se passe, hormis, par intervalles, l'écho de quelques rares coups de feu. Une fois de plus, l'opération est tombée dans le vide ; les Viêts ont déménagé, probablement dès hier soir. Le lieutenant Moricet fume une cigarette auprès du garde Le Chenadec. Ensemble, les deux hommes échangent quelques mots, toujours les mêmes, les projets pour « après »...

Un peu au-dessus d'eux, le garde Jollivet assure la veille auprès du fusil-mitrailleur. Moricet consulte sa montre, il est midi et demi.

— Dans un quart d'heure, par roulement commencez à manger !

— Mon lieutenant ? — L'adjudant No parle à voix basse. Du

doigt, il montre une direction, vers le sud. — Il y a une trentaine de soldats en noir qui arrivent vers nous, sur la route !

— Sur la route ?

Le sous-lieutenant réfléchit. Il croit se rappeler que la veille, le commandant Briand lui avait parlé d'un commando de supplétifs caodaïstes qui devait patrouiller dans le même secteur.

— Pas d'affolement, dit-il. Je vais prendre contact avec eux, il ne faudrait pas qu'ils nous tirent dessus !

Laissant derrière lui l'adjudant No, le caporal-chef Bong ainsi que le G.R.C. Day, il saute sur la route. Sa carabine à la main, il se dirige résolument dans la direction indiquée. Passé le tournant, il aperçoit en effet les hommes signalés. Arrivé à la hauteur d'une petite construction, un ancien abri de cantonnier, il découvre le « commando ». Et son premier geste est de recul ; en fait de Caodaïstes, ce sont des Viêts. Ils sont vêtus de noir, le boudin de riz en travers du torse. De plus, ils manœuvrent comme des professionnels.

— Alerte ! crie le sous-lieutenant.

En même temps, sur sa gauche, il aperçoit une centaine d'autres Viêts qui débouchent et, en ligne, marchent dans sa direction.

— Dans la maison ! Vite, crie Moricet.

Le groupe de l'adjudant No, le plus proche, réagit instantanément, tandis que, plus en retrait, Le Chenadec et Jollivet sont sur le point d'être pris en tenaille. Les Viêts foncent. Leur encerclement est sur le point de se réaliser.

— Vite ! Vite ! crie Moricet.

Il arrache des mains de Bong le fusil-mitrailleur du garde Day. A la hanche, il lâche un premier chargeur, fauchant les Viêts les plus proches.

Un par un, ses hommes s'engouffrent dans la maison qu'ils transforment aussitôt en blockhaus.

— Tout le monde est là, crie Le Chenadec.

Moricet se replie alors, maintenant l'ennemi à distance par de courtes rafales, ne s'interrompant que pour changer le chargeur de son arme.

Six minutes, sept minutes encore. Pas à pas, Moricet recule. Il va enfin atteindre l'abri de la maison. Une balle le cueille au ventre. Il a encore la force de passer son arme à Le Chenadec qui tente de le tirer à l'intérieur.

— Laissez-moi, je suis foutu, défendez-vous ! lance le sous-lieutenant.

Les Viêts sont là, les coupe-coupe haut levés. Ils frappent, comme des fous, avec des hans de bûcherons, indifférents aux balles que leur adressent, de l'intérieur, les Français. Ils tombent, mais ils frappent, ils veulent achever cet officier qui leur fait encore face, qui se refuse à mourir.

Un coup lui tranche la main gauche, un autre lui déchiquette l'épaule. Un troisième lui fend le crâne, arrachant l'œil droit. Moricet s'écroule alors ; cette fois, la vie l'a abandonné. Alors, avec des cris de victoire, les Viêts resserrent leur étreinte autour de ceux pris au piège. Le premier, Le Chenadec est tué à son poste d'une balle au front ; il avait épuisé toutes ses boîtes-chargeurs.

A son tour, le garde Jollivet succombe ; lui non plus n'a plus de cartouches.

De leurs emplacements, les autres gardes ont tenté de porter secours à leurs camarades, mais le combat a été si rapide, si brutal qu'ils n'ont pu réussir à temps. Un assaut, commandé par l'adjudant No, est stoppé par les rafales.

Alors, les Viêts se replient.

Les deux derniers à mourir sont les gardes Duong et Tron. Jusqu'au bout, ils ont résisté.

IV

1.

Vinh Long, Cochinchine.

— Monsieur le lieutenant, laissez-moi vous dire notre joie en voyant des troupes françaises même si cette joie ne s'extériorise pas, car, après votre départ, « ils » vont venir châtier ceux qui auront montré leur sympathie…

Le sous-lieutenant Bouvet est étonné. Autant par la qualité de la langue qu'utilise son interlocuteur, un religieux cochinchinois vêtu d'une soutane noire, que par la propreté du parloir où il a été reçu. Il pourrait se croire dans quelque pensionnat de France, murs blancs qu'orne un crucifix d'une simplicité monacale, fenêtres aux verres de couleur, et, venus des profondeurs des bâtiments, en « dur », à deux étages, les échos d'un chant grégorien qui lui rappelle son enfance, le *O Salutaris hostia.* Le sous-lieutenant Bouvet est si troublé qu'il s'excuserait presque de sa tenue de combat, et de la carabine qu'il porte, accrochée à l'épaule, qui semble déplacée en un tel lieu.

Mais le prêtre poursuit :

— Votre visite nous permet d'espérer que vous voulez nous protéger ? Cette école, ce village sont l'œuvre d'un Français, le père Boismery, arrivé voici quarante ans en Cochinchine. Il gît dans cette maison sur un lit de souffrances depuis que les Japonais l'ont torturé. Sa présence silencieuse nous a protégés. Dans leur sauvagerie « ils » n'ont pas osé toucher à la demeure de celui qu'ils appellent « le Génie ».

Il esquisse de ses deux mains un signe d'humilité et, avec un petit sourire, enchaîne :

— Pardonnez aux habitants de vous tourner le dos, de fermer

leur porte et de s'enfuir à votre approche. Ils le font à contre-cœur, mais ils craignent les représailles du Viêt-minh.

« Soyez sûrs que si vous venez vous installer à demeure dans ce village, tous les habitants vous aideront de toutes leurs forces. Il joint les mains : — Revenez, monsieur le lieutenant !

Le sous-lieutenant Bouvet est touché par cette requête. Mais sa perplexité est grande. Qu'en pleine zone rebelle, des Cochinchinois catholiques soient restés attachés à la France grâce à la présence d'un moribond, cela demande réflexion.

— Je ne peux rien vous promettre, mon Père, répond Bouvet prudemment. Je ne suis qu'un modeste chef de détachement. Mais je plaiderai la cause du village de Hung Long auprès de mon chef.

De retour à Vinh Long, Bouvet fait part de son étrange rencontre. Le colonel commandant le secteur est un vieil officier des troupes coloniales, qui mesure exactement l'importance qu'ont, en Cochinchine, les communautés catholiques. Il sait que, dans le secteur de Bentré, un jeune officier métis, le lieutenant Leroy, est en train de mettre sur pied des milices de « défense de la Chrétienté », des supplétifs qui se battent sous le signe du glaive et de la croix [1].

— Si nous créons un poste à Hung Long, dit-il enfin, cette tâche incombera aux gardes et à leurs hommes. Sont-ils prêts à l'assumer ? Ce ne sera pas si simple.

Le sous-lieutenant Bouvet esquisse un sourire.

— Je m'en doute, mais j'avais déjà prévu cette mission.

— Dès que vous êtes prêt, rendez-moi compte. Je vous détacherai une compagnie du 7e tirailleurs pour vous aider à la construction du poste.

De retour à ses quartiers, Bouvet convoque ses gardes. En quelques mots, il leur explique la situation, puis :

— J'ai besoin de deux volontaires. Contrairement aux apparences, Hung Long ne sera pas une sinécure. Les Viêts respectent peut-être l'école et les religieux à cause du père Boismery. Mais ils n'auront aucune raison d'épargner des soldats.

Le garde Georges Gérard lève la main.

— Je suis volontaire, dit-il.

Gérard est un jeune gendarme au visage doux, au regard tranquille. Rien d'un baroudeur. Timide, serviable, il assurait jusqu'ici les fonctions d'infirmiers du peloton.

— Pour quel motif ?

Gérard baisse la tête.

1. Cf. chapitre VII.

— Je suis catholique. Dans mon enfance, j'étais enfant de chœur, après, j'ai été scout.

— *Introïbo ad altare Dei...* énonce Bouvet.

— *Ad Deum qui laetificat juventutem meam.*

Gérard n'a pas une hésitation en récitant le premier répons. Bouvet approuve.

— Vous êtes désigné. Qui d'autre ?

Le maréchal des logis-chef Daval fait un pas en avant. D'une voix bourrue, il explique :

— Moi je ne connais rien aux curés, mais je n'ai rien contre. Et puis, on ne peut pas laisser Gérard tout seul. Il ferait des conneries, il serait même capable de monter une troupe de scouts !

Cette remarque détend l'atmosphère. Dans la journée, le détachement est constitué. Bouvet a pris soin de désigner, parmi les G.R.C., ceux qui se prétendent catholiques. Il veut éviter les heurts. Les autochtones sont susceptibles. Au soir, il est allé trouver le colonel.

— Je suis prêt, dit-il.

Trois jours plus tard, une nouvelle opération est montée. Elle ouvre la route au convoi de camions qui transporte le matériel de base, madriers, huisseries, mobilier.

Dans la journée, les tirailleurs algériens effectuent des patrouilles, tandis que les G.R.C. aménagent un bivouac sommaire, un quadrilatère délimité par des trous individuels. Les Viêts ont dû être surpris ; ils ne se manifestent pas. Pas encore. Mais, dès le lendemain, à la tombée de la nuit, ils s'approchent et déclenchent un tir de harcèlement.

Pendant quelques minutes, c'est un feu d'enfer, des deux côtés.

— Halte au feu ! hurle le sous-lieutenant.

Il s'approche d'un autochtone, constate qu'il est assis en tailleur, le fusil posé entre ses genoux, le canon pointé vers les étoiles.

— Sur quoi tires-tu ?

L'auxiliaire ne se démonte pas :

— Moi, c'est pas moyen viser. Moi c'est peut-être tirer sur l'âme d'un Viêt-minh quand c'est monter au ciel.

— Tu as raison, admet le sous-lieutenant. Ainsi, tu ne risques pas de toucher un camarade.

Au matin, le travail reprend. L'emplacement choisi pour le poste est une belle cocoteraie, hors des murs de l'école, mais pas trop éloignée du village, bordée d'arroyos qu'il faut combler en partie et détourner de façon à les utiliser comme des douves.

Des corvées vont, dans le bois voisin, chercher des troncs

d'aréquiers qui, assemblés, serviront tout à la fois de murs, de charpente et même de mât des couleurs.

— Il ne faudrait pas croire que l'aréquier a été conçu par Dieu pour produire une noix qui, pliée dans une feuille de bétel, permet aux Cochinchinois de tromper leur faim en la mastiquant ou de manifester leur indifférence ou leur mépris des convenances occidentales en lâchant de longs jets de salive rougeâtre ! Tout comme le bambou et le latanier, il a été créé pour le confort et la protection du militaire en campagne !

Gérard n'a pas tort. Le matériau principal est prélevé sur la végétation locale.

Au soir, les tirailleurs vont effectuer des patrouilles de sécurité aux abords de Hung Long. Gérard a tenu à les accompagner, il veut se familiariser avec le terrain qui, dans quelques jours, sera son domaine.

Très vite, les voltigeurs se heurtent à des Viêts, postés en embuscade au détour d'un rach. L'accrochage est bref, mais brutal. Deux hommes sont tombés, et appellent au secours.

— Je vais les chercher, décide Gérard.

— Pas question, c'est trop dangereux, les Viêts ne vous rateront pas.

Mais Gérard n'écoute rien. Il rampe le long de la diguette et, à mi-voix, attire l'attention du tirailleur le plus proche. Puis il prend son élan, bondit, franchit l'obstacle et, accrochant le blessé, le hisse d'un seul geste, sur son dos. Les rafales passent, rageuses, serrées, heurtant la glaise dans un bruit mat. Gérard fait son devoir, mais il a peur. Il hésite. Il doit revenir en arrière, ramener son fardeau, et, comme il se l'est promis, repartir pour ramener l'autre tirailleur. Mais il est jeune, sans expérience. Il se demande s'il aura la force d'aller jusqu'au bout. Et puis il entend, dans son dos, la voix faible du blessé murmure quelques mots, sur le ton de la gratitude :

— Tu es mon père, tu es ma mère... Tu es Jésou...

— D'avoir été comparé au Christ m'a donné des ailes, avouera plus tard Gérard qui est incapable de dire comment il a fait pour, finalement, ramener les blessés sous le feu ennemi.

Au bout d'une semaine, les tirailleurs sont repartis, ainsi que des éléments de la G.R.C. venus renforcer les pionniers et participer aux travaux. L'essentiel est fait, le fossé creusé, l'enceinte achevée. Au milieu de la cour, face au mât des couleurs, quelques paillotes abritent les quinze gardes et leurs gradés.

Avec un petit pincement au cœur, Gérard regarde s'éloigner ses camarades. Il se sent comme un naufragé abandonné dans son île déserte.

— Allons, lui dit son compagnon amicalement bourru. Songe au travail qui nous attend.

Gérard sourit. Une phrase de Daval lui est revenue en mémoire : « il est capable de monter une troupe de scouts ». Et il pense : « pourquoi pas ? »

Les jours ont passé. Le poste a pris tournure, et les habitants sont venus aider à installer des soldats.

Tous les soirs, scrupuleusement, Gérard tient son journal de bord. Il écrit « Poulet, poisson, buffle "dunlop". Poulet, canard, buffle, "michelin". Cycle des déjeuners et des dîners. Vin concentré livré par l'intendance, étendu d'eau de pluie recueillie dans des jarres après qu'elle a nettoyé les toits de leur poussière. Paradoxe d'un pays où, les pieds toujours dans l'eau, il faut attendre celle du ciel pour s'abreuver...

« Quinacrine qui jaunit les peaux blanches. La plus grande farce du Service de santé depuis celle du bromure, qui protège peut-être du paludisme... au détriment de la bonne marche du foie... Prison étouffante des moustiquaires, bain turc des nuits moites... »

Deux sifflements, suivis de deux explosions, puis trois, quatre, cinq. Des cris. Les chiens du village hurlent. Les rues se vident, les portes claquent en même temps que les culasses. Des détonations, des rafales, une débauche de poudre et d'acier pour chasser la peur et les ombres de la nuit.

— Je sors, décide Daval.

La poursuite s'engage. Gérard suit, du haut de la tour, la traque de son camarade. Le silence revient. Ou presque. A quelques dizaines de mètres, s'élève la plainte d'une femme, penchée sur un corps inerte.

Gérard part, sa trousse d'infirmier à l'épaule. Il se penche sur le blessé qui gémit, lancinant. « *Oî gioï oï...* »

Finalement, Gérard fonde sa troupe. Enfin, presque. Daval n'aurait pas admis que l'activité de son adjoint soit orientée hors de la mission de pacification.

— Scouts ? dit Daval. Soit, mais des scouts prémilitaires. Ils constitueront le noyau de la milice d'autodéfense que j'ai bien l'intention de créer ici. — Il sourit et conclut : — Aide-toi, le Ciel t'aidera. Un proverbe que tu dois bien connaître ?

Gérard n'a pas souri. Tout ce qu'il cherche à réaliser est d'adapter la formation qu'il a reçue jadis — à défaut d'instruction militaire — dans sa troupe d'origine. Faute d'uniforme, ses « scouts » doivent, dans un premier temps, se contenter de foulards bleus et de fusils en bois. Peu à peu, à force d'obstination, il obtient des fusils, de vieilles pétoires russes et japonaises.

Sa « troupe » prend de l'ampleur. Elle gagne en cohésion et en audience. Il faut nommer des chefs. Les gardes cochinchinois sont devenus « chefs de patrouilles ». Ils ont pour adjoints des *kaïs* — des caporaux — choisis parmi ceux qui ont le plus d'autorité parmi ses volontaires.

« Cela me prend tout mon temps disponible, écrit-il. Je reste autant que je peux parmi eux. Je suis leur conseiller, même pour les choses les plus personnelles. Je règle leurs litiges, même familiaux. J'ai même procédé, comme officier d'état civil, au mariage de l'un d'eux... »[2]

Deux autres gendarmes sont venus à Hung Long grossir l'effectif des Européens.

L'autodéfense du village compte bientôt une soixantaine de volontaires, qui participent aux tours de garde, aux patrouilles de nuit et même lorsqu'une épidémie de choléra se déclare dans la région, aux vaccinations de près de 3 000 hommes, femmes et enfants.

— Nous avons probablement vacciné les Viêts, plaisante Gérard.

La boutade doit être vraie. Pendant quinze jours, l'ennemi cesse de se manifester. Pourtant en dépit de tout, il est là, même si la pacification fait d'énormes progrès, le rejetant peu à peu hors de la zone.

Parfois, des chi-doïs voisins viennent à proximité, dressent des embuscades sur les pistes, minent les ponts, piègent les carrefours. Mais les Viêts sentent que la population leur échappe. Alors, ils s'en prennent aux villageois, les kidnappent de nuit. On retrouve des corps, atrocement mutilés, sur quelques diguettes.

Ces jours-là, les visages se ferment, les dos se montrent, les volontaires sont absents à l'appel. Cela ne dure guère, les patrouilles de Daval et de Gérard accrochent des Viêts, capturent des prisonniers, saisissent des armes.

Au mois d'avril, avec les nouvelles directives du général Boyer de La Tour, nouveau patron du Sud, arrivent des ordres pour tenir les axes. Autour de Hung Long, quatre tours sont construites, protégeant les pistes d'accès au village ainsi que le pont sur le canal de Tra Luoc. Leur garnison est composée d'un garde français, un adjoint G.R.C., et huit supplétifs, choisis parmi les « scouts » de Gérard.

2. Une expérience analogue sera tentée et réussie par le maréchal des logis-chef Raguideau (2e légion de marche) à Tay Hap, près de Nha Trang, au Sud-Annam.

— Tu vois, explique-t-il, triomphant, mes garçons finissent par devenir indispensables !

Daval a réussi à mettre sur pied un conseil des notables qui fonctionne comme un véritable conseil municipal de France, prenant des arrêtés, célébrant les mariages, discutant des travaux d'intérêt collectif, rétablissant les prospérité du marché hebdomadaire.

Deux cents enfants fréquentent l'école du père Tho, l'adjoint du père Boismery.

— Regarde ! appelle Daval en brandissant un rouleau de papier de soie, artistement fleuri, rédigé d'une main gracieuse dessinant des arabesques...

Gérard s'approche, le regard interrogateur :

— Un gamin est venu me porter cette lettre. Elle est envoyée par le « conseil ».

Il dit :

— Le Conseil des notables de Hung Long vous prie de bien vouloir honorer de votre présence le banquet offert à l'occasion de la Fête du génie tutélaire de la maison commune ».

Il rit :

— Je croyais que tes habitants étaient catholiques ! Et ils parlent de « génie ».

— Tu ne comprends rien aux coutumes du pays. Irons-nous ?

— Bien sûr.

Le soir, ayant revêtu leur uniforme le plus propre, les deux Français se rendent à l'invitation. Ils sont accueillis par un saxophone et un vieux piston tout cabossé qui claironnent une mélodie sirupeuse dans laquelle Daval a bien du mal à reconnaître *La Marseillaise*.

Ils se figent pourtant, saluent sans rire, et pénètrent dans la paillote, pompeusement baptisée « maison commune du village de Hung Long ».

Une table a été dressée, décorée de lotus jaunes. Le vieux docphu, bésicles et barbiche, préside. A sa droite, Daval écoute, éberlué, le maître de céans lui parler de Corneille et de Gambetta, de la Première Guerre mondiale et de la culture de huîtres dans le bassin d'Arcachon, dans un français parfait, émaillé de citations de Victor Hugo ou empruntées à *L'Aiglon* ou *Cyrano de Bergerac*.

Il s'agit d'un grand banquet. Vingt-deux plats savoureux, posés par groupes de quatre ou cinq sur la table. Les baguettes s'agitent, picorent, de-ci de-là. Autour de chaque bol, trois soucoupes de condiments divers, nuoc-mam, soja et cette pâte de couleur moutarde où grouillent des milliers de vers minuscules. Cognac-soda, glace. Puis vin blanc et champagne.

Au dessert, des chanteuses chinoises, venues probablement de Cholon à grands frais, vêtues comme des princesses, les yeux pudiquement baissés, accompagnent à la guitare leurs chants langoureux.

Daval est sous le charme. Il a oublié qu'il est au cœur d'une zone où, voici quelques mois à peine, les Viêts faisaient la loi. Est-ce la paix ?

Il regarde son voisin qui sourit, énigmatique. Est-il sincèrement rallié à la France ? N'est-ce pas plutôt le responsable local du Viêtminh ? Daval sait que ce soir il ne risque rien, protégé par les lois de l'hospitalité.

— Tu vois, dira-t-il tout à l'heure à Gérard, sur la route du poste. On parle de perfidie, de traîtrise à propos des autochtones. En fait, cette guerre politique pourrit tout. Il faudra pardonner ses cruautés à un ennemi qui sait vivre avec désintéressement et, parfois, mourir avec courage.

2.

Gô Cong, Cochinchine, mai 1948.

A son arrivée à Mytho, la capitale des provinces du Mékong, le capitaine Flouquier, le patron du 2e Régiment de la G.R.C., réunit ses officiers.

— La région a mauvaise réputation, leur dit-il. Je ne veux pas trancher entre vous. Aussi ai-je décidé de tirer au sort vos affectations. D'accord ?

Le lieutenant Tucoulou-Tachouères fait un pas en avant.

— Pas d'accord, mon capitaine. Quel est le coin le plus mauvais ?

Le sous-lieutenant Roudier, un artilleur, qui fait office d'officier de renseignements du 4e Régiment d'Artillerie coloniale, pointe son doigt sur la carte.

— Incontestablement, Bentré, affirme-t-il.

— Je choisis Bentré, répond Tucoulou-Tachouères. — Il se tourne vers son voisin, le sous-lieutenant Bernadac : — vous n'avez aucune objection ?

Bernadac hausse les épaules,

— De toute façon je suis le plus ancien ; vous n'aviez rien à dire, ajoute Tucoulou-Tachouères avec un sourire.

Le lieutenant est grand, un visage carré, volontaire, avec un regard aigu. Il a une haute idée de son rôle au sein de l'Escadron. Etant l'« ancien », il veut être un exemple pour ces « jeunes » à peine sortis de l'école. Un peu rigide, toujours impeccablement vêtu, il pousse l'élégance jusqu'à conserver ses gants, malgré la chaleur.

Les trois autres officiers se regardent. Outre Bernadac et son camarade de promotion Pacot, il y a Baron, dont le volontariat pour l'Indochine lui a valu d'abréger ses cours de formation à l'école de Gendarmerie. Il porte sur l'épaule les modestes galons d'aspirant. Statutairement, il est encore « élève officier d'active ». C'est un garçon réservé, timide et doux. Fils d'officier de gendarmerie, il a tenu à suivre les traces paternelles en dépit d'une santé précaire. Il dit :

— Il reste encore trois postes à pourvoir, pourquoi ne pas les tirer au sort ?

Le capitaine Flouquier inscrit les noms sur trois bouts de papier. Pacot tire.

— Je vais à Sadec, s'exclame-t-il.

— Moi à Vinh Long, observe Baron.

— Il ne me reste que Go Cong, admet Bernadac. — Il agrippe l'artilleur : — Où est-ce ?

Roudier sourit et indique une vague direction, dans l'est.

— Tu n'as qu'à suivre la piste qui longe le rach My Tho. Mais, à ta place, j'attendrais le convoi ; le coin est aussi pourri que celui de Bentré. Ici, c'est le delta du Mékong, plein d'îlots touffus où les Viêts sont chez eux depuis des années. De plus, la région est considérée comme le grenier à riz de l'Indochine et ils n'ont pas envie que nous les en délogions. — Il tend la main : — Je te souhaite bonne chance.

Bernadac est un pragmatique. Il ne croit pas beaucoup à la chance mais aux vertus de l'organisation, et tout prévoir commence, dans son esprit, par une connaissance de l'adversaire.

— Tu n'auras guère le temps de réfléchir, objecte l'artilleur. A Go Long, on t'attend comme le messie, pour tenir les postes et libérer les unités opérationnelles...

— On verra bien.

Il est sorti dans la rue, a rameuté ses gardes installés au frais à l'ombre d'une terrasse couverte de lattes de bambou.

— Prenez-vous un verre avec nous ? demande Pentecôte, un petit rouquin à la verve intarissable, ancien jockey de son état, présentement gendarme « pour acquérir de la respectabilité », affirme-t-il.

— Nous partons, répond Bernadac. Embarquez !

La route qui mène à Go Cong est une mauvaise piste, parfois coupée en « touches de piano », rebouchées plus tard tant bien que mal par les *nha-qués* réquisitionnés par les artilleurs du 4e R.A.C.

— Ces pauvres paysans n'ont plus une minute à eux, observe l'adjudant Doussin : la nuit, les Viêts les obligent à casser la route et, la journée, les Français la leur font réparer !

Doussin est un « vieil » Indochinois. Il est né à Tan An où son père était déjà gendarme. Il a tout connu, aussi bien la paix française que le coup de force japonais. C'est un homme de bon conseil.

Son observation est d'ailleurs frappée au coin du bon sens. Il connaît bien les Cochinchinois, placides, heureux de vivre, paresseux comme la plupart des gens du Sud. Ils sont habitués aussi à une vie facile à l'inverse des Tonkinois maigres, secs, puritains, pour qui l'acharnement est la condition de la survie.

Le convoi ahane, peine, s'essouffle. De temps à autre, il stoppe, à découvert, tandis que l'escorte va, à pied, reconnaître la portion de route propice aux embuscades. Inquiets malgré tout, les nouveaux venus ont les traits crispés, avec au cœur cette impression déplaisante d'être épiés, voués au couteau de l'égorgeur.

Ils traversent Chio Gao, riche village niché dans la verdure où le poste ressemble à un Fort Chabrol, totalement replié sur lui-même. Puis Vinh Loï, qu'occupent une centaine de partisans en noir, le cou ceint d'une serviette éponge.

— Ce sont des Cambodgiens, note Doussin. Des Khmers Krom, les plus anciens habitants du pays. Autrefois la Cochinchine était une province khmère. Les Annamites les ont supplantés, aussi vous imaginez quels sentiments animent ces partisans. Eux se battent non seulement pour la terre de leurs ancêtres, mais aussi contre ces Viêts qui veulent les en chasser.

« Vous les trouverez peut-être sauvages ou cruels. Détrompez-vous : bouddhistes, les Cambodgiens ont une bonne santé morale. Pour eux, croyant à la métempsycose, la mort n'est qu'un passage, ils l'acceptent fort bien. Surtout pour les autres ! Ce sont de grands massacreurs !

L'arrivée à Go Cong, en fin d'après midi, du convoi routier surprend les soldats du secteur.

— Comment ? demandent-ils, abasourdis, vous êtes arrivés sans encombre ? Considérez-vous comme des miraculés !

Bernadac est moins lyrique. Il ne fait pas le complexe de la catastrophe à tout prix.

— Cela dit, complète le jeune aspirant Valbert, un artilleur lui aussi, vous arrivez à point. Le commandant du secteur vous a réservé douze postes qu'il va falloir occuper dans les délais les plus brefs.

— Douze postes ? Pas question. Je ne dispose que de trente-quatre gendarmes et je n'ai envie ni de les voir massacrés tout seuls dans la nature ni de les récupérer à demi fous ou complètement alcooliques ! Laissez-nous des délais. Je veux comprendre, je veux juger. Après, j'aviserai.

— Mais ce sont...

— Un ordre n'est exécutoire que s'il ne met pas en péril la bonne marche de la mission. Or, si j'ai bien entendu, ma mission consiste à tenir des postes. Pas à me les faire enlever ! Je les veux donc solides et j'installerai quatre gardes dans chacun d'eux. Comme, par ailleurs, je veux conserver à ma disposition la moitié de mon effectif, faites le calcul vous-même !

Il ajoute, perfide :

— Je suis certain que le commandant se rendra à mes raisons.

Bernadac a obtenu gain de cause. Il avait étayé son argumentation d'une évidence :

— Un poste solide est bien encadré. Un poste solide affirme notre présence dans le paysage. Il suscite des ralliements, en tout cas il dérange l'ennemi. Un mauvais poste n'est qu'une cible dont les Viêts s'emparent au premier coup de fusil. Il ne sert que leur propagande.

Finalement, il répartit ses hommes en trois escadrons ; le premier tient quatre postes, considérés comme stratégiques, Tan Nien Thay, au nord du secteur, sur les bords de la rivière Nha Bé, un terrain abominable, une mangrove de palétuviers à moitié inondée, refuge d'un chi-doï redoutable, composé de communistes, mais surtout de pirates coupeurs de têtes ; puis My Loï, Tang Hoa et Viam Lan.

Le second escadron, constitué par une demi-douzaine de gardes français et de trente G.R.C., aux ordres de l'adjudant Doussin secondé par l'adjudant Haï, formera la garnison de Go Cong. Le troisième, aux ordres directs du lieutenant, sera l'escadron d'intervention.

Le but du lieutenant est d'obtenir assez de libertés pour ne pas être tributaire des troupes du secteur qui risquent d'être utilisées ailleurs le jour où, précisément, il aurait besoin d'un coup de main pour secourir l'une de ses garnisons.

— Mon lieutenant ! la radio !

Le garde Pentecôte est arrivé en trombe dans la chambre-bureau qu'occupe son chef. Il a la voix anxieuse, les gestes fébriles.

— Le poste de Tan Nien Tay est attaqué ! le maréchal des logis-chef Hivert demande un appui de feux !

Le sous-lieutenant Bernadac bondit de son lit Picot et fonce dans le local. Dans le récepteur il entend clairement la voix du chef de poste, hachée par les détonations.

— Que se passe-t-il ?

— « Ils » ont donné l'assaut voici un quart d'heure, répond Hivert, très calme. Nous avons réussi à les contenir, mais ils ont mis le feu au blockhaus d'angle. Je crains qu'ils ne s'infiltrent par là.

Il s'interrompt et on l'entend qui distribue ordres et encouragements.

— ... la mitrailleuse, par là, dans la cour !

Puis il reprend :

— Pouvez-vous m'envoyer quelques obus ? Ça les découragera sûrement !

Bernadac promet. A son tour, il prend contact avec l'aspirant Valbert, l'artilleur de service.

— Hivert ? Je vous expédie une première salve de trois coups. Passez-nous vos corrections de tir.

Un instant de silence, puis la voix étonnée du sous-officier résonne dans le haut-parleur :

— Les corrections ? Je ferai de mon mieux, j'ignore comment procéder !

Bernadac sourit, le maréchal des logis-chef Hivert est comme la plupart des gardes, son instruction militaire demeure des plus sommaires.

— C'est simple, explique-t-il, donnez-nous des indications par rapport à la trajectoire, à droite, à gauche, plus loin, plus près. Vu ?

— Vu, répond Hivert, guère assuré.

La première salve s'envole en sifflant et va se perdre au loin. Trente secondes plus tard, l'écho répercute le roulement sourd des explosions.

— Résultats ? interroge Bernadac.

— Pas mal, commente prudemment Hivert. Ça tombe dans le village...

L'aspirant Valbert, l'artilleur, se penche sur la carte et passe ses corrections à ses chefs de pièce.

— Nous vous envoyons une salve de quatre obus !

— Bien compris !

Les obus partent. Se perdent. Explosent.

— Parfait, jubile Hivert, c'est tombé en plein dans la cour du poste ! Continuez comme ça !

Bernadac a envie de sourire. Au manque d'instruction militaire de son margis-chef, s'ajoute une certaine dose de naïveté. Il doit sans doute s'imaginer que, du moment qu'ils sont « amis », les obus ne peuvent lui causer aucun dommage.

L'artilleur a opéré les corrections. Pendant deux heures encore, Hivert s'est battu, comme un lion, avec ses gardes et son adjoint, le garde Lévenard. Un peu avant l'aube, il a mené une contre-attaque pour rejeter l'ennemi hors de l'enceinte.

A la même heure, le sous-lieutenant Bernadac fonçait à bord de deux G.M.C. avec son escadron d'intervention, à la rescousse de Tan Nien Tay.

Il est presque arrivé, et, dans la poussière de la piste, ses G.M.C. abordent une portion rectiligne, qui longe une cocoteraie bordant un assez important carré de rizière. Un coup de feu, qui percute le pare-brise du camion de tête, donne le signal d'une fusillade nourrie, provenant de l'extrémité de la ligne droite. Les deux camions freinent et stoppent.

Bernadac saute à terre, sa mitraillette à la main, et fonce droit devant lui.

— Planquez-vous ! lui hurle l'aspirant Valbert, vous ne voyez pas que l'on vous tire dessus ?

Bernadac s'arrête, étonné. On lui tire dessus ? C'était donc cela ? Depuis quelques secondes, ces guêpes qui bourdonnaient furieusement à ses oreilles étaient des balles ? Il rit :

— Je suis désolé, jamais encore je n'en avais entendu !

Les Viêts, une poignée, ont rapidement décroché devant la réaction des Français. De toute évidence, leur rôle consistait à gêner la progression d'éventuels secours. De nuit, leur embuscade aurait pu être payante.

Arrivé à Tan Nien Tay, l'officier interroge Hivert.

— Mon lieutenant, répond le margis-chef, j'ai repéré l'origine des tirs de fusil-mitrailleur qui appuyaient l'assaut.

De l'index, il désigne une paillote isolée, à une centaine de mètres du poste.

— Mettez-y le feu !

Quelques secondes, et deux allumettes suffisent à incendier la petite cagna. Malheureusement, le vent s'est levé et bientôt, de proche en proche, l'incendie gagne, détruisant au passage cinq ou six abris de pêcheurs. Bernadac est navré. Il convoque le représentant des civils du village et présente ses excuses.

— C'est la guerre, répond, fataliste, le chef du village.

Puis il ajoute, dans un grand sourire, rouge de bétel :

— Mais mon lieutenant pas moyen beaucoup triste. Maisons ici, très mauvais, nous, c'est construire ailleurs...

Le maréchal des logis-chef Hivert a trouvé la mort le 16 juillet 1948 au cours d'une embuscade de nuit, montée par le Chi-Doï 18 au grand complet. Sa réussite comme chef de poste dérangeait sans doute beaucoup trop les projets rebelles.

Son adjoint, Lévenard, a été grièvement blessé en ramenant son corps sous les balles. Il est mort le lendemain à l'hôpital de Go Cong.

Cette disparition ouvre une série noire. Le 5 septembre, une autre embuscade va coûter la vie au maréchal des logis-chef Martinez. Combès, son adjoint, est sauvé de justesse avec une balle dans le ventre. Ils tenaient le poste de Viam Lan.

Pour sa part, le lieutenant Bernadac est de toutes les opérations. Il court la rizière, à la tête de son escadron, montant embuscade sur embuscade, intervenant au profit de ses postes encerclés. Un travail épuisant qui, hélas, ne porte pas toujours ses fruits. Il semble que jamais les Viêts n'aient été aussi présents, aussi combatifs, aussi puissants.

Une année noire.

Et pas seulement pour lui. Le 30 avril dernier, le lieutenant Tucoulou-Tachouères a été tué alors qu'il venait d'effectuer une liaison régulière entre son P.C. de Bentré et l'état-major du régiment à Mytho.

Il est mort comme un paladin, ganté de blanc, ne condescendant pas à s'abriter, mais au contraire entraînant son escorte à l'assaut [3].

Quelques jours plus tard, c'est au tour de l'E.O.A. Baron de disparaître au cours d'une patrouille de nuit, à quelques kilomètres à peine de Vinh Long.

— Nous ne savons rien de ce qui s'est passé. C'est un *nha-qué* qui a donné l'alerte. A-t-il été trahi ? C'est ce qui nous semble le plus probable ; s'il était mort au combat, nous aurions retrouvé son cadavre ou celui de l'un de ses hommes. Sur les lieux mêmes de l'accrochage, peu d'indices subsistent, quelques douilles de P.M. et c'est tout. Il n'y a aucun témoin [4]...

3.

Cho Cay, Cochinchine, septembre 1948.

Vô Thay est interprète. Un interprète surprenant d'ailleurs, il ne parle pas le français. D'abord, le garde Constant a été décontenancé par ce petit homme rabougri au faciès grimaçant, qui mimait de ses mains en crochet les récriminations des hommes du poste de Cho Cay.

Et puis, les semaines passant, Constant s'y est habitué. A son tour, mêlant indifféremment les termes français et vietnamiens à des gestes de deux mains, il arrive à tenir conversation avec Vô Thay.

3. Le 26 mars 1949, la promotion de l'Ecole des officiers de gendarmerie a pris le nom de « Tucoulou-Tachouères ».

4. En réalité, l'E.O.A. Baron a été vendu et fait prisonnier. Son père, officier supérieur de la gendarmerie, se portera volontaire pour l'Extrême-Orient afin de tenter de le faire libérer. En vain. Baron sera rendu en mars 1951 après trois ans de captivité.

Il a même fini par le trouver attachant. Au début, il lui faisait un peu peur avec ses manières de cannibale, quand il racontait la façon dont il avait dégusté un jour du foie de Japonais.

C'est en tout cas le seul militaire du poste avec lequel Constant puisse avoir un échange, fût-il sommaire. Ses hommes vivent dans leurs paillotes, avec femmes et enfants, des nghos braillards qui s'ébattent tout nus dans la mare proche avec les canards et les petits cochons noirs et rouspéteurs.

Cho Cay, c'est le bout du monde. Un poste comme il y en a des centaines en Cochinchine, peut-être un peu plus perdu, un peu plus solitaire, en tout cas nettement plus pauvre que les voisins. Il y a deux mois que la solde n'a pas été payée.

A la fin du mois de juillet, Constant a attendu, vainement, la liaison mensuelle qui, outre les vivres, l'habillement et les munitions, apportait les piastres prévues par les contrats. Il n'a vu personne et, s'il s'est inquiété, cela n'a pas duré, il a pensé que son chef, l'aspirant Baron, était probablement engagé dans quelque opération de secteur.

Pendant une semaine il a guetté l'horizon, effectuant même quelques patrouilles sur la longue digue qui longe le canal vers le nord. Il n'a rien vu venir.

Alors, il n'y a plus pensé. En réalité, il a eu brutalement d'autres sujets d'inquiétude, les Viêts venaient de s'installer non loin de là, exactement de l'autre côté de la grande rizière, au village de Bà Hé.

Il ne s'en est d'abord pas rendu compte, le chi-doï s'implantait lentement, en prenant son temps. Il y a eu quelques assassinats, puis, un jour, les nha-qués ont cessé de venir au marché de Cho Cay.

La semaine suivante, Constant a remarqué qu'il était environné d'espions. Le paysage se peuplait de toute une faune de personnages nouveaux. Ici, c'était un nghos inconnu perché sur un buffle qui se trouvait curieusement posté sur le chemin de sa patrouille. Le lendemain, nouveau venu, un lettré à barbiche qu'il croisait sur la diguette, plus tard, un paisible pêcheur à la ligne qui trempait son fil dans l'arroyo.

Constant n'est pas imaginatif. Il a rapidement compris qu'il vivait désormais dans une cage de verre et qu'aucun de ses mouvements n'échappait à l'adversaire. Il a essayé en vain de déjouer cette surveillance. Ses sorties de jour étaient jalonnées de coups de feu, suivant exactement son itinéraire. Ses patrouilles de nuit voyaient, de place en place, s'allumer de petits éclairs lumineux. Seul, dans l'ombre de sa cagna, il a réfléchi. Comment échapper à l'étau de l'adversaire ?

Il n'y avait guère d'issue, d'autant moins que la situation aux abords mêmes de son poste commençait à se détériorer. Ce fut d'abord la lavandière. Ponctuellement elle venait prendre le linge sale et rapporter le propre. Elle n'est pas reparue. Puis le marchand de légumes s'est brusquement rappelé qu'il avait, du côté de Gian Quoï, une vieille mère infirme.

Dans le poste une étrange atmosphère s'installait, faite d'abord de nonchalance, sinon d'indifférence. Ses partisans, ses gardes paraissaient parfois frappés de surdité lorsqu'il s'agissait, par exemple, d'effectuer une reconnaissance des alentours, ou bien de monter une garde supplémentaire de nuit.

— Ne compte que sur toi, lui avaient dit, à son arrivée en secteur, ses camarades de l'escadron, Bossot et Lévenard.

Constant en est tout à fait persuadé.

Il a tenu un mois entier, jusqu'à la fin d'août, espérant que le convoi de ravitaillement apporterait, avec la solde, une amélioration de l'ambiance.

Mais août est passé, rien n'est venu.

Ce qu'ignore le garde Constant — comment le saurait-il, lui qui vit en ermite, coupé du monde extérieur ? — c'est qu'il est victime d'un double concours de circonstances.

Depuis les accords signés entre la France et Bao Daï au mois de juin, l'éphémère République de Cochinchine a vécu, elle n'est plus désormais que l'une des trois provinces — un « Ky » — du Viêt-nam, réunifié sous la houlette de l'Empereur.

Alors, en même temps qu'elle changeait son ancienne appellation de garde républicaine de Cochinchine (G.R.C.) en garde du Viêt-nam-Sud (G.V.N.S.), la Garde a vu ses structures éclater et ses missions multipliées : le général Boyer de La Tour ayant décidé d'abandonner le terrain afin de ne plus tenir que les axes, les escadrons ont été « atomisés », répartis dans des tours tout au long des routes, au bord des ponts, des rivières, des carrefours.

Dans cette réorganisation, le poste de Cho Cay a été oublié, simplement parce que l'E.O.A. Baron a disparu précisément le jour où il se préparait à y effectuer sa liaison mensuelle. A l'état-major, une mauvaise transcription des messages a fait considérer le poste comme perdu. Le successeur de Baron l'a rayé des contrôles de l'effectif.

Si le garde Constant le savait, il penserait que les comptes rendus anticipent de quelques semaines cette disparition, plus que probable. Inévitable même : les munitions s'épuisent et les Viêts sont certainement au courant.

Pourtant, Constant s'accroche. Il est même arrivé à cette conclusion que si personne ne vient à lui, c'est à lui d'effectuer la liaison. Mais comment ? Il y a trois jours de marche jusqu'au P.C. de Vinh Long, à condition qu'aucun obstacle ne se dresse sur son chemin. Or, les obstacles ne manquent pas, infranchissables. Constant sait qu'il ne fera pas un kilomètre avant d'être détecté, harcelé, peut-être même attaqué. Et, en admettant que ses hommes veuillent se battre, ce qui est moins que certain, il n'a de munitions que pour cinq minutes de feu.

Quitter le poste, c'est courir à la mort. Y rester, c'est l'attendre, comme un mouton promis à l'abattoir.

Un instant, il pense envoyer l'un ou l'autre de ses gardes. Vo Thay l'en dissuade :

— Pas moyen faire partir Kim Cuoi. Pas moyen Thach Suol. Eux, c'est mariés (geste de deux mains nouées entre elles). Les autres, pas moyen, eux c'est trop peur couper les couilles.

— Dis-leur que si le poste est pris, les Viêts les leur couperont tout de même.

Vo Thay secoué la tête.

— Moyen envoyer personne.

— Et toi ?

Rire grinçant du nabot contrefait.

— Si moi c'est partir, les gardes te couperont la tête.

Insoluble problème. Mais Constant est obstiné. La nuit suivante, sa décision est prise. « C'est à moi d'y aller ». Il a convoqué Vo Thay. Sans lui dévoiler la totalité de son plan, il n'a qu'une confiance limitée dans son interprète, il le met dans la confidence.

— Ce soir, nous sortons jusqu'au village. A la tombée de la nuit, de façon à revenir au poste dans l'obscurité. Nous emmènerons Kim Cuoi et Thach Suol. Tu rentreras seul. Vu ?

Devant le regard décidé de Constant, Vo Thay se borne à acquiescer, sans ajouter un mot.

La patrouille est rentrée. Constant se dissimule sous un auvent de caiphèn. Il a revêtu une tenue de paysan, pyjama noir, chapeau conique ; aux pieds, des sandales « Hô Chi Minh », récupération de guerre. A la taille, dans une petite musette de toile, une boule de riz et son pistolet MAS modèle 35/A, avec deux chargeurs pleins. Ses dernières cartouches.

Son idée est de prendre contact avec un sampanier dont il a, naguère, sauvé la femme atteinte de paludisme pernicieux. C'est, dans l'ensemble de son territoire, le seul homme en qui il ait confiance, sa planche de salut.

Il l'a rencontré dans la nuit. Il lui a parlé, usant de ce langage petit nègre auquel Vo Thay l'a habitué. Il lui a expliqué ce qu'il attendait de lui, promettant même une poignée de piastres s'il acceptait de le conduire, à travers arroyos et canaux, jusqu'aux pontons de Vinh Long.

Le sampanier a accepté la mission. Il a refusé les piastres. Il a seulement dit :

— Si les Viêts te trouvent, je leur demanderai de te couper moi-même la tête. Je dois protéger ma famille.

— C'est la moindre des choses, a répondu Constant, avec un sourire.

A l'aube, le sampanier entasse dans sa barque une énorme cargaison de feuilles de latanier, de celles dont sont tressés les chapeaux annamites, les plus belles. Pour faire bonne mesure, il ajoute quelques régimes de grosses bananes tigrées, les préférées des gourmets chinois. Tout en dessous, dans sa défroque de nha-qué, Constant est caché, recroquevillé sur lui-même, immobile. Mais son pistolet armé à la main.

Trois jours durant, il a traîné à travers le marécage, sur les méandres de la rivière. Au milieu de la troisième soirée, un barrage viêt arraisonne le sampan. Une longue conversation s'engage. Des cris. Le sampanier proteste de son innocence, accentuant même l'accent geignard de ses plaintes. Un bo-doï donne quelques coups de baïonnette à travers les feuilles de latanier, puis le sampan repart.

— « Ils » ont volé mes bananes ! est le seul commentaire du sampanier.

Il s'arrête peu de temps après.

— Devant nous, le Mékong, explique-t-il. Mais pas moyen d'arriver, la marée est descendante et nous irions jusqu'à la mer. Attendre le « retournement » des eaux.

A l'aube, ils repartent. Un remou plus fort fait comprendre à Constant qu'ils ont atteint le fleuve. Quelques minutes plus tard, le ronronnement d'un gros moteur parvient jusqu'à ses oreilles, devient grondement, provoquant d'énormes vagues sur lesquelles il saute, comme un bouchon. Et puis, soudain, une voix, amplifiée par un mégaphone, hurle :

— Arrête-toi ! *Toï !* Contrôle !

Docile, le sampanier abandonne sa godille.

Alors, Constant s'extirpe de sa cachette. S'il espérait provoquer une surprise, il n'est pas déçu. Bien que l'effet obtenu ne soit pas exactement celui qu'il souhaitait. Un gendarme braque sur lui le canon de sa mitraillette, interrogeant, la voix brusque :

— Qui es-tu, toi ? Un déserteur ? Et d'où viens-tu ?

C'en est trop. Constant se fâche. Pas beaucoup, juste le temps de reconnaître le garde Philippe Bonifaci, un vieux camarade d'Offenburg.

— Je ne savais pas que tu faisais le marin !

Bonifaci a mis quelques secondes à identifier Constant dans ce clochard hirsute et malodorant, surgi du fond d'un sampan.

— Ma parole ! Tu reviens de l'enfer ? Tout le monde te croyait disparu !

Constant demande une cigarette, une poignée de piastres pour dédommager le sampanier de la perte de ses bananes, puis il raconte son odyssée.

— Que vas-tu faire, maintenant ? demande Bonifaci.

— Retourner à Cho Cay, bien sûr. Je ne veux pas être accusé d'abandon de poste !

Constant est retourné à Cho Cay. Mais pas seul. Ses renseignements, précis, sur le Chi Doï implanté au village de Ba Hé ont permis le déclenchement d'une opération aéroportée, « Dragon », menée par deux Groupes de commandos du 5e Bataillon colonial de commandos.

Pendant ce temps, un gros convoi routier ramenait au bercail le garde Constant, sa médaille militaire et un adjoint européen. Et le nouveau drapeau du Viêt-nam, jaune à trois bandes rouges, qui serait hissé, avec le drapeau tricolore, tous les matins sur le poste de Cho Cay.

— Tu sais ce que l'on m'a proposé, à Vinh Long ? dit Constant à Vo Thay, à son retour. On m'a demandé si je ne voulais pas être relevé ! J'ai refusé, bien sûr ; au bout de trois jours, tu commençais à me manquer, vieux cannibale !

4.

Bac Lieu, Cochinchine, décembre 47-août 48.

Il est deux heures du matin.

— Alerte ! Les Viêts !

Le lieutenant Personnier s'y attendait. Ce colosse de près de 1,90 m ne dormait pas. La seule question qu'il se pose, en même temps qu'il déclenche le dispositif de combat, est celle-ci : « Par où sont-ils passés ? »

La réponse est rapidement fournie. Le camp où est implanté son Groupe d'Escadrons, à l'écart de la ville de Bac Lieu, au bord de la mer, est un vaste quadrilatère bien dégagé, bordé, sur trois côtés, par un large fossé précédent une zone de barbelés éclairés par des projecteurs. Ce dispositif présente une faille, des buses en ciment qui permettent l'écoulement des eaux. Pas un défenseur n'a osé supposer qu'elles sont suffisantes pour permettre le passage d'un homme.

Mais les Viêts sont petits, maigres, agiles. En rampant à l'intérieur des buses de ciment ils ont réussi à franchir les barrières et à s'infiltrer au cœur même du dispositif.

Cette question résolue, le lieutenant Personnier tente de parer au plus pressé. D'abord circonscrire la panique, enrayer la pagaille, prendre liaison avec les voisins, coordonner la contre-offensive. Personnier sourit. Il vient de s'apercevoir que les Viêts n'ont pas songé à couper la lumière et les projecteurs fonctionnent, alimentés par l'éclairage public.

Il galope d'un groupe à l'autre, corrige le tir des mitrailleuses, repousse ici une équipe de volontaires de la mort, grenades à la ceinture, qui devaient se faire sauter devant — ou dans — le P.C. Là, il neutralise une pièce automatique que les Viêts avaient capturée et qu'ils tentaient de mettre en batterie de façon à prendre en enfilade l'allée centrale.

Peu à peu, la défense réagit de façon ordonnée. Les hommes de la garde demeurent solides sur leur périmètre, et le lieutenant peut alors se permettre de voler au secours de ses voisins, un détachement du Bataillon de marche d'Extrême-Orient, unité fragile déjà travaillée par la propagande.

Trois heures durant, la bataille fait rage, mais, peu avant l'aube, Personnier sent que le tranchant ennemi commence à s'émousser.

Alors, il lance l'assaut général.

Une demi-heure plus tard, il n'y a plus un Viêt à l'intérieur du camp qui ne soit tué, blessé ou prisonnier.

— Félicitations, lui dit, au matin, M. Tam, l'administrateur de la province.

Personnier accepte l'hommage, puis, montrant la palissade ébréchée, il constate :

— Si j'ai un conseil à vous donner, répond-il, c'est de faire construire une véritable enceinte. Sinon cette attaque n'aura été que la répétition générale du prochain assaut, victorieux celui-là !

Personnier ne s'est pas attardé. Il a rassemblé son escadron d'intervention et s'en est allé, pour l'une de ses habituelles errances lointaines dans son terrain de chasse, cette presqu'île de Camau, le coin le plus désolé de Cochinchine.

Huit mois de présence ici n'ont en rien entamé sa vitalité. Il a compris que pour avoir une chance de gagner, il fallait être constamment en alerte, vivre comme l'adversaire, se fondre dans le paysage, semer l'insécurité sur ses arrières.

Pour les Viêts, la presqu'île de Camau est une sorte d'immense base arrière, un sanctuaire inviolable d'où l'on voit venir de loin l'ennemi, empêtré avec ses camions, ses chars, ses bataillons dans la mangrove, les marécages, les immenses forêts inondées au milieu desquelles, comme des oasis interdites, des îles invisibles accueillent les chi-doï de la plaine des Joncs, de Rach Gia, de Vinh Long qui y viennent se reposer, parfaire leur instruction, préparer, dans le calme, les prochaines attaques de postes.

Nguyen Binh, le général borgne, l'ancien agent du Komintern devenu le chef sanguinaire de toute l'Indochine du Sud, y a installé l'un de ses P.C. secrets.

A Camau, les Viêts ont constitué leurs dépôts de riz. Ils ont édifié là leurs camps de prisonniers, des cloaques marécageux que l'étendue même du no man's land protège contre une intrusion ennemie.

Côté français, Camau est le fief de la Légion étrangère et de la Gendarmerie.

Une poignée de képis blancs vivent, comme des assiégés, dans ce qui fut la dernière ville du Sud, mais que les Japonais d'abord, les Viêts ensuite, ont systématiquement rasée. Quand ils y sont arrivés, au début de 1947, les hommes de la 13e Demi-Brigade ont été obligés de disputer à l'adversaire la moindre pierre, le plus petit moellon, la plus modeste poutre. Retranchés dans les ruines, ils se fusillaient à bout portant.

A force de ténacité, ils ont édifié une redoute au milieu des ruines et ils tiennent, comme des naufragés, avec l'ennemi qui rôde, en permanence, et qui sanctionne d'un coup de fusil mortel la plus infime négligence.

Entre Camau et Bac Lieu, une route, ou plutôt ce qui en reste, un mince ruban de terre creusé d'ornières, découpée en « touches de piano ». Pour en parcourir les quelque trente kilomètres, le convoi mensuel de ravitaillement nécessite une véritable opération de guerre qui assure la sécurité des abords tandis qu'un bulldozer de la Légion effectue les réparations.

Au milieu de l'année dernière, le lieutenant Personnier y a implanté des postes dont les noms s'égrènent comme une litanie : Vinh Chau, Vinh My, Hoa Binh, Gia Raï et, tout au bout, Tra Ka, le bien nommé.

Ces postes sont comme les stations d'un long chemin de croix. Des citadelles assiégées sur lesquelles les Viêts se font la main.

A chaque ouverture de route, le chef de poste hisse une petite flamme, rouge s'il y a risque d'embuscade, blanche si la voie est libre.

Personnier la connaît par cœur. Il la parcourt au moins une fois par semaine, à intervalles irréguliers, autant pour rassurer les gens que pour dérouter l'adversaire. Il s'est même offert le luxe d'aller de Bac Lieu à Camau en jeep, sans escorte. Il est vrai que c'était le jour de Camerone et qu'il avait à son bord le colonel Arnault, le chef de la 13e demi-brigade, un héros de Bir-Hakeim, tout aussi fonceur et casse-cou que lui-même. Il faut dire que le jour de Camerone autorise toutes les audaces... surtout si elles sont aidées par quelques rasades de cognac.

Personnier mène son escadron à un train d'enfer. Quand ils ne sont pas utilisés en appoint des troupes du secteur, le bataillon du 43e R.I.C. du commandant Cassagneau, ses hommes sont dehors deux jours sur trois. Ils partent, à la nuit tombée, s'enfoncent dans la forêt, pataugent dans les marécages, installent des embuscades aux carrefours de pistes, sur les débouchés de mangrove, à proximité des coupures de route.

Parfois, pour agrandir leur rayon d'action, ils embarquent à bord de la *Lave,* un ancien chaland de transport de riz, une sorte de cuve métallique inventée par Gressier, un ingénieur français, que les efforts conjoints de la Légion et de la Garde ont transformé en patrouilleur de rivière, et dont le faible tirant d'eau permet une navigation en eau peu profonde.

Ils se glissent de canaux et ruisseaux, se terrent dans l'inextricable lacis de palétuviers, se fondent dans le paysage. Des jours, des nuits passent ainsi, à l'affût. La traque est une longue patience.

L'espoir secret du lieutenant Personnier est de découvrir le camp où est retenu son camarade Baron, capturé voici six mois et qu'il sait être toujours vivant.

Dès qu'il a appris la nouvelle, Personnier s'est mis en chasse. Il a lancé sur la piste ses meilleurs agents de renseignements, il a interrogé les prisonniers viêts, ramassés au hasard d'une embuscade. Il n'a rien découvert. Comme il ne croit pas à la chance, il multiplie les occasions d'aider le hasard. Mais il a compris qu'il avait encore beaucoup de chemin à parcourir avant que les dieux des combats le jugent digne de gagner.

Ce soir, il vient de rentrer d'une de ses longues patrouilles. Il est fatigué, la blessure qu'il a reçue voici trois mois au cours d'un sévère accrochage du côté de Gia Raï le fait souffrir plus qu'à l'ordinaire. C'est dimanche, il voudrait dormir.

Un homme se glisse dans sa chambre. Personnier le reconnaît, c'est Fournier, le commisssaire de police de Bac Lieu. Un vieil Indochinois qui a fait de la poursuite du Viêt une affaire personnelle. Intoxiqué par l'Asie, il concocte des « coups tordus », des machinations compliquées ; il a tissé tout un réseau d'agents doubles, triples, il se complaît dans l'intrigue, vit à l'aise dans des combinaisons douteuses dont il tire les ficelles. A son bilan, il a déjà plusieurs membres de comités d'assassinats, un chef de chi-doï, et une myriade de petits indicateurs, des collecteurs de fonds, des pauvres bougres de passeurs de riz, des contrebandiers minables, des coolies terrorisés, un lanceur de grenades, pris avant qu'il ne commette un attentat sur la place du marché.

Fournier est un homme redoutable. Les Viêts paieraient cher pour le faire abattre.

— Mon lieutenant, dit-il sans ambages, j'ai besoin de vous.

— De moi ? Je n'appartiens pas à la police que je sache.

— Il s'agit d'une affaire que j'ai montée seul, personne n'en saura rien, elle doit demeurer secrète. J'ai un contact avec les Viêts pour faire libérer votre camarade le lieutenant Baron.

Déjà, Personnier a oublié toute fatigue. Il s'est fait attentif. Mais il demeure sur ses gardes. Fournier lui a toujours semblé un peu fou.

— Expliquez-vous ?

— J'ai arrêté voici trois semaines un important responsable viêtminh. Je ne l'ai pas dit à mes chefs, je l'ai même caché au capitaine Olive.

Personnier sourit. Olive est l'officier responsable du 2e bureau du secteur. Aussi expansif que Fournier est taciturne, aussi rond que Fournier est maigre. Ils possèdent cependant en commun un grand sens de l'efficacité, la passion de leur métier, et, parce qu'ils sont concurrents, une solide inimitié l'un envers l'autre. Que Fournier ait tenu son rival hors de cette affaire est donc logique.

— J'ai réussi à amener les Viêts à accepter le principe d'un échange. Leur chef contre votre camarade. Le rendez-vous est fixé dans quelques heures à une dizaine de kilomètres d'ici, mais je ne veux pas prendre de risques inutiles. J'ai besoin de votre présence, je sais que je peux compter sur vous.

D'abord, Personnier est tenté. Il pense « ce serait trop beau ». Et c'est précisément cet adverbe, trop, qui suscite sa circonspection.

— Je ne peux pas prendre seul cette décision, répond-il. J'ai la responsabilité d'un groupe d'escadrons, et n'ai pas le droit d'agir sans l'accord de mes chefs.

Fournier est déçu. Il le dit. Puis il ajoute :

— Essayez de prendre liaison avec vos autorités ! La radio fonctionne, je crois ? Je viendrai chercher votre réponse dans deux heures.

Le lieutenant a rendu compte. Moins d'une heure plus tard, Saigon donne son avis. Il tient en deux mots : « pas question ».

La déconvenue du lieutenant ne dure pas. A trois heures du matin, le capitaine Olive vient le voir :

— J'ai appris que Fournier avait arrangé un rendez-vous avec les Viêts. Je n'ai aucune confiance en lui, il nous prépare un tour à sa façon. J'ai décidé de l'accompagner, qu'il le veuille ou non...

Les deux hommes sont partis, escortant leur prisonnier.

Personne ne les a jamais revus.

V

1.

Saigon, 1er mars 1948.

A première vue, cela ressemble à un meeting ou à une émeute. Il y a des gens partout, femmes, enfants, vieillards, Cochinchinois, Cambodgiens, Chinois, qui, dès l'aube, ont pris possession de la rue, des trottoirs, des grilles même du jardin botanique de Saigon. Ils entourent une soixantaine de véhicules de toutes tailles et de toutes formes, des ruines aux carrosseries rouillées, branlantes, chargées jusqu'au ciel de toute une cargaison hétéroclite.

— C'est l'exode ? interroge le garde Biast qui arrive à grand-peine à se frayer un passage au milieu de la cohue, à grands coups d'avertisseur de son Dodge 6×6.

— On dirait, répond le maréchal des logis-chef Perrin, laconique.

Il est toujours émerveillé par le spectacle de la préparation d'un convoi routier vers Dalat. Les Annamites n'ont pas leur pareil pour empiler, jusqu'à des hauteurs vertigineuses, un tas de marchandises hétéroclites, sans rapport entre elles où les vieux meubles cohabitent avec des cochons vivants, aux pattes entravées, des paquets informes, des ballots gonflés comme des outres, mal ficelés dans des lots de vieux tissus graisseux, paniers ronds où s'ébouriffent de colère des volailles piaillantes, chapelets de durions odorants [1].

Et, bien souvent, tout en haut de cet échafaudage instable, il y a la *bagia,* une vieille femme en noir, qui chique le bétel d'un air indifférent.

1. Fruit du jacquier, le durion ressemble à une grosse pastèque hérissée de piquants comme ceux d'une châtaigne. Son odeur est puissante, un mélange explosif de melon mûr et de cancoillotte...

Quelques artisans habiles ont confectionné des bâches de caiphèn, d'autres se bornent à tisser au-dessus un réseau compliqué de lianes ou de bouts de ficelle.

A l'origine, tous les camions étaient européens, britanniques pour la plupart. Une lente transformation, aménagements ou dégradations, en ont fait un objet typiquement asiatique où le bricolage tient lieu de réparations. Les bandages des pneumatiques ont été colmatés avec du latex fondu ; perché sur le garde-boue avant, un jeune garçon est chargé d'enclencher le levier de vitesses directement sur la boîte, à moins qu'à l'aide d'un arrosoir il ne complète le niveau d'eau du radiateur crevé.

Les camions crachent, fument, grondent, ferraillent, grincent. Et, bien souvent, tombent en panne. Alors, ce sont des tractations sans fin entre les conducteurs pour discuter le prix du remorquage. Car, une fois parti, le convoi ne doit sous aucun prétexte égrener ses camions comme un quelconque petit Poucet. Les Viêts auraient tôt fait de récupérer la cargaison, ou bien soudoieraient quelque conducteur pour les ravitailler, à peu de frais...

Peu à peu, la foule regagne ses camions et, à la grande surprise de Biast, le conducteur du Dodge 6×6 de la 1re Légion de garde mobile, elle arrive à se diluer totalement à l'intérieur des véhicules, pourtant bourrés jusqu'à la gueule.

Il est 6 h 15. Lentement, le convoi s'ébranle, chaque camion à une distance d'environ cinquante mètres du précédent. Une chenille motorisée de près de 8 kilomètres.

De-ci, de-là, un élément militaire de protection s'intercale entre les rames de dix véhicules.

La plupart du temps, il s'agit d'un Dodge 6×6 transportant un groupe de combat aux ordres d'un sous-officier et armé d'un fusil-mitrailleur, comme celui que commande ce matin le chef Perrin.

— C'est curieux, observe-t-il. D'habitude on nous octroie une automitrailleuse ou deux pour augmenter notre puissance de feu.

Mais, ce matin, 1er mars 1948, les blindés ne sont pas là, probablement rassemblés pour une opération vers Mytho ou Hoc Mon.

— Avez-vous vu ? demande Biard. Il y a un colonel dans le convoi !

Perrin approuve. Il a vu. Une silhouette svelte, élégante, qu'il connaît bien, celle du colonel de Sairigné, le commandant de la 13e Demi-Brigade de Légion étrangère [2].

2. Cf. *La Légion au combat*, du même auteur, Coll. Troupes de Choc, aux Presses de la Cité.

Le convoi a enfin quitté Saigon et ses faubourgs. Passé le pont de Binh Loï, il roule dans la campagne et la poussière. Il fait beau et chaud. Au loin, des buffles paissent. Tout est calme.

Voici Thu Duc où les copains de l'escadron parachutiste du capitaine Richard viennent saluer Perrin. Celui-ci serre la main de son camarade Boulanger, admirant le superbe béret bleu dont il est coiffé. Il distribue les lettres que le vaguemestre lui a confiées et y ajoute quelques gâteries de l'assistante sociale.

Thu Duc franchi, encore quelques kilomètres d'une route vallonnée puis, après les deux ponts et le dépôt de la Shell, le convoi traverse lentement Bien Hoa, sous l'œil critique ou intéressé des coloniaux du 22e R.I.C. cantonné un peu plus loin, dans les bâtiments de l'usine à bois.

Bientôt, passé l'hôpital psychiatrique, commence le règne de la forêt. Halte. Deux automitrailleuses du 5e Cuirs arrivent et, sur le bas-côté de la route, remontent la colonne pour aller se porter en tête.

— Je n'aime pas ça, confie Perrin à Biast. Pour que les grands chefs soient revenus sur leur décision, ils doivent avoir obtenu de mauvais renseignements.

Le pressentiment de Perrin est justifié. Trois kilomètres plus loin, à la hauteur de la station ferroviaire de Ho Naï, des coups de feu éclatent, sur le côté gauche de la route. Nouvelle halte. Perché sur le capot du Dodge, jumelles aux yeux, Perrin tente de comprendre.

— Les Viêts ont abattu des arbres en travers de la route et ils ont allumé les camions de tête. On dirait qu'il y a des blessés.

Quelques groupes d'escorte ont débarqué et donnent la chasse aux rebelles. Une heure passe. Ils reviennent. Bredouilles.

Par la radio de bord, Perrin a reçu des consignes de vigilance.

— Cette fois, dit-il, cela se confirme, un sale coup se prépare.

Il a fait mettre son groupe en alerte, armes chargées, canons tournés vers la jungle qui affleure les bas-côtés. Le convoi aborde et dépasse le poste de Trang Bom, salué par les coloniaux du II/22e R.I.C.

— Des Viêts dans le coin ? interroge Biast.

En réponse, le sous-officier de protection hausse les épaules, et grogne un vague : « Sais pas... »

Passé Xuan Loc, les camions s'engagent dans le dernier carré de plantations qui précède la grande forêt de la rivière Lagna.

Nouvel arrêt. Des coups de feu, encore. Mais cette fois, cela semble sérieux. Il y a des blessés, peut-être des morts.

Il fait très chaud, une chaleur moite, oppressante, qui ajoute à la tension des hommes. Ils ne disent rien, n'échangent pas leurs traditionnelles plaisanteries. Ils ont les yeux rouges à force d'attention.

Midi. Une heure. Deux heures. La tête du convoi a franchi le pont sur la Lagna que protège un poste tenu par des Moï du 22e R.I.C. Maestracci, le chef de poste, est au bord de la route. Il arrête Perrin :

— J'ai prévenu le colonel de Sairigné d'une possible embuscade un peu plus loin, explique-t-il. Je me suis fait engueuler quand je lui ai suggéré de stopper ici et d'attendre demain pour repartir. Il m'a dit que j'avais trop d'imagination pour penser que les Viêts monteraient si haut dans la montagne et qu'ils devraient être sacrément nombreux pour oser attaquer. — Maestracci en est encore bouleversé : — Et pourtant, mes Djaraï sont formels, ils ont vu des traces et repéré des fumées dans la forêt, loin devant, sur la crête...

Perrin ne peut qu'écouter. Et recommander une nouvelle fois la prudence. Pour le reste, il s'en remet à la Providence.

La forêt est là maintenant, plus présente que jamais. Non pas une forêt agréable et policée comme on en trouve sur les routes de France, mais une végétation noire, sombre, hostile, qui avale tout, même les rayons du soleil. C'est presque un tunnel, plein de bruits, d'ombres inquiétantes, exhalant cette odeur de pourriture végétale qui prend à la gorge. Le regard ne porte qu'à quelques mètres devant soi, la brousse est un mur opaque.

Il est 4 heures de l'après-midi. Le Dodge du chef Perrin est arrivé à la borne 105.

— Ecoutez, chef !

Par réflexe, Biast a appuyé sur le frein et réduit le moteur. Venant de l'avant du convoi, des rafales se font entendre, des explosions retentissent, répercutées par l'écho des grands arbres. Presque aussitôt, le feu gagne, embrase l'ensemble de la colonne. Des fossés, jaillissent des dizaines, des centaines d'hommes en noir brandissant des fusils, des mitraillettes, des coupe-coupe, voire de simples bâtons.

Il n'a pas fallu une seconde au maréchal des logis-chef Perrin, à son chauffeur et aux huit soldats de l'escorte pour jaillir des véhicules et sauter dans la brousse, en face des fossés d'où l'ennemi les arrose d'un tir nourri. De partout leur parviennent les rumeurs de la bataille, les clameurs des assaillants, les cris des victimes, les appels à l'aide, les encouragements.

Le convoi a été tronçonné, réduit à de petits groupes de camions qui font séparément l'objet des attaques. Les soldats se battent, isolément, sans savoir ce que deviennent les voisins. Chacun défend sa propre vie.

Pourtant Perrin ne veut pas subir plus longtemps. Il exécute quelques actions brutales, imposant à l'ennemi de se replier, tandis qu'avec l'aide de Biast, il essaie de rassembler sous sa protection un maximum de civils.

Les Viêts ont compris la manœuvre. Pour qu'elle cesse, ils abandonnent un temps les soldats pour se précipiter sur les camions qu'ils mitraillent et auxquels ils mettent le feu. Les malheureux passagers qui tentent d'en sortir sont impitoyablement massacrés à la mitraillette, au couteau, à la lance de bois.

Des commandements retentissent, en vietnamien, mais aussi en allemand, en japonais même.

Littéralement cloués au sol, Perrin et ses compagnons ont formé le carré. Par la radio, ils ont appris la mort du colonel de Sairigné. Ils ont également appris que toute solution de repli était impossible. Le convoi est bloqué, pris dans les mâchoires d'une gigantesque tenaille de fer et de feu.

Un haut-parleur crache des phrases sèches :

— Toute résistance est inutile. Quittez la forêt et venez vous rendre à l'armée populaire.

Quelques civils se lèvent. Perrin les oblige à demeurer près de lui. Suant de peur, un gros Chinois le bouscule et court sur la route en balbutiant : « A moi, ils ne feront rien. »

Une ombre noire surgit. L'éclair d'un sabre accroche les rayons du soleil déclinant. Une tête roule sur l'asphalte...

Perrin se bat maintenant depuis deux heures, sans savoir ce que deviennent ses camarades de l'avant ou de l'arrière. « Du moment que j'entends encore des rafales, pense-t-il, c'est que je ne suis pas seul... »

Vers 18 h 30, deux avions de reconnaissance survolent la route, mais les adversaires sont tellement enchevêtrés, il y a tellement de civils qui errent dans la nature, qu'ils ne peuvent pas intervenir.

— Si la chasse est là, note Biast, c'est bon signe, l'alerte est donnée à Saigon !

Avec le crépuscule, puis la nuit, l'intensité des combats diminue. A cent mètres en avant, un camion d'essence s'enflamme, gigantesque boule de feu montant dans le ciel.

Il est onze heures du soir. Il y a exactement sept heures que le cauchemar a commencé. Sept heures. Mais il semble que les Viêts, lassés, ou satisfaits, commencent à se replier.

— Ecoutez, dit Biast. Des moteurs ! Ce sont les renforts !

Ce sont les renforts en effet. Dix minutes plus tard, les premiers éléments amis se présentent sur la route. Il ne reste plus un Viêt. Très vite, les secours s'organisent, le bilan est fait :

640 prisonniers, 80 tués, 40 blessés chez les civils ; 25 tués, 15 blessés chez les militaires. Près de 80 % des camions ont été incendiés.

2.

Quand la nouvelle a été connue à Saigon, les hautes autorités ont décidé de réagir, de poursuivre les responsables de cette tuerie et, si possible, de tenter de libérer les prisonniers. Mais où les chercher, dans cette jungle, si dense, si impénétrable que même les cartes qui la recouvrent sont parsemées de grandes taches blanches ? Personne, jamais, n'est allé là.

Comme souvent en pareil cas, les paras sont désignés.

Un colonel de l'état-major a convoqué le commandant Château-Jobert, le second du patron de la demi-brigade S.A.S. et, pointant son index sur le blanc de la carte, en un point sobrement marqué « Ta Laï », il a dit, péremptoire :

— Vos gens sauteront là.

Château-Jobert est assez vieux parachutiste pour ne jamais rechigner à la besogne. Il sait que ses « gus » sont capables de se débrouiller partout. En toute hâte, il constitue deux « bataillons » de marche en regroupant des unités prélevées sur les bataillons existants en Cochinchine : deux compagnies du 2e bataillon de commandos-coloniaux parachutistes (B.C.C.P.) du commandant Dupuis, plus deux compagnies du 1er bataillon de choc[3] de Clauson forment le premier, le second bataillon est composé d'une compagnie du 2e B.C.C.P., d'une compagnie de choc et de l'escadron parachutiste de la Garde cochinchinoise.

Etrange unité que cet escadron, le premier dans l'histoire des parachutistes à être formé à partir d'autochtones et encadré par les gendarmes français. Pour la mettre sur pied, pour la former et la commander, le capitaine Jacques Richard n'a pas hésité à abandonner le commandement de son 4e Régiment de la Garde cochinchinoise, au risque de se brouiller avec le bouillant colonel Degré, le patron de la 1re Légion.

— Comment ? lui a déclaré ce dernier, vous préférez commander un modeste escadron au lieu d'un régiment ? J'en connais qui se battraient pour être à votre place...

— Qu'ils ne se battent pas, a répondu Richard. Je leur laisse volontiers ma place. J'ai, en effet, le titre de commandant de régiment. Mais où sont mes troupes ? Eparpillées de Bu Dop à Baria,

3. Voir *Premier Bataillon de choc en Indochine*, de R. Muelle, *op. cit.*

et je n'en dispose même pas au plan opérationnel ! Tout ce que j'arrive à commander, c'est un secrétaire, un planton et, quelquefois, mon adjoint cochinchinois !

Degré n'a pas insisté. Il savait d'avance que lorsque le capitaine Jacques Richard a une idée en tête, autant le laisser agir à son gré. Il lui a donné l'autorisation, mais du bout des lèvres ; il ne croit pas que gendarmerie soit compatible avec parachutisme.

Ce que ne sait pas le colonel Degré, c'est qu'en choisissant cette spécialité, Jacques Richard satisfait à une très ancienne envie. En effet, en 1936, à sa sortie de Saint-Cyr — où son camarade de Sairigné avait, le veinard, pu obtenir la Légion étrangère — Richard, qui s'ennuyait à mourir à Châteauroux dans une unité de tirailleurs, s'est déjà porté volontaire pour servir dans une jeune compagnie de fusiliers de l'air dont les chefs, les capitaines Geille et Sauvagnac, cherchaient partout des cadres.

Mais les parachutistes n'avaient pas bonne réputation. « Des acrobates, pas des soldats », disait-on. Aussi, Richard a finalement opté pour la garde républicaine et un escadron motorisé. Il ne l'a jamais regretté, bien au contraire. Et il ne pensait plus aux parachutistes.

Mais le destin veillait. Au mois de juillet 1947, M. Hoach, le Président de la République cochinchinoise, est venu en visite officielle à Bien Hoa, P.C. du 4e Régiment. Il était entouré d'une suite nombreuse parmi lesquels le colonel Renucci, l'inspecteur de la Garde, le colonel de Bollardière, commandant la Demi-Brigade de Parachutistes S.A.S. et son chef d'état-major, le commandant Mollat.

Au cours du repas qui a suivi, juste avant les toasts, Mollat s'est penché vers Richard :

— Savez-vous ce qui ferait plaisir au Président Hoach ? Posséder un escadron parachutiste dans sa garde cochinchinoise.

Richard n'était pas contre ce projet. D'autant moins que le colonel Renucci y paraissait favorable et qu'il confirmait les propos de Mollat, ajoutant :

— Je crois même que Son Excellence a l'intention d'en demander le parrainage à l'impératrice elle-même.

Prudent, Richard a répondu :

— Je ne pense pas que vous ayez de grandes difficultés à rassembler les volontaires. Pour beaucoup de gardes républicains, la vie en poste est fastidieuse, ils ne seraient pas fâchés de voir des horizons nouveaux.

— Il ne s'agit pas d'un escadron européen, mais d'un escadron composé de Cochinchinois, encadré par quelques gardes volontaires et aptes.

— Des Cochinchinois ? Jamais encore personne n'a songé à faire sauter des autochtones !... — Brusquement, cette perspective a plu au capitaine. Il ajoute : — J'aimerais bien créer un tel escadron.

Obtenir l'accord du colonel Degré n'a pas été facile, mais Richard a tenu bon. Il n'est ni grand ni gros, mais il a une volonté de fer et, quand il le veut, son regard n'est pas celui d'un tendre et sa voix claque. Il s'est battu pour obtenir parmi les cadres européens ceux qu'il estime les meilleurs et cela n'a pas été facile : généralement, en effet, lorsqu'on demande à un commandant d'unité de désigner des volontaires, il est rare — et humain — qu'il désigne ceux d'entre ses gens qui lui paraissent les moins indispensables.

En moins d'un mois, le capitaine Richard a rassemblé environ 150 hommes. L'escadron parachutiste de la G.R.C. est formé. Partie de Cochinchinois, Annamites et Cambodgiens, partie de gradés et de gardes français. Tous volontaires.

Hormis Kempf, un Alsacien qui a naguère été incorporé dans la fameuse « Kretadivision », pas un seul n'avait auparavant vu un parachute, pratiquement aucun n'était monté dans un avion.

Entraîné au pas de charge par le lieutenant Brouin, de la demi-brigade S.A.S., l'escadron effectue ses sauts de brevet dans la première semaine d'août 1947. Le sixième et dernier se passe sur l'hippodrome de Phu To, devant le Tout-Saigon. A défaut de l'impératrice, qui s'est prudemment récusée, ne voulant pas avaliser la « sécession » de la Cochinchine, la fille du ministre de la Défense, le doc-phu Tam, a accepté d'en être la marraine.

A la présentation qui suit, les paras de l'escadron arborent pour la première fois leur coiffure nouvelle, un béret bleu — bleu de la gendarmerie, bleu de la Cochinchine — agrémenté de deux rubans, bleu et jaune[4].

Quelques semaines plus tard, son premier saut de démonstration à Tay Ninh, le « Vatican » des Caodaïstes (religion à laquelle appartiennent la moitié des Annamites) devait être une consécration. Il a failli tourner à la catastrophe : au lieu de la D.Z. envahie d'une foule de curieux enthousiastes, les paras ont été largués sur le pacage d'un troupeau de buffles. Comme l'a raconté plus tard le chef Boulanger, le patron du 1er commando :

— L'apothéose est devenue corrida...

Les choses sérieuses commencent avec l'entraînement commando sur la plantation d'hévéas de Loc Ninh. Trois mois d'efforts, de

4. Qui deviendront en 1948, à la résurrection du Viêt-nam, rouge et jaune.

fatigues, d'opérations de sécurité. Sous l'impulsion de deux officiers de la demi-brigade S.A.S., les lieutenants Sausse et Rigot, l'escadron se forge un moral de fer[5]. Et pourtant les rapports avec les civils ne sont pas excellents. Si ces derniers acceptent volontiers dans leur cercle la présence des officiers français, ils se lèvent et s'en vont dès qu'apparaît le sous-lieutenant Duong Van Duc.

Richard se fâche. Riposte immédiate, l'avion des plantations est déclaré « indisponible » à la première demande urgente d'évacuation sanitaire. Il sera trop tard lorsque le Morane militaire se posera sur l'aérodrome.

Heureusement, Loc Ninh n'est qu'une étape. Bientôt, l'escadron s'installe à Thu Duc, à 30 kilomètres de Saigon et de la base aérienne de Than Son Nhut. Par roulement, un commando y demeure, en alerte opérationnelle.

En ce début de 1948, hormis quelques grandes — et brèves — occasions, les parachutistes sont généralement employés par petites unités, dépassant rarement l'effectif de deux compagnies. Qu'il s'agisse de secourir un poste attaqué, d'exploiter un renseignement « sûr » concernant l'emplacement d'un P.C., d'un camp ou d'un dépôt ennemi, les paras représentent la panacée du commandement.

Le premier saut opérationnel de l'escadron se passe le 11 janvier 1948, dans le cadre de l'opération « Teta », sur la rive gauche du Donaï, près d'un village appelé Tan Tich, en bordure de la fameuse zone « D », sorte de sanctuaire ennemi.

Opération décevante, où, tandis que les paras partent à la recherche des dépôts rebelles, un petit commando ennemi met le feu aux parachutes rassemblés sur la D.Z. Opération marquée pour l'escadron d'une pierre noire ; il a son premier tué, le parachutiste Tran Van Kim, dont les suspentes se sont accrochées au canon de son fusil et qui est tombé en torche.

Richard se fâche de nouveau.

— Nous ne pouvons pas combattre avec un armement aussi mal adapté que celui qui nous est alloué, fulmine-t-il.

En effet, si les Européens possèdent encore la Sten de leur débarquement en Indochine, les autochtones ne disposent que d'un fusil

5. L'escadron est articulé ainsi :
Base arrière : M.D.L.C. Courgey.
Commando de commandement : G.R. Michaut, S./C. Nguyen Van Y.
1er commando (50 hommes) : G.R. Boulanger.
2e commando (50 hommes) : S.L. Duong Van Duc.
3e commando (40 hommes) : M.D.L.C. Perrier.
Les autres gardes : Briand, Oliverès, Panoï, Pequignot, Kempf commandent des sticks (groupes de combat).

« U.S. 17 Springfield » presque aussi haut qu'eux et qu'il est impossible de fixer correctement en travers du harnais du parachute. Richard n'obtint pas gain de cause. Alors il triche. L'armurier de l'escadron « bricole » les crosses de façon à les rendre pliables. Ce qui, naturellement, est rigoureusement interdit, mais qui, à défaut d'être réglementaire, évitera bien des accidents à l'avenir.

La seconde opération, « Véga », en plaine des Joncs, est marquée dans les annales parachutistes comme l'opération de la malchance. Par suite de la rupture de la static line d'un appareil, neuf bérets rouges tombent en chute libre et se tuent. Il n'y aura qu'un seul survivant, le capitaine Trinquier, dont le mousqueton s'est accroché par hasard au coin de la portière.

Le commando Boulanger se voit confier la mission de préparer un terrain de fortune pour évacuer les cadavres. Il grogne :

— Nous n'avons sauté que pour faire les coolies... Que l'on nous donne au moins l'occasion de nous battre !

Richard l'a compris et sa fierté en souffre, les bérets rouges regardent avec méfiance et un brin de condescendance ces frêles Annamites dont la qualité de guerriers n'est pas prouvée. Mais il ne dit rien. Pas encore ; il a deviné que, pour être admis sans réserve dans la confrérie des « baroudeurs », il devait patienter — lui, le bouillant capitaine —, faire montre de ses qualités.

Du coup, obstinément, sans fracas, il arrive à imposer la présence d'un commando au moins dans la moindre des opérations aéroportées, au début comme unité d'appoint, puis comme unité à part entière.

3.

— Le convoi de Dalat a été attaqué !

Dans le cantonnement de Thu Duc, l'agitation est grande. Boulanger rappelle avoir serré ce matin même la main de son copain Perrin. Ses pensées sont avec lui.

La tension a brusquement monté quand, vers 10 heures, le lendemain matin, l'escadron a été mis en alerte para. Elle s'est maintenue une partie de la journée dans l'attente de nouveaux ordres. Elle s'est aggravée lorsqu'ont été connus les effectifs qui étaient désignés pour l'opération, un commando seulement.

Les hommes du garde Boulanger sont partis en chantant pour l'aérodrome de Than Son Nhut. Ils ont traversé Saigon comme s'ils étaient déjà vainqueurs. Les Français n'étaient pas les derniers à manifester leur enthousiasme.

Ils ont été un peu refroidis quand, après des ordres et des contrordres inhérents à ce type d'opération, ils ont dû passer la nuit sous les ailes des Dakotas.

— Pourvu que rien ne soit annulé, espèrent-ils.

Ils ont été comblés. A l'aube, la formation aérienne a pris l'air, vers le nord-est. Très vite, par les hublots des D.C. 3, les paras ont vu défiler sous les ailes le moutonnement uniforme de la forêt. Une sorte de mer ondulante qui ne laisse jamais voir le sol. Ni clairière ni village. Pas même le lit tortueux d'une rivière.

Vers 9 heures, la lumière rouge est allumée.

— Debout, accrochez !

Un commandement que connaissent les paras. Il y a un peu de bousculade, la carlingue est étroite et, harnachés serré, les hommes se meuvent avec difficulté...

Le klaxon hurle, lancinant, rauque. Feu vert.

— Go !

Un à un, ils sautent. Dès l'ouverture, ils ne voient sous eux que des arbres, des arbres, à perte de vue. On leur a pourtant dit : « Vous serez largués au-dessus du village de Talaï. » Mais Talaï n'était qu'un mirage, un point marqué dans le blanc de la carte peut-être par un cartographe facétieux qui en avait entendu parler.

— Comme de l'Atlantide, s'amuse Boulanger.

Il est arrivé le premier. Il n'a aucun mérite à cela ; c'est le plus grand, le plus lourd de l'escadron.

Après mainte angoisse, il récupère enfin tout son monde et va se présenter au capitaine. Richard a déjà rallié le P.C. de Château-Jobert. Celui-ci ne décolère pas.

— « On » m'avait dit qu'une piste rejoignait directement le Donaï. Il y en a bien une, mais elle s'arrête pile au bout d'un kilomètre. Il va falloir tailler dans la forêt au coupe-coupe. Nous n'en sommes pas sortis !

Il se retourne, apostrophe le capitaine Richard :

— Vous voilà ! Bravo. Votre mission : ramasser les parachutes et les escorter jusqu'au Donaï. Une fois à la rivière, vous les mettrez sur des radeaux de bambou.

Richard grogne. Ses hommes n'ont pas sauté pour, une fois de plus, faire les coolies. Il le dit. Mais « Conan » :

— Je vous confie cette mission parce que vous avez des autochtones qui sont plus familiarisés que les autres avec le bambou et les rivières : ils vivent dans l'eau toute l'année.

C'est un argument logique. Il l'est un peu moins lorsque, avertis, les Cochinchinois rigolent :

— Des radeaux de bambou ? Pas possible, tant qu'il n'est pas sec le bambou pas moyen flotter !

— Qu'à cela ne tienne, réplique Conan. Nous allons nous faire parachuter des radeaux pneumatiques.

D'abord déçus, les gardes européens, Panoï et Oliverès, se réconfortent :

— Nous allons jouer les touristes et faire du canoë sur le Donaï...

— Nous irons plus vite que les autres qui marcheront à pied, renchérit Boulanger. Peut-être même serons-nous les premiers à tomber sur ce foutu Chi Doï 10 qui a attaqué le convoi.

— Nous pourrons venger Perrier et Biast[6]...

Les canots gonflables sont largués en fin de journée et facilement récupérés. Mais, lorsqu'il faut les mettre à l'eau, Panoï et Oliverès font la grimace. Le Donaï n'est pas encore ce large fleuve qui se prend pour le Rhône, mais un minuscule torrent de montagne, coupé de rapides rocheux, encombrés d'arbres tombés.

Durant dix jours l'élément parachutiste du commandant Conan marche dans la jungle. Ils sont sans doute les premiers hommes au monde à y passer. Pendant dix jours, ils ne voient pratiquement jamais le soleil, la jungle faisant écran, ne laissant filtrer qu'une vague atmosphère glauque d'aquarium.

Sur le bord du fleuve, Boulanger et ses hommes halent les dinghys, les chargcant, les déchargeant sans cesse, dans l'eau jusqu'au ventre, tombant souvent, mangés de moustiques et de sangsues.

Pas plus les gardes que leurs camarades bérets rouges ne rencontrent âme qui vive.

Dix jours après, épuisés, affamés, en loques, ils sont enfin arrivés à Xuan Loc, le P.C. du secteur. Et là, écœurés, ils ont appris que leur odyssée n'avait servi à rien. L'arrière-garde du Chi-Doï 10, la bande viêtminh responsable du massacre, a été accrochée à quinze kilomètres de là par des Marocains prosaïquement débarqués de camions.

— La preuve est faite que les parachutistes sont employés n'importe comment, commente Château-Jobert.

Les hommes s'en moquent. Ils ont l'habitude, ils savent que rien ne sert de râler, la prochaine opération sera du même style. Pour l'instant, ils mangent, ils dorment, ils récupèrent, en attendant les camions qui doivent les ramener sur leurs bases.

Espoir déçu. L'arrivée inopinée, sur ses terres, d'une unité de parachutistes a donné des idées au colonel commandant le secteur. Avec une logique toute personnelle, il a décidé que, du moment qu'elles venaient de débarquer chez lui, c'étaient des

6. Ils ne savent pas encore que leurs camarades sont indemnes.

« troupes fraîches ». Et il veut en profiter pour leur faire réaliser la « grand opération » dont il rêvait en secret.

Château-Jobert proteste. Il télégraphie à Saigon. Pour rien, les ordres sont maintenus.

Comme il fallait s'y attendre, les renseignements « sûrs et vérifiés » dont disposait ce colonel étaient périmés depuis des jours, sinon des semaines. Le bilan est maigre, deux abris de caiphèn, manifestement abandonnés, qui ont été aussitôt baptisés pour les besoins du compte rendu opérationel « cantonnement rebelle ».

— Et pourquoi pas « citadelle » ? demandent les paras.

— C'était trop gros, personne ne l'aurait cru. Mais cela suffit pour obtenir des croix de guerre à l'état-major...

Cette opération « Lagna » aura eu, pour l'escadron, le mérite de l'avoir enfin fait admettre comme l'égal des autres formations parachutistes. Lors des prochaines missions, l'escadron para de la garde du Viêt-nam-Sud (G.V.N.S.) et ses commandos seront traités en frères d'armes.

Après « Ly Nhon », le 30 avril[7], l'escadron participe, les 1er et 12 juin, aux tentatives d'aider le ralliement des Binh Xuyen.

Cette opération, baptisée « Huron », a été organisée de concert avec le commandant Savani, l'efficace patron du 2e bureau des troupes françaises d'Indochine du Sud (T.F.I.S.), pour aider les troupes de Le Van Vien à gagner la zone tenue par les Français. En effet, depuis le 19 mai, les Viêts ont rompu leurs alliances avec les Binh Xuyen et les encerclent étroitement.

Mais les renseignements ont filtré, à la place des Binh Xuyen ce sont les Viêts qui tiennent la D.Z. De partout, les paras sont cueillis dès leur éjection de l'avion par des tirs violents d'armes automatiques. Certains sont touchés en l'air.

Le commando du sous-lieutenant Duc se trouve à la pointe du combat. Il parvient à libérer une quinzaine de miliciens Binh Xuyen, enchaînés dans une paillote.

— Pas de blessés ? demande le capitaine Richard.

— Si, moi, répond Oliverès : une balle a traversé le talon de ma botte de saut ! Deux centimètres plus haut et j'étais bon pour m'acheter une chaussure orthopédique !

Il rit, puis il ajoute, résumant en cela l'opinion de ses camarades :

— Moi qui rêvais de beaux assauts, baïonnette au canon, sous la lune !

7. Où il récupère la mitrailleuse enlevée au poste de Luong Quoï au garde Moliner et conquiert sa première citation.

Des combats, l'escadron va en connaître en cette seconde moitié de l'année 1948. Le 31 juillet, affecté au groupement sud, commandé par le capitaine de Seguin-Pazzis de l'état-major de la demi-brigade, un détachement de 44 gardes saute au Sud-Annam, dans la région de Qui Nhon.

A peine arrivés au sol, les paras ont la surprise de constater qu'ils se trouvent en plein territoire administré par le Viêt-minh. Tout fonctionne, les routes, les voies ferrées, le téléphone ; de temps à autre, ils découvrent un bâtiment portant la suscription « Gendarmerie ».

Peu ou pas de soldats, seulement des fonctionnaires, tout surpris de se trouver face aux troupes adverses. Les G.V.N.S. font une ample moisson de drapeaux rouges. Le soir, le sous-lieutenant Duong Van Duc alerte le capitaine :

— Je me suis branché sur le téléphone des Viêts. Voici leurs ordres pour la riposte à notre action !

Dès le lendemain, l'ennemi réagit enfin. Les accrochages se font nombreux. Le commando doit donner l'assaut à un village hâtivement mis en défensive. Ils abattent 25 réguliers, capturent un mortier et plusieurs fusils et les documents administratifs de l'interzone. Un seul blessé, le garde cambodgien Lam Suol, qui a reçu un coup de couteau dans le ventre. Ramené à l'infirmerie, son cas est jugé désespéré.

— Brancardez-le, suggère le toubib. Il sera mort dans deux heures.

Mais Lam Suol n'est pas de cet avis. Il s'accroche, il serre les dents. La nuit passe, il est encore vivant. C'est l'heure choisie par un régiment de réguliers viêt-minhs, rameuté en catastrophe, qui déboule à marches forcées de l'arrière-pays, pour attaquer.

Face aux quelque 3 000 bo-doïs qui montent à l'assaut au clairon, les 150 parachutistes du groupement sont en mauvaise posture. Ils vont livrer, pendant vingt-cinq kilomètres, de durs combats retardateurs pour ne pas se laisser enfermer dans la nasse.

— Ne vous en faites pas, leur fait dire le colonel Le Puloch, le commandant de la zone : une colonne blindée vient à la rescousse !

— Nous n'en avons pas besoin, réplique Seguin-Pazzis.

— Attendez-la !

Les paras sont stoppés ; ils font face. Le feu est intense, les Viêts soufflent, ils s'organisent en vue d'un prochain assaut. Heureusement pour les Français, depuis le large, le *Duguay-Trouin* fait entendre ses canons, ce qui calme un peu l'ardeur de l'ennemi. Les paras soupirent. Ils se rassurent tout à fait en entendant, vers midi, les moteurs de la « colonne blindée » annoncée. Quand elle débouche, ils sont stupéfaits.

— C'est ça les blindés ? demandent-ils en voyant arriver, cahin-caha, un groupe de trois jeeps-mitrailleuses, montées chacune par quatre légionnaires du 2e Régiment étranger.

— Nous avons été retardés par les coupures de route, expliquent-ils. Il nous a fallu traverser tout du long le no man's land et franchir nous ne savons combien de « touches de piano » ; parfois même, nous avons été obligés de porter les jeeps sur notre dos ! Ni les bérets rouges ni les G.V.N.S. n'ont plus envie de se moquer. A douze seulement, les légionnaires ont franchi plus de quatre-vingts kilomètres à travers le territoire ennemi.

Embarqué enfin sur le *Duguay-Trouin*, le garde Lam Suol est opéré. Et sauvé.

L'escadron est rentré à Thu Duc. Mais, quatre jours plus tard, le 2e commando du sous-lieutenant Duc est parachuté dans l'Ouest cochinchinois, auprès de Rach Gia qui vient de subir plusieurs attaques de postes. Les paras de la G.V.N.S. apprécient ce genre d'intervention ; il s'agit d'aider et de secourir des copains de la garde.

Généralement, ceux-ci se sont battus toute la nuit. Vers minuit ou une heure du matin, en plein assaut, ils ont réussi à lancer leur S.O.S. Mais, trop souvent, les voisins sont trop loin pour intervenir dans des délais suffisants. Alors, mis en alerte quelques heures après, les paras embarquent dans les Dakotas dès l'aube et sont largués au plus près du poste attaqué. Si le poste a tenu, la seule apparition des voilures dans le ciel suffit quelquefois à mettre les Viêts en déroute. Pas toujours.

Ainsi, le 5 août, Rach Gia, qui a subi des harcèlements au canon, est sur le point de succomber lorsque les hommes du sous-lieutenant Duc arrivent à la rescousse. Ce matin-là, les Viêts acceptent le combat ; ils sont trop sûrs de leur force et de leur nombre pour se laisser impressionner. Et puis ils ont reçu mission de s'emparer du poste et de ses armes.

A peine au sol, Duc voit surgir, sur sa gauche, un chi-doï au complet qui se lève, en ligne de front, de la rizière. Les drapeaux se déploient. Les cris fusent.

Chez les paras, passé l'instant légitime du premier flottement dû aux problèmes du regroupement au sol, la réaction est immédiate. Et Duc n'est jamais à court d'arguments. Il a sauté avec, plié dans sa veste de saut, un drapeau du Viêt-nam qu'il déploie, accroché à un grand bambou.

Les Viêts voient soudain surgir devant eux des Viêtnamiens qui montrent au combat une fougue égale à la leur. Des hommes qui font face, poitrine contre poitrine, les interpellent dans leur langue et hurlent le même cri : « *Doc Lap !* » (Indépendance !).

Sur la gauche, deux commandos de bérets rouges arrivent à la curée. Ce qui était repli devient déroute. Les Viêts galopent dans la rizière, disparaissent dans la forêt proche. Ils sont partis si vite qu'ils ont abandonné, outre leurs blessés et quelques armes, le fameux canon qui, depuis trois jours entiers, harcelait les tours du poste.

— La prochaine fois, promet le sous-lieutenant, j'emmènerai un clairon avec moi. C'est excellent pour donner du tonus aux attaquants et ça déconcertera l'ennemi !

Des opérations d'assistance à des postes en danger, les paras vont en faire un certain nombre en cette fin de 1948. L'escadron ne participera pas à toutes et il le déplorera ; l'esprit de corps et de camaraderie qui les anime leur donne le sentiment que c'est à eux qu'incombent ces missions.

Ainsi le dégagement du poste de Go Bac Chien, mené par un stick du 2e B.C.C.P. largué directement dans les ruines du poste auquel s'accrochent encore une poignée de Cambodgiens commandés par un garde de la 1re Légion de marche, leur apparaît comme une brimade.

— C'était à nous d'intervenir, disent-ils.

L'état-major en tient compte. Deux opérations, le 16 et le 18 décembre 1948, la première sur Ap La Chuc où le 2e et le 3e commandos sont lâchés, la seconde sur Ap La Ban, leur permettent de dégager les postes encerclés.

Entre-temps, l'escadron a participé à l'attaque du « Quadrilatère » de Thu Dau Mot, où ils ont eu à cœur de venger la mort du sous-lieutenant Moricet, tué l'an passé par les Viêts du tristement célèbre régiment 301.

En avril 1949, en fin de séjour, le capitaine Richard et la plupart des cadres sont rapatriés. Une deuxième équipe (M.D.L.C. Rousseau, Walter, Chaud) prend le relais, d'abord aux ordres du sous-lieutenant Santchi, puis du lieutenant Biard.

A la fin de 1951, l'escadron contribue à former le 1er Bataillon de parachutistes vietnamiens. Pris directement en compte par les bérets rouges, ce bataillon voit partir ses gardes pour le Tonkin.

Seul souvenir de leur passage, la grenade de la gendarmerie, figurant sur l'insigne du 1er « Bawouan », est à la fois l'hommage des Vietnamiens à leurs cadres français et, pour les jeunes, un rappel de leur origine[8].

8. Voir, en Annexe 2, la liste des opérations aéroportées de l'escadron para de la G.V.N.S.

DEUXIÈME PARTIE

CEUX DE BENTRÉ

(3e et 2e Légions)
Décembre 1947-mai 1950

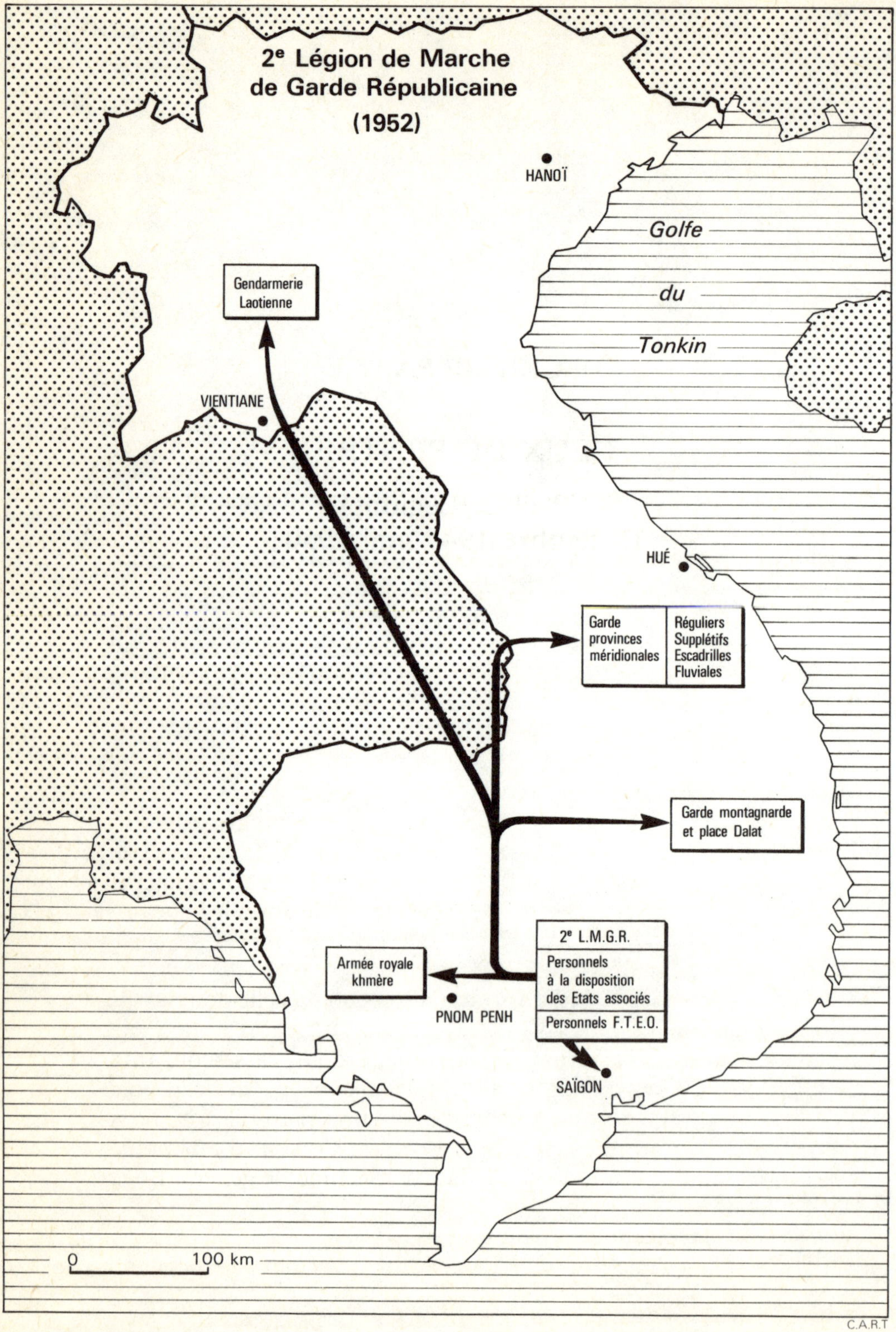
2e Légion de Marche
de Garde Républicaine
(1952)
HANOÏ
Golfe
du
Tonkin
Gendarmerie
Laotienne
VIENTIANE
HUÉ
Garde
provinces
méridionales
Réguliers
Supplétifs
Escadrilles
Fluviales
Garde montagnarde
et place Dalat
2e L.M.G.R.
Personnels
à la disposition
des Etats associés
Personnels F.T.E.O.
Armée royale
khmère
PNOM PENH
SAÏGON
0
100 km

C.A.R.T

VI

1.

Luong Quoï, Bentré-Cochinchine, 19 mars 1948.

Droite, s'enfonçant comme un trait au milieu de la rizière, la piste de Luong Quoï ruisselle de soleil. De loin en loin, le ronronnement des moteurs du convoi fait envoler des vampires, accrochés dans les basses branches des palétuviers qui marquent, au sud, la limite de la terre ferme. Pas un paysan. De loin en loin, quelques taches sombres, hostiles, marquent la limite des villages encore insoumis. Pour s'en approcher, si l'on ne veut pas risquer l'attaque d'un chi-doï, il vaut mieux y aller en force.

Dans la jeep, le lieutenant Piquet prend ses repères sur sa carte. Il y a longtemps qu'il projette d'aller voir ce que recèlent ces villages aux noms étranges, Xom Hiep, Nga Ba...

A côté de lui, les mains arc-boutées sur le volant, le garde Masmejean scrute la piste, et parfois son regard s'attarde sur les cocotiers en touffes serrées qui semblent monter une garde vigilante à l'orée du territoire interdit. Derrière, le garde Joseph Lebeau et le caporal cambodgien Son Côn, le « garde du corps » du lieutenant, sont tassés l'un contre l'autre.

Piquet appartient à la promotion « Vessière », celle dont les élèves sont partis avant la fin du stage et qui, des mois durant, ont porté des galons d'aspirant. Il est jeune, ardent, casse-cou. Infatigable surtout. Les convois de liaison sont, pour lui, autant d'occasions d'étudier son terrain, d'imaginer d'autres patrouilles et, pourquoi pas ? d'autres postes, d'autres tours. Ce sont d'ailleurs les directives du nouveau patron de la Cochinchine, le général Boyer de la Tour.

— Ici, par exemple, à Luong Ha...

Piquet n'a pas achevé sa phrase. Des rafales ont éclaté, venant d'un bosquet de cocotiers, à gauche de la route. La première, bien ajustée, a fait voler le pare-brise en éclats. La jeep zigzague, mord sur le bas-côté, sa roue avant rebondit sur la berme du fossé.

— Masmejean ! Bon Dieu... Redresse !

Mais Masmejean n'entend pas. Il n'entend plus rien. Il a reçu une balle sous l'œil qui lui a fait éclater la cervelle. De l'arrière, Lebeau s'est soulevé de son siège et, passant ses bras autour des épaules de son camarade, il tente de ramener le véhicule sur la bonne trajectoire. En vain. Moteur calé, la jeep bascule sur le côté et s'immobilise, deux roues dans la rizière.

Piquet a déjà sauté sur la route. Sa Sten à la main, il court, rameutant du bras le reste de la section qui s'éjecte en voltige du G.M.C., stoppé lui aussi cinquante mètres en avant.

Le feu ennemi s'intensifie. Déjà des blessés, des morts tirés à bout portant par des snipers postés dans des arbres. Des Japonais ?

Le lieutenant ne se pose pas de questions. Il se défend. Les Viêts ont donné l'assaut, au clairon, bannières rouges déployées. Combien sont-ils ? Cent ? Deux cents ? Il en sort de partout, de la cocoteraie, sur la gauche, mais aussi de la rizière inondée où ils étaient tapis, de l'eau au-dessus de la tête, respirant à travers un roseau creux.

Leurs hurlements dominent maintenant le « plomplom » de la mitrailleuse lourde, une 12,7, qui prend la route en enfilade et s'acharne sur la jeep que Lebeau tente vainement de remettre en marche.

Cette jeep est également l'objectif des assaillants. Ils ont des consignes et savent qu'elle contient toujours du matériel précieux, l'armement, bien sûr, mais aussi la radio et la batterie. Tout butin d'une importance considérable pour eux.

Piquet s'en est aperçu. Il revient sur ses pas. Il veut aussi protéger Lebeau qui, entièrement pris par la tâche qu'il s'est donnée, ne s'est encore aperçu de rien.

Les Viêts sont à vingt mètres. Piquet est là. A ses côtés, le caporal Son Côn. Une balle de 12,7 lui a fracassé le bras gauche, mais il tire, de sa main valide, l'armant contre sa cuisse.

Lebeau a enfin relevé la tête. A son tour, il comprend le danger. Il pivote et ouvre le feu. Un instant, les adversaires refluent. C'est pour repartir de plus belle. Maintenant, les trois hommes se battent pour leur propre survie. Blessé à nouveau, Son Côn est tombé. Un dernier réflexe l'a poussé à se glisser sous la jeep. Un réflexe idiot d'ailleurs ; si l'ennemi réussit à y mettre le feu, il brûlera comme une torche, mais, pour le moment, il ne songe plus qu'à s'abriter des balles. A son tour Lebeau est fauché par la mitrailleuse. Sa tête bascule en avant, entraînant son corps qui tombe à demi, hors de la voiture. Un coup de coupe-coupe le décapite.

Piquet est seul.

Sa Sten est vide. Il tente de dégainer son pistolet « 35 ». Mais il est trop tard, deux Viêts, surgis devant lui, le foudroient à bout portant.

Cinquante mètres en avant, autour du G.M.C. le reste de la section se bat désespérément. Déjà l'adjoint du lieutenant Piquet, le maréchal des logis-chef Lopez, a été tué au moment où il s'éjectait de la cabine du conducteur. Brunet, le chauffeur, a eu plus de chance. Blessé de la même façon, il a réussi à saisir sa mitraillette et à trouver refuge entre les roues, d'où il tient l'assaillant à distance. Contre lui, le garde cambodgien Thach Lam agonise. A l'autre bout, près de l'essieu arrière, Froger encourage ses hommes à la résistance, mais c'est un conseil superflu, les Cambodgiens ont une haine du Viêt. Trois d'entre eux baignent dans une mare de sang, les dix autres, tous plus ou moins blessés, ripostent aux agresseurs. Les plus grièvement atteints approvisionnent les armes.

Il y a maintenant vingt minutes que l'embuscade s'est dévoilée. Les Viêts enragent, ils voudraient en avoir terminé au plus tôt. Ils redoutent que l'alerte n'ait été donnée au poste de Luong Quoï et que sa garnison ne vienne au secours des assiégés.

De fait, le chef du poste, le garde Moliner, a aussitôt réagi. Il a en toute hâte rassemblé une section et fonce sur la route.

Avant de partir, il a réglé lui-même un tir de mortiers et laissé les consignes à Thoï, le servant :

— Quand tu verras la fusée rouge, commence le tir !

Sur place, Brunet se défend toujours. Une seule pensée l'habite. Tenir. Tenir encore.

Froger est mort, mais Brunet ne s'en est pas aperçu. Trois mètres seulement les séparent, mais ces trois mètres sont exactement la frontière entre deux mondes. La mitraille la balaie.

Soudain, des coups de fusils lointains se font entendre en écho aux salves des Viêts. Brunet soupire, son cœur se gonfle d'espoir. Les renforts !

L'ennemi n'insiste pas. Il aime massacrer à coup sûr et cette intrusion d'adversaires nouveaux est au-dessus de ses moyens actuels. Les trompes meuglent et, aussi brusquement qu'elle avait commencé, l'attaque cesse. Les petits hommes noirs s'évanouissent dans les bosquets, ils se diluent dans la rizière. C'est presque comme s'ils n'avaient jamais été là. Presque.

Car, sur la route, neuf cadavres témoignent encore de ce que fut l'embuscade.

Le garde Moliner, le chef du poste de Luong Quoï, a relevé les morts. Il donne les premiers soins aux blessés.

— Préviens le patron, dit Brunet, avant de perdre conscience.

— N'aie pas de crainte, c'est fait. Le colonel a pris la tête du convoi de secours.

Moliner s'approche de la jeep. Il salue gravement le corps du sous-lieutenant Piquet. Il éprouve un instant d'émotion lorsqu'il voit émerger de dessous le châssis une forme sanglante. A temps, il reconnaît le caporal Son Côn.

— Mon pauvre vieux, dit-il en s'excusant presque. J'ai failli te tirer dessus !

Son Côn est imperméable à toute forme d'humour. Très sérieusement, il répond :

— Xep avoir raison. Beaucoup faire attention, ici le coin, c'est beaucoup mauvais...

2.

Son Côn a raison. Le secteur de Bentré est l'un des plus mauvais coins de Cochinchine. Vues d'en haut, sur une carte, les quatre îles principales qui le composent, grandes comme un département français, peuplées d'un demi-million d'âmes, affectent la forme oblongue de fers de lance, engagés dans la gueule du Grand Dragon ondoyant qu'est le Mékong.

Vues de la terre, elles ont toutes les quatre cet aspect inquiétant d'une mangrove de palétuviers envahie par l'eau des marées. Aucune vie n'y apparaît, pourtant c'est le domaine des bêtes fauves, des grands serpents, des moustiques, des sangsues et de ces gros vampires noirs au cri aigu qu'un coup de feu fait envoler, immenses nuages s'étendant sur des kilomètres.

Au cœur de chaque île, de grandes rizières piquetées de gros villages prospères : Bentré nourrit toute l'Indochine. De place en place, les rizières sont coupées de giongs, ces levées de terre formées par les dépôts alluvionnaires nés de l'influence contraire du courant et de la marée. Sur les giongs poussent cocotiers et aréquiers, et aussi une succession de fourrés épais et inextricables, creusés de pistes secrètes où circulent les Viêts.

Jusqu'au mois de novembre 1947, le secteur de Bentré était en charge du 7e Régiment de tirailleurs algériens (7e R.T.A.), solide unité composée de professionnels ayant au moins quatre ans de service. Les cadres ont servi pendant la campagne d'Italie, presque tous les tirailleurs ont été à Cassino[1].

1. Le 7e R.T.A. se distinguera, dans quelques années, sur *Gabrielle,* à Diên Biên Phu.

Mais ces baroudeurs vigoureux n'ont pas obtenu, à Bentré, des succès que méritait leur bravoure. Face à la guérilla, ils se trouvaient souvent désarmés, et le terme « pacification » n'avait aucun équivalent, ni dans leur langue, ni dans leurs coutumes. Passant directement de l'occupation en Allemagne où ils participaient des privilèges des vainqueurs, ils se sont mal adaptés à cette forme de guerre pleine d'embuscades, de traîtrises, de trahisons. Les civils en ont fait les frais, ce qui n'a pas contribué à les éloigner du Viêt-minh.

Les tirailleurs ont souffert, ils ont cassé des bandes, ils ont sillonné le terrain, ils ont eu des morts, des blessés.

Au départ la fraternisation de ces musulmans avec les nha-qués catholiques était difficile. Elle s'est révélée impossible.

Le jour était aux tirailleurs. La nuit à l'adversaire.

Et puis, à 1 200 kilomètres de là, au Tonkin, s'est ouverte à l'automne l'ère des grandes opérations de reconquête du Nord-Ouest. Les opérations « Léa » et « Ceinture » en moyenne région[2], dans le quadrilatère de Bac Kan-Cao Bang-Lang Son-Tuyen Quang, ont aspiré vers le nord toutes les unités homogènes, parachutistes, légionnaires, tirailleurs, marsouins.

Le 7e R.T.A. a quitté Bentré et ses pièges pour les grands espaces tonkinois.

Pour le remplacer, le général Blaizot n'avait guère le choix. Il ne lui restait que la « garde cochinchinoise ». Déjà d'ailleurs, le 3e escadron de la 3e Légion de marche était implanté dans l'île de Bao, au cœur du secteur, dans le sous-quartier de Giong Trom.

L'occasion était trop belle pour que le colonel Daubigney, le commandant de cette 3e Légion, ne s'en saisisse pas.

En effet, depuis son arrivée en Indochine, au mois d'avril 1947, la 3e L.M.G.R. avait éclaté aux quatre coins du territoire indochinois[3].

De ce fait, le rôle du colonel se bornait à de vagues fonctions d'inspection et d'administration. Or le colonel Daubigney est un

2. Cf. *1er bataillon de choc en Indochine*, Raymond Muelle (Collection Troupes de choc, Presses de la Cité, 1985).

3 En Cochinchine : l'état-major et l'escadron hors rang (E.H.R.) à Saigon-Cholon ; le 2e escadron de fusiliers-voltigeurs à Than Tuy Ha ; le 3e escadron de fusiliers-voltigeurs à Giong Trom ; le 4e escadron de fusiliers-voltigeurs à Baria/Cap Saint-Jacques.

Au Tonkin : le 1er escadron de fusiliers-voltigeurs à Hanoi et Haiphong (encadrement de la garde tonkinoise).

En Centre-Annam : l'escadron porté d'accompagnement à Hué (encadrement de la milice locale de Pham Van Giao).

battant, il n'est pas venu en Indochine pour s'abriter sous les ventilateurs d'un bureau. Cet ancien résistant de 47 ans a décidé d'être le patron, c'est-à-dire d'être maître de ses décisions. Il est allé trouver le général Blaizot :

— L'un de mes escadrons est déjà implanté dans le secteur de Bentré, a-t-il dit. Permettez-moi de regrouper ceux qui se trouvent en Cochinchine et donnez-moi le commandement de l'ensemble. Vous n'y trouverez que des avantages : unité dans l'organisation, unité dans le commandement, meilleure cohésion des troupes. — Puis il a ajouté, prévoyant déjà l'objection : — Depuis la Grande Guerre, il est une tradition qui a été un peu oubliée, celle de confier à un officier de gendarmerie un commandement interarmes correspondant à ses galons.

Blaizot a souri. Puis il a accepté.

— Je vous préviens, a-t-il averti, votre territoire n'est pas de tout repos.

Sur une carte, punaisée au mur, il a promené la pointe de son crayon :

— Votre fief s'étend sur quatre îles. La plus au nord est Than Toï, elle est pratiquement vide. La seconde, Anh Hoa, est le royaume d'un officier eurasien catholique, le lieutenant Leroy, qui a su ramener la paix. Il a réussi le prodige de lever, d'instruire et d'armer une milice qui se bat, et se bat bien, contre nos adversaires, sous les plis d'une bannière frappée d'une croix qui ressemble aussi à une épée. Sa devise : « Pro Deo et Patria ». Ce Leroy est un drôle de personnage. Il est né ici même, dans cette île d'Anh Hoa où son père, ingénieur agronome, avait creusé un canal d'irrigation qui porte son nom. Leroy a les qualités et les défauts des deux races. D'un orgueil à fleur de peau, mais aussi d'une humilité de moine, volontaire et, quand il le faut, d'une souplesse d'échine stupéfiante. Il avait d'abord appelé ses troupes « brigades catholiques ». — Blaizot rit. — Quand la hiérarchie ecclésiastique l'a appris, ce fut un beau tollé. « Comment ? Vous mêlez l'Eglise à la politique ? » — Comme si l'Eglise d'Indochine n'en faisait pas ! Mgr Ngo Dinh Thuc, l'évêque de Vinh Long, est venu me trouver : « Si vous ne faites pas cesser ce scandale, je me déclarerai publiquement pour le Viêt-minh, seule vraie tendance nationaliste », m'a-t-il dit. Tout le monde, ici, sait bien que la famille Ngo est antifrançaise[4].

4. Ngo Dinh Thuc est le propre frère de Ngo Dinh Diêm, l'homme des Américains qui deviendra, en 1956, le chef de la République vietnamienne. En 1949, le clergé est nationaliste et, au Tonkin, Mgr Le Huu Thu, le bouillant évêque de Phat Diem, fera lui-même un bout de chemin avec le Viêt-minh avant que de Lattre le rallie à Bao Daï en 1950.

▲

Poste de la gendarmerie vietnamienne à Tan An (province de Tan An, sud-ouest de Saigon). *(E.C.P.A.)*

▶

Blockhaus central du poste de gendarmerie vietnamienne de Gia Dinh (banlieue nord de Saigon). *(E.C.P.A.)* Les Brigades territoriales vietnamiennes avaient les mêmes structures et les mêmes missions que leurs homologues de France.

Le capitaine Jean d'Hers, tué au combat le 19 mars 1945. Compagnon de la Libération. *(Musée E.O.G.N.)*

Le colonel de Sérignan, inspecteur de la gendarmerie en Indochine (1947-1949). *(Musée E.O.G.N.)*

Le lieutenant Toucheron, de la 2e L.M.G.R., tué à Phuoc My (Sud-Annam) le 13 décembre 1948. *(Musée E.O.G.N.)*

La tour d'observation du poste de Cai Mon (Bentré), attaqué du 3 au 5 juillet 1950. *(E.C.P.A.)*

Le rôle des commandants de groupes d'escadrons consistait aussi à mettre sur pied une administration locale. Sud-Annam, 1949. *(E.C.P.A.)*

Inspection avant un départ en patrouille. Poste de My Huong (Cochinchine), 1er L.M.G.R., 1949. *(E.C.P.A.)*

◄
Escadron « muong » (3e L.M.G.R.). *(E.C.P.A.)*

Sous-lieutenant Moricet, tué le 3 février 1948 près de Thu Dau Mot (Cochinchine), 1er L.M.G.R. *(Musée E.O.G.N.)*

◄
Région de Hoa Binh, delta du Tonkin. *(E.C.P.A.)*

Lieutenant Tucoulou-Tachouères, tué le 30 avril 1948 près de Bentré (Cochinchine), 1er L.M.G.R. *(Musée E.O.G.N.)*

◄
Opération « Barbe », décembre 1950. *(E.C.P.A.)*

▲
L'escadron d'encadrement de la Garde des plantations en 1949 (2e L.M.G.R.). De gauche à droite : MdC Peyré, MdL Orain, S/Lt Beaudonnet, Cne Couret, A/C Bousquet, MdC Bidron, MdC Lamarre. Bidron a été tué le 18 octobre 1948 en tentant de porter secours au R.P. Lefort, tombé dans une embuscade près de Nui Bara (Cochinchine). *(Coll. Beaudonnet.)*

▶
Poste de la Garde du Viêtnam Sud à Lang Tàn. *(E.C.P.A.)*

Escadron « catholique » de Ba Tri (secteur de Bentré), 3e L.M.G.R., 13 mai 1950. *(E.C.P.A.)*
▼

Poste de « plantations » de Binh Dong (2e L.M.G.R., octobre 1949). *(Coll. Beaudonnet.)*

◄
Enfants de gardes de plantations (2e L.M.G.R.), poste du « Palanquin », secteur de Cu Chi. *(Coll. Beaudonnet.)*

Partisans à l'instruction, poste de Binh Dong, février 1949. *(Coll. Beaudonnet.)*

Le terrain d'aviation de la plantation Michelin, à Dau Tieng, et l'avion de M. Hennebert. *(Coll. Beaudonnet.)*

▶ Le mortier de 120 du poste de Tan Hap (2/3 G.V.N.S.), secteur de Tay Ninh (2^{e} L.M.G.R.). *(Coll. Bail.)*

La tour du poste de Hiêp Hoa, quartier du Vaïco. *(Coll. Beaudonnet.)*

La 8e compagnie du 2/3 G.V.N.S., à Tay Ninh (Cochinchine), en 1952. *(Coll. Beaudonnet.)*

Poste du P.K. 60, en 1954 (2e L.M.G.R.), hauts plateaux montagnards, Sud-Annam. *(E.C.P.A.)*

e capitaine Declerck, tué le 13 écembre 1948 à Phuoc My, ud-Annam (2e L.M.G.R.). Musée E.O.G.N.)

Le colonel Daubigney, commandant la 3e légion de marche et le secteur de Bentré (1947-1949). *(Musée E.O.G.N.)*

Le maréchal des logis Guigoures, dit « Trompe-la-mort », chef du poste de Phu Taï. Tonkin, 1950. *(Coll. Guigoures.)*

Tonkin, 1950. Débarquement d'une patrouille sur les bords du Day, région de Phu Ly. *(E.C.P.A.)*

◀
Le poste de Phu Taï (sect
de Ninh Giang, Tonkin) à
construction, en mai 19
(Coll. Guigoures.)

Tourelle blindée d'une
dette fluviale de la 2e lég
(escadron autonome de
dettes fluviales), région
Mytho, 1950. *(E.C.P.A.)*

◀
Le poste de Phu Taï ap
l'attaque du 7 décembre 1
et sa destruction par
Viêts. *(Coll. Guigoures.)*

Le poste de Nam Tha (L
1952). *(E.C.P.A.)*

◀
Le bac de Cuu, où l'an
lancière Aline Leroug
trouvé la mort en noven
1950. *(Coll. Guigoures.)*

◄
Le pont sur la rivière Noire, à la frontière de Chine, près de Laï Chau (octobre 1952). *(Coll. Landecker.)*

◄
L'entrée du poste de Muong Té, le plus septentrional du Laos. De gauche à droite : Gr. Robin, Cne Landecker, Gr. Leroux. *(Coll. Landecker.)*

►
Le gendarme Burlot (casqué) dirige une corvée de P.I.M. sur le cimetière de Diên Biên Phu (février 1954). Burlot est mort en captivité. *(E.C.P.A.)*

◄
Le capitaine Landecker achève son inspection et descend la rivière Noire en radeau (octobre 1952). *(Coll. Landecker.)*

MdC Salaün, chef du poste prévôtal
Diên Biên Phu, donne des soins à un
ssé dans l'annexe de l'antenne chi-
rgicale. *(Coll. Salaün.)*

▶
poste de Ap Don (Tonkin), avril
53. *(E.C.P.A.)*

Le poste prévôtal de Diên Biên Phu. De gauche à droite : l'interprète ; les gendarmes Arnone († 15 avril 1954), Martinez († captivité), Sansus, Piéplu, Adam ; accroupis, Pochelu, Garcia, Desry (tous deux morts en captivité). *(Coll. Bail.)*

A la conférence franco-viêtminh
Trung Ha, gendarmes français
viêts montent la garde. *(E.C.P.A*

Le gendarme-infirmier Pochelu, devenu membre de l'équipe chirurgicale du docteur Grauwin à Diên Biên Phu. *(E.C.P.A.)*

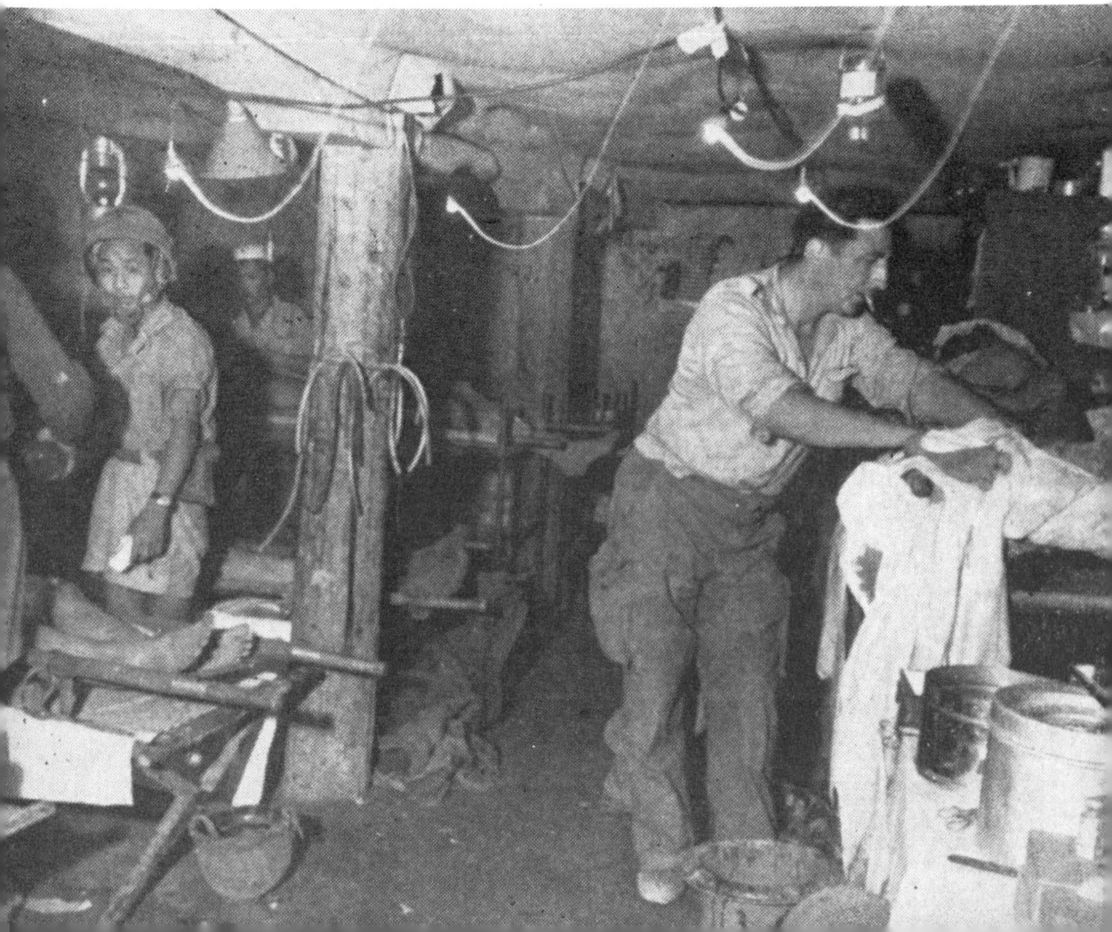

« rétractation » du dispositif français
le « réduit » de Haiphong a com-
cé, le 8 octobre 1954, par l'évacua-
de Hanoi. Les bo-doïs hissent le
eau rouge sur le pont Doumer.

▲

Les pages de quatre-vingts années de présence française viennent d'être tournées. *(E.C.P.A.)* ▼

L'étendard de la Garde, venu spécialement de France, est décoré de la croix de guerre des T.O.E. à Saigon, le 13 février 1954. Porte-drapeau, le lieutenant Beaudonnet, l'officier le plus décoré de la gendarmerie en Indochine. *(Coll. Beaudonnet.)*

▶
La stèle du cimetière de la rue de Massiges, à Saigon, qui rappelle le sacrifice des six cent cinquante gardes et gendarmes morts pour la France en Indochine. *(Coll. Beaudonnet.)*

« Mais Leroy est un malin. Il a aussitôt débaptisé ses troupes et leur a donné un sigle plus anodin : "Unités mobiles de défense de la chrétienté". »

Et Blaizot conclut :

— Vos rapports avec Leroy seront difficiles, il acceptera sûrement votre appui opérationnel. Mais il discutera toujours vos ordres... Un conseil, ménagez-le, ses U.M.D.C. vous libéreront du souci de la sécurité à Anh Hoa.

Le colonel Daubigney écoute le général, mais il sait déjà ce que sera son organisation. Et le général continue, il est en verve. Commandant la Cochinchine, il se pique de la connaître dans le détail. Son crayon voltige sur la carte.

— Anh Hoa étant un problème réglé, restent les deux gros morceaux. L'île de Bao et l'île de Minh.

— Sur l'île de Bao, objecte Daubigney, j'ai déjà le 3e escadron du capitaine Gérald...

— Il est à Giong Trom, je crois ? A votre place, je l'y laisserais ; il est bien que les hommes soient familiarisés avec le terrain.

— C'était bien mon intention, mon général.

— Tout comme l'île de Minh, l'île de Bao est le refuge des Viêts. Ils ne s'en laisseront pas chasser sans réagir. Leurs raisons : le riz d'abord, abondant, facile. La province de Bentré est l'un des greniers à riz de l'Indochine. Autrefois, nous en exportions même jusqu'en Chine ! Ensuite, les populations, 500 000 nha-qués qui leur sont acquis, par la terreur, mais qui leur fournissent main-d'œuvre et maintenance pour leurs troupes. Il faudra changer tout cela.

— C'est bien mon intention, répète le colonel.

Le colonel Daubigney a obtenu satisfaction. Dans les jours qui suivent, les escadrons de Tan Thuy Ha et du Cap Saint-Jacques rallient la ville de Bentré, dans l'île de Bao, où le colonel a installé son P.C. et son escadron hors rang.

A ses officiers rassemblés autour de lui, il a dit :

— Notre mission est double. Nous n'obtiendrons aucun résultat si nous ne redonnons pas confiance aux populations. Cette confiance, vous la gagnerez en vous rapprochant d'elles, en vivant près d'elles, en essayant de les comprendre. C'est une mission de gendarmerie-type.

« Cela implique aussi que vous devrez ramener la sécurité, c'est-à-dire agir en soldats, traquer l'adversaire, le combattre, le mettre hors d'état de nuire.

« Aucune de ces deux missions n'est indissociable de l'autre. Un travail de titans vous attend. Il faudra que vos gens soient disponibles à toute heure, jour et nuit. Mais je suis certain qu'ils se passionneront pour cette tâche. Surtout dès qu'ils verront les résultats.

3.

Luong Quoï, 23 septembre 1948.

Tout en sifflotant *Etoile des neiges*, sa rengaine favorite, le garde Paul Moliner vient de terminer sa ronde du poste. Une journée de plus s'achève. Il regagne sa chambre où l'attendent encore les corvées administratives quotidiennes et la lettre qu'il s'est promis de confier, demain matin, à la liaison hebdomadaire qui vient de My Long, le P.C. du sous-quartier.

« Espérons, pense-t-il, que la mésaventure de la semaine passée ne se reproduira pas. »

Il en rit encore.

Mercredi dernier, en effet, surpris par un coup de feu tiré par un quelconque guetteur viêt-minh, le conducteur du G.M.C. de liaison a fait une embardée, qui a précipité son camion dans la rizière. Un garde cochinchinois l'a rassuré :

— Allons réquisitionner une paire de buffles, ils nous remettront directement sur la bonne route.

C'était la solution lumineuse.

Aussitôt dit, aussitôt exécuté. Les deux nha-qués qui labouraient la rizière, à quelques pas de là, ne soulèvent aucune objection lorsque Minh, le garde cochinchinois, leur demande leur aide. En bons paysans, ils commencent à négocier le prix de la prestation puis, ce point réglé, ils entament entre eux une discussion rigolarde pour déterminer la meilleure façon de procéder. Discussion à laquelle Bonnadieu, le chauffeur, tient aussi à prendre part par le truchement de Minh promu interprète.

L'heure avançant Bonnadieu se résout à prendre les choses en mains. Paysan lui-même, il tranche le débat, indique aux deux nha-qués le déroulement de la manœuvre, les guide et règle lui-même les points d'amarrage des attelages. Puis il donne le signal du départ.

Encouragés de la voix et du bâton par leurs propriétaires, les buffles s'arc-boutent dans la boue, tendent l'encolure, raidissent les pattes, arrondissent le dos. Et, miracle, le lourd G.M.C. s'ébranle à leur suite, progresse, gagne un mètre puis deux et s'arrache enfin au piège de la vase. Les roues mordent sur le revêtement sec de la route.

Bonnadieu est monté en voltige à son poste. Son premier réflexe, afin de soulager les bêtes, est d'enclencher son moteur. Celui-ci tousse, crache, expectore de l'eau par son tuyau d'échappement puis consent à tourner de plus en plus fort,

L'œil rivé au tableau de bord, Bonnadieu n'a pas pensé à surveiller les buffles. Au démarrage du moteur ceux-ci ont dressé les oreilles, puis ils les ont agitées, signe chez eux d'un mécontement profond.

Et, d'un seul coup, effrayés par ce bruit incongru qui leur parvient de ce monstre d'acier accroché à leurs attelages ils partent au galop, droit devant eux, laissant sur place leurs propriétaires éberlués.

Ils ont dévalé la route puis, après un virage bref, ils se sont élancés à travers la rizière. Là, le G.M.C., embourbé cette fois pour de bon, a opposé sa force d'inertie à leur énergie et a, bientôt, refusé de faire un mètre de plus. Alors, l'encolure basse, soufflant et grondant d'impatience les buffles se sont arrêtés à leur tour.

Bonnadieu a sauté de sa cabine, le poignet foulé, un énorme coquard à l'œil gauche. Furieux il a invectivé Minh :

— Une bonne idée, hey ! La prochaine fois, garde-la pour toi ! Maintenant, le bahut est en pleine rizière ! Pour l'en sortir, prends-le sur tes épaules...

Finalement tout s'est arrangé. Bonnadieu a effectué, à pied, les deux kilomètres qui le séparaient de Luong Quoï et Moliner a requis la population du village. Unissant leurs efforts les paysans ont ramené enfin l'engin à bon port.

« Que l'on ne parle plus des buffles » est, depuis cet incident, la devise de Bonnadieu.

C'est ce que, ce soir, le garde Moliner se propose de raconter à sa femme restée dans son village du Capcir.

Comme son nom l'indique, Moliner est Catalan. C'est un grand diable de montagnard, sec comme un sarment, au visage accusé, au regard noir et pénétrant, à la peau mate tannée par le soleil. Avec sa voix puissante qui draine tous les cailloux de la Têt, la rivière de son enfance, Moliner impressionne beaucoup les civils de Luong Quoï.

Avant la guerre Luong Quoï était un village prospère et heureux, une grande rue bordée de coquettes maisons en « dur », toits de tuiles rondes, colonnades de pierres supportant un auvent plat fermé de claustras aux dessins harmonieux, une grande place carrée entourant une fontaine plantée de bananiers où se déroulait le marché hebdomadaire et tout au bout, l'église, une belle construction de pierres blanches dans le style néo-gothique de nombreux villages de France. A Luong Quoï, la France était présente partout. A l'école où des religieux en soutane blanche apprenaient aux petits Cochinchinois la langue de Molière et de La Fontaine, l'histoire des Gaules et *la Marseillaise* en même temps que l'*Ave Maria*.

A l'église qui se pavoisait de tricolore au 14 juillet. Au poste de gendarmerie où sévissait alors un fonctionnaire débonnaire dont les moustaches donnaient des complexes aux vieux lettrés de la région.

La guerre a changé tout cela. Le religieux français a été assassiné par le Viêt-minh, et son remplaçant, un jeune abbé vietnamien, se maintient dans une prudente réserve. Il a, du reste, fait aménager devant l'église des chicanes de sacs de sable prolongées de réseaux de barbelés, recruté quelques paroissiens zélés et impavides, auxquels il a confié le soin de transformer le lieu saint en redoute fortifiée.

La coquetterie a déserté le village. Les façades, autrefois blanches, ont perdu leurs belles couleurs et laissent voir leurs blessures de ciment.

Les femmes sont devenues méfiantes et guettent l'étranger derrière leurs volets obstinément clos. Quelques vieilles, indifférentes, regardent passer le temps, ponctué de longs jets rouges de leurs chiques de bétel.

Les hommes vont aux champs. Ils n'en reviennent que pour se calfeutrer dans leurs maisons, détournant la tête quand ils passent devant l'ancienne gendarmerie, devenue poste militaire.

Le poste de Moliner est constitué d'une villa carrée dont le toit, descendant très bas, constitue une large véranda qui procurait, autrefois, un peu de fraîcheur à l'occupant des lieux. Aujourd'hui, bordée de sacs de sable, elle ne sert que de chemin de ronde. La villa elle-même est le réduit central, planté au milieu d'une cour oblongue construite de paillotes, où cantonnent les quelque trente gardes et supplétifs. Les gardes sont Annamites, les supplétifs, Cambodgiens venus de la province voisine de Tra Vinh. Entre les deux communautés règne une entente de surface qui n'est, en réalité, qu'une ignorance superbe des autres.

Aux quatre coins, des blockhaus sommaires de troncs de latanier où veillent les sentinelles. Au centre, adossée à la villa, la tour de guet, sorte de mirador sommaire surmonté d'un baquet renforcé, où a été installée l'unique mitrailleuse, une vieille Hotchkiss, qui surveille la cocoteraie communale d'où, bien souvent la nuit, les Viêts viennent donner leur aubade à coups de fusil.

Patrouilles, gardes, inspection du village, tentatives de dialogue avec les habitants, tout cela occupe fort avant les journées de Moliner. Il est seul mais il ne s'ennuie pas. Jadis dans sa montagne du Canigou, où il effectuait de longues promenades solitaires, il lui arrivait de passer des jours entiers sans prononcer un mot.

Il s'est assis à sa table-bureau et entreprend de rédiger son rapport hebdomadaire sur ses activités.

« Mardi, 18 septembre, patrouille de sécurité en direction du village de Luong Ha. R.A.S. Le soir, reçu la visite de X, informateur bénévole. Il semblerait qu'une action " dich van " soit en préparation dans le village. »

L'action « dich van » est le prélude à une action en force d'une localité. Pour les Viêts c'est l'indispensable mise en condition des populations. Un soir un comité d'assassinat se glisse dans un village. Il prend le premier paysan venu, homme, femme ou vieillard indifféremment. Puis il le tue de la façon la plus atroce qui soit de manière à impressionner les spectateurs. Sur son *cai-hao,* sa chemise, une étiquette « viêt-gian » (traître).

Les villageois se demandent pour quelle raison cette victime a été choisie. Ils se disent : « Si Nguyen est un traître, lui qui semblait innocent, quel traitement me sera réservé à moi qui ai été vu parlant avec les Français ? »

Du coup les portes se ferment, les visages se figent, le contact est rompu. La peur s'installe. Dès lors il sera facile aux Viêts d'obtenir le silence, la complicité, l'obéissance.

Paul Moliner sait tout cela ; c'est élémentaire. Il lui reste maintenant à tenter d'apprendre dans quel village une telle action va se dérouler. Ici même, à Luong Quoï ?

« Pourquoi pas ? se demande-t-il. J'ai observé que l'affluence était moindre au marché d'avant-hier... »

Il reprend son stylo et rédige la suite de son rapport.

Un coup de feu le fait sursauter. Son premier réflexe est d'agacement :

— Oh non ! grogne-t-il, excédé. Pas ce soir, j'ai du travail...

Puis il prend conscience que ce n'est pas un coup de feu ordinaire, lâché de la cocoteraie, à deux cents mètres de là. Ce coup de feu provient de l'intérieur du poste même.

— Quel est le con qui...

Il se lève, décidé à enguirlander la sentinelle, nerveuse, qui a encore « allumé » un fantôme. Les partisans ont souvent peur la nuit. Il arrive à sa porte, entrouvre le vantail de bois ajouré. Et pousse un juron. « Ils » sont dans le poste. « Ils » grouillent dans la cour, « ils» tentent de dresser une échelle contre la tour.

Moliner n'a pas le temps de se réjouir des précautions qu'il impose, chaque soir, aux gardiens du mirador : notamment celle de retirer l'échelle d'accès à la plate-forme. Les Viêts l'ont aperçu et se ruent dans sa direction avec des cris sauvages.

Moliner n'a pas perdu son sang-froid. Tout en balançant des grenades pour maintenir les assaillants en respect, il allume son poste-radio et, sans savoir s'il a le contact, il lance l'alerte.

— « Futaille » ? Ici « Fafiot ». Suis attaqué. Viêts dans le poste !

Ce qu'ignore Moliner, c'est qu'il est seul. Depuis le matin, une grande opération a été déclenchée dans l'île de Minh, avec l'ensemble des moyens du secteur. Et la batterie d'artillerie de Giong Trom du lieutenant Royal, servie par des gardes, la seule qui soit en état de l'appuyer, a, elle aussi, été déplacée à Xom Hiêp, hors de portée de Luong Quoï.

Moliner se bat. D'abord pour défendre sa vie. Et puis aussi parce qu'il n'est pas dans ses habitudes de baisser les bras. Il pense à ses villageois qui seront navrés de sa mort, mais qui, d'un seul coup, basculeront du côté du Viêt-minh.

« Pas question de " perdre la face " », songe-t-il.

Entre deux lancers de grenades, il appelle, appelle sans trêve :

— « Futaille » ? Ici « Fafiot », les Viêts sont dans le poste.

Mais le poste est muet. Ou sourd, ce qui revient au même.

« Si, je tenais le salaud qui m'a trahi », songe-t-il encore.

Pour lui, aucun doute, le poste a été vendu de l'intérieur. Comment expliquer autrement que les Viêts s'y soient rués sans même que l'alerte ait été donnée ?

« C'est probablement l'un des quatre nouveaux arrivés. Ils ne m'avaient pas fait très bonne impression. J'aurais dû les refouler... »

Mais comment refuser les bonnes volontés ? Ici, les volontaires ne se bousculent pas beaucoup.

Et Moliner se bat. Il réfléchit aussi, cette situation ne peut pas s'éterniser. D'autant moins que son stock de grenades n'est pas inépuisables. « J'ai eu une bonne idée de les garder avec moi... », songe-t-il.

Il marche à grands pas vers la porte, bien décidé cette fois à sortir, à affronter en face ses agresseurs. La radio, soudain, grésille doucement :

— Fafiot ? Ici Futaille...

En quelques mots, Moliner met au courant son commandant de sous-quartier, le capitaine Gérald.

— Bien reçu. Je demande aussitôt à « Hirondelle » de libérer « Royal ». Quelles coordonnées de tir demandez-vous ?

— Au point où j'en suis, tirez sur le poste !

Quand il était jeune, il a lu le récit de la mort du sous-lieutenant Pol Lapeyre qui a préféré se faire sauter avec son poste plutôt que de le rendre. Il est prêt à renouveler l'exploit. « Mourir, peut-être, mais pas tout seul ! »

Le capitaine Gérald fait vite. Quelques messages lui ont suffi pour obtenir de « Hirondelle » (le commandant Dupuy, l'adjoint du colonel Daubigney) l'autorisation de déplacer les canons. Le lieutenant Royal demande :

— Où dois-je tirer ?

— Moliner a parlé du poste même...

Royal est méfiant. Il a calculé au plus juste et, dix minutes plus tard, les 88 sont en batterie, prêts à appuyer Luong Quoï. Dans le même temps, rameuté par le capitaine Gérald, le commando vietnamien n° 1 du lieutenant Xerri embarque en catastrophe dans ses camions et, tous phares allumés, fonce sur Luong Quoï.

Près de vingt minutes se sont passées depuis le contact pris avec Giong Trom. C'est peu. Pour Moliner, c'est beaucoup. Il a épuisé ses grenades et n'a plus qu'une solution, sortir de sa villa, se battre à visage découvert. Et peut-être rallier ceux de ses supplétifs qui ne sont ni morts, ni blessés, ni captifs et qui ont envie de se battre, ce qui est moins certain.

Il s'approche du vantail de bois, tend l'oreille. Dans le fracas que font les Viêts, occupés à piller, à démolir, à tirer, il discerne des pas qui, prudemment, montent les marches du perron. Il attend.

Le Viêt doit être là maintenant, tout près. Peut-être même a-t-il, lui aussi, collé son oreille au battant de bois. Alors Moliner ouvre la porte. Surpris, le Viêt n'a pas le temps de réagir. En un tournemain, il est dépossédé de son arme, saisi par le devant de sa chemise noire et envoyé bouler jusqu'au milieu de la cour avec, dans les oreilles, le cri terrible du Catalan :

— Tu me prends pour qui, espèce de macaque ?

Maintenant il est debout, face à la meute hurlante surprise de l'apparition, sur le porche de la maison, de ce grand diable en tenue claire, qui tempête d'une voix de tonnerre et qui lâche de courtes rafales de la Thompson récupérée sur le Viêt. Des hommes tombent. D'autres se replient.

Moliner avance encore. Il appelle ses partisans :

— Qu'attendez-vous pour vous battre, espèces d'embusqués !

Timidement d'abord, puis reprenant peu à peu de l'assurance, les Cambodgiens commencent à se regrouper. Ensemble, ils chassent l'ennemi du coin du poste et forment le carré.

C'est alors que le premier obus tombe, avec un craquement sec, dans les barbelés.

Alors, Moliner rejoint ses hommes et donne l'assaut.

— En avant ! Vive la Garde !

Le lieutenant Xerri et son commando étaient à proximité.

— Moliner gueulait si fort ce soir-là, racontera-t-il, que nous l'avons entendu à plus d'un kilomètre.

Mais comme Xerri est originaire d'Afrique du Nord, personne n'y a réellement cru.

4.

Tout comme Moliner, Xerri a une voix qui porte loin. C'est un jeune officier à la stature puissante, aux traits accusés, déjà marqués par la rude vie qu'il s'est choisie. Quand il est arrivé, avec l'escadron de commandement, à Bentré, il a observé d'un œil gourmand les quelque quinze partisans, abandonnés là par leurs précédents « propriétaires », les tirailleurs du 7e R.T.A. Ils avaient été recrutés sur place, et rendaient quelques services à l'officier de renseignements, guidant des patrouilles, interrogeant les prisonniers, effectuant des coups de main dans la nature pour attraper quelque chef de comité d'assassinats, capturer des collecteurs de fonds. Rien de bien extraordinaire en soi, mais quelque chose en eux avait attiré Xerri.

— Avec ces types, a-t-il dit au commandant Dupuy, l'adjoint du patron, je pourrais peut-être monter un « commando » ?

Le commandant Dupuy n'a pas dit non. En homme pratique, entièrement tourné vers sa mission, il a sérieusement examiné le projet.

— Pourquoi pas ? a-t-il répondu. Présentez-moi un projet cohérent, je le soutiendrai auprès du colonel Daubigney.

Pour Xerri, c'est plus qu'un encouragement, c'est une acceptation. Il connaît bien la 3e Légion. Dès le lendemain, il se met en chasse.

Sa première recrue, le maréchal des logis-chef Broueil, saute d'enthousiasme. Le mot « commando » lui plaît. Se battre en marge des règles, la nuit de préférence, tendre des embuscades et, de gibier, devenir chasseur, tout cela est fait pour le séduire.

— Qui voyez-vous d'autre ? a demandé Xerri.

Sans hésiter, Broueil a répondu :

— Le garde Furbeyre. C'est un superbe combattant, il a déjà récolté deux citations depuis son arrivée ici. Avec celles qu'il a obtenues durant la campagne de France, il va bientôt être proposé pour la médaille militaire. Il est aussi à l'aise tout seul que peut l'être un Viêt.

Furbeyre est d'accord. Sans regret, il abandonne son peloton pour s'intégrer à la nouvelle équipe. Il sympathise immédiatement avec les deux éclaireurs cochinchinois, Lam et Tho ; le premier, catholique en rupture de séminaire, le second, ancien adepte du Bonze fou[5]. Ils ont, tous les deux, des raisons personnelles d'en

5. Huynh Phu So, fondateur du mouvement Hoa Hao, l'une des trois religions de Cochinchine avec le catholicisme et Cao Daï, qui avaient, les unes et les autres, leurs propres milices.

découdre avec les Viêts, qui ont massacré leurs familles. Tho est un homme dangereux, avec un regard de serpent. Très vite, les trois hommes ne se quittent plus.

Dans les jours qui suivent, deux autres gardes, Paul Bouchet et Lucien Doux, viennent compléter l'encadrement du nouveau « commando ».

— Comment allez-vous l'appeler ? demande le commandant Dupuy.

La République de Cochinchine vient de voir terminée son éphémère existence, l'heure est à l'empire du Viêt-nam. Xerri répond :

— Ce sera le premier commando vietnamien.

Dupuy approuve. Cette dénomination montre et concrétise la foi de ses officiers dans les destinées du nouvel Etat vietnamien.

Pendant plusieurs semaines, Xerri et ses gradés procèdent aux formalités du recrutement. Sur place, cela ne présente pas de difficultés. Cela semble même trop facile et Xerri se méfie.

— Furbeyre, voyez donc avec vos deux sbires ce que les nouveaux candidats ont dans le ventre. L'occasion est trop belle pour que les Viêts n'aient pas la tentation de glisser chez nous quelques-uns de leurs agents.

Effectivement. Parmi les candidats, Furbeyre et Tho détectent deux anciens membres des comités d'assassinats. Du coup, tous ceux qui se sont présentés avec les suspects sont refoulés.

— Mon lieutenant, dit Furbeyre : Lam m'a suggéré d'aller voir du côté de Tra Vinh ; c'est une région où nous trouverons des Cambodgiens. Leur fidélité sera totale, ils ne peuvent pas souffrir les Annamites.

Xerri part pour Tra Vinh. Quatre jours plus tard, il revient, avec l'effectif au complet.

Et à la fin du mois de janvier 1948, à Bentré, Xerri présente son commando à ses chefs au cours d'une prise d'armes. Avec leurs tenues neuves, chemises et pantalons noirs, béret noir orné d'un flot de deux rubans aux couleurs du Viêt-nam, jaune et rouge, les trente-cinq partisans ont fière allure. Et pourtant, à y regarder de près, quelle pénurie ! Xerri a voulu jusqu'au bout appliquer les méthodes ennemies et ses hommes ne sont armés que d'armes de récupération, fusils anglais, Enfield « 303 », japonais, carabines « Mauser » ou mousquetons de l'ancienne garde indochinoise. Et encore tous n'en sont pas dotés, ils devront les prendre à l'ennemi ou bien les récupérer sur les corps de leurs camarades, blessés ou tués.

— Tant qu'ils n'auront pas fait la preuve de leur totale loyauté, il en sera ainsi, a expliqué Xerri, définitif.

Dès le lendemain, ils sont sur le terrain, la meilleure instruction théorique, d'après le lieutenant. Patrouilles de jour, embuscades de nuit se succèdent à un rythme d'enfer. Très vite, les hommes s'aguerrissent, les cadres apprennent à les connaître, à les apprécier. Fin mars, Xerri se lance à la poursuite de la bande qui a dressé l'embuscade contre le lieutenant Piquet.

Trois jours durant, il la traque, dans un terrain de cauchemar, en pleine mangrove de palétuviers où les hommes avancent sous la voûte des racines, de l'eau jusqu'au ventre, sans une minute de répit. Au soir, ils sont obligés de dormir comme des bêtes, perchés sur les branches à fleur d'eau, dévorés de moustiques, assaillis de sangsues, disputant leur maigre territoire aux fourmis rouges et aux termites.

Le 24 mars enfin, Xerri accroche les Viêts. Acculés au Ham Luong, ce bras du Mékong qui sépare l'île de Bao de l'île de Minh, ceux-ci n'ont plus qu'une solution, accepter le combat. Leur supériorité en effectifs et en armement est écrasante et ils savent se battre.

Ce sera une lutte sans merci. Elle va durer six heures. Quand elle s'achève, à la nuit, les Viêts ont réussi à décrocher à la nage, mais ils abandonnent sur le terrain dix-huit tués, neuf armes dont la fameuse mitrailleuse de 12,7 et quatre prisonniers. Pour sa part, le commando a eu quatre tués parmi les partisans et six blessés parmi lesquels le lieutenant Xerri.

Evacué dès l'aube, il est aussitôt remplacé par le lieutenant René Moreau, son camarade de promotion, aussi blond que Xerri était brun, aussi placide que Xerri était fougueux, mais d'un même courage, d'une même détermination.

Avec Moreau — et en attendant le retour du lieutenant — le commando va poursuivre ses missions, agrandir ses effectifs, augmenter son palmarès.

A la fin du mois de mai, le commando vietnamien n° 1 a trouvé sa composition définitive : une centaine de partisans, en majorité Cambodgiens avec, parmi les Cochinchinois, des Annamites recrutés chez les Hoa Hao et les catholiques ; et pour les encadrer, six gradés et gardes européens.

L'armement est désormais de nature à lui procurer une puissance de feu non négligeable : 4 fusils-mitrailleurs, autant de lance-grenades, 80 fusils et pistolets mitrailleurs. Tout a été cependant subordonné à sa mobilité, tout ce qui peut nuire à la légèreté a été exclu. En patrouille, le partisan n'emporte ni sac, ni vivres hormis le boudin de riz. Aux pieds, il n'a que des sandales « Hô Chi Minh » ou, pour les plus riches, ces bottines de toile aux semelles souples en caoutchouc qui ne sont pas encore des « pataugas ».

Le seul problème qui se pose est celui de la radio, lorsque le commando doit traverser un rach à la nage. Après maints essais, la solution est trouvée, Bouchet place son W 22 dans une jarre.

De mai à juillet 1948, le commando mène une vie d'enfer. Raids, coups de main, reconnaissances, opérations de secteur, protection des postes en construction, escortes fluviales ne lui laissent aucun répit. La vie des cadres européens est exténuante. Toujours sur le qui-vive, prêts à toute heure à se porter au secours d'un camarade attaqué, ils ont bientôt acquis une silhouette de loups maigres qui les rapprochent de plus en plus de leurs adversaires.

Les combats sont toujours âpres et, la plupart du temps, se déroulent contre un ennemi bénéficiant de la surprise, terré, solidement armé et nombreux.

Le 30 juillet, le commando est accroché près d'An Thuy, un petit village occupé par une compagnie au complet qui s'y est solidement retranchée. Très vite, les deux groupes de tête sont immobilisés, le nez dans la rizière.

Heureusement, Furbeyre est là. Ce jour-là, une intuition lui a conseillé de prendre la place de serre-file.

— Je me sens d'humeur pacifique, a-t-il expliqué. Je laisse à d'autres le soin de conquérir la gloire...

Dès les premiers rafales, il a fait demi-tour et, ses hommes sur ses talons, il s'est glissé dans une cocoteraie posée, ridiculement seule, sur la crête d'un giong. Puis, moitié courant, moitié rampant, il a contourné l'obstacle et, d'un seul élan, il a donné l'assaut sur le flanc gauche des Viêts. Ceux-ci, redoutant d'être débordés, ont aussitôt décroché.

Furbeyre pousse son avantage jusqu'au bout. Il était venu prendre un village, il le prend. Et prend aussi le chef de la bande rebelle qui, blessé, essayait vainement de se faire passer pour un paisible nha-qué.

Et, tandis que les autres poursuivent la fouille d'An Thuy, Furbeyre et son inséparable Tho entament une conversation animée avec le chef.

— Je le connais, dit ce dernier. Il s'appelle Nghiêm. Il est originaire de Bentré même. Autrefois, c'était un instituteur à l'école des religieux.

— Etes-vous catholique ?

— Oui. Et je me bats pour l'indépendance du Viêt-nam. Je veux chasser les colonialistes et les mandarins.

— Mais votre pays est déjà indépendant !

Nghiêm ne semble pas convaincu.

— Ce Viêt-nam que vous voulez instaurer signifie le retour des gros propriétaires terriens qui écraseront le peuple sous des charges énormes. Ils exigeront le paiement des loyers en retard, ils se pavaneront comme avant... Nous nous battons pour rendre la terre à ceux qui la travaillent.

Furbeyre rit.

— Balivernes ! Vous faites le lit des communistes ! Comment vous, catholique, pouvez-vous aider ceux qui oppressent les nhaqués, exigent des impôts énormes, envoient à la mort des milliers de jeunes, levés de force. Qui assassinent de paisibles villageois. Qui détruisent et qui brûlent ?

Furbeyre est d'origine paysanne. Son bon sens lui dicte l'argument décisif.

— Citez-moi une réalisation matérielle créée par le Viêt-minh ? Alors que nous avons réouvert les écoles, les marchés, assuré la protection des villages. Je vous propose de nous accompagner, vous verrez ce que nous savons faire. Venez avec nous, aidez-nous à rebâtir un pays prospère.

Eberlué, Nghiêm émet un petit rire de crécelle.

— Si j'accepte, vous prenez un gros risque. Imaginez que je vous trahisse ?

— Comme tous vos compatriotes, je suis joueur et j'ai décidé de parier sur vous. — Il montre sa mitraillette. — En plus, j'ai un bon argument. Si vous voulez trahir, c'est vous qui allez prendre un risque. Et un sacré !

Nghiêm accepte. Trois semaines plus tard, le 23 août, lorsqu'il est sorti, guéri, de l'hôpital de Bentré, il coiffe le béret et endosse l'uniforme noir du commando.

Avec, en prime, un cadeau de bienvenue, un renseignement qui a permis à Furbeyre d'accrocher à son palmarès l'arrestation d'un chef de district rebelle.

5.

Le lieutenant Xerri est parti, rapatrié, à la fin du mois de septembre ; le lieutenant Moreau, devenu son adjoint, prend, en titre, le commandement du commando.

Il engage aussitôt ses hommes dans la poursuite du chi-doï qui avait attaqué le poste de Luong Quoï. La poursuite dure quatre jours.

Le 30 septembre au matin, il est en vue du village de Ba Hiên.

— Si les Viêts nous attendent, dit Moreau, c'est là.

C'est là en effet. L'accrochage se produit dès les lisières de la cocoteraie qui cerne le village. Un fusil-mitrailleur se dévoile, à bout portant, alors que le commando se préparait à organiser son attaque. L'élan est brisé net. Moreau, la poitrine traversée, tombe, l'un des premiers.

— Broueil ? Prenez le commandement, ordonne le lieutenant.

Broueil est un solide adjudant qui en a vu d'autres. Il réagit et parvient à se maintenir en défensive au moment où, débouchant de la rizière, les Viêts mènent l'attaque, au clairon, drapeaux rouges déployés.

Le combat dure jusqu'au soir. Malgré l'acharnement ennemi, serré de toutes parts, son poste radio détruit, ses munitions pratiquement épuisées, Broueil va tenir, jusqu'à l'arrivée des renforts, alertés par un L.C.M. de la marine qui croisait dans les parages.

Le commando a survécu. Il a poursuivi sa mission et, quand en avril 1949, arrivés en fin de séjour, les cadres de la 3e Légion de marche ont été rapatriés, à la suite de leur colonel, il a transmis le flambeau aux volontaires du groupe d'escadrons cochinchinois de la 2e Légion, venus les relever sur le territoire.

Tous ne sont pas partis, certains d'entre eux, comme le garde Paul Bouchet, ont voulu prolonger leur séjour et ne pas abandonner leurs hommes. Aller jusqu'au bout du chemin.

Un chemin qui, pour Bouchet et son camarade Lucien Doux, s'est arrêté le 19 janvier 1950 à Ap Phong Thuan.

[illegible] demment.

[illegible]

[illegible]

[illegible]

VII

1.

Luong Quoï, Bentré-Cochinchine, 20 avril 1949.

Un Dodge 6 × 6, un groupe de combat. Sous les roues, la route de Luong Quoï. Au volant, le lieutenant Labrégère. A ses côtés, le capitaine Mazet (« mon nom se prononce Mazett » précise le capitaine avec un robuste accent de Perpignan) qui vient de prendre le commandement du 3e Escadron cochinchinois.

De temps à autre, le lieutenant Labrégère commente le paysage :

— Là-bas, le village d'An Thuy. C'est là que le commando vietnamien a livré l'an passé l'un de ses plus durs combats.

Labrégère a été désigné comme chef du détachement post-curseur de la 3e Légion à son départ de Bentré. Avec la relève, elle a en effet été entièrement regroupée au Tonkin[1]. Le lieutenant Labrégère est un guide précieux. Deux années durant, il a sillonné l'île de Bao à la tête de son groupe d'intervention, une patrouille de Dodges 6 × 6 sur lesquels il avait fixé des mortiers de 81. C'est une figure du secteur, il a été de tous les coups durs ; c'est lui qui, voici six mois, a contribué à dégager le commando de Moreau, mis à mal devant le village de Huong Diêm[2].

1. Cf. chapitre XI.

2. Organigramme de la 2e L.M.G.R. :

Etat-major à Cay May.

E.H.R. à Saigon comprenant la musique de garnison et le détachement d'honneur du haut-commissaire (M. Bollaërt, puis M. Pignon) ; l'encadrement de la gendarmerie laotienne ; l'encadrement de la garde montagnarde :

1° Escadron formant l'ossature de la garde indochinoise du Sud-Annam (Nha Trang) ;

2° Escadron assurant la garde de la prison de Chi Hoa ;

Il est intarissable. Le capitaine Mazet apprécie. Pour mener à bien la mission de pacification qui vient de lui être confiée, il est avide de l'expérience de ses prédécesseurs.

De-ci de-là, le Dodge croise des patrouilles.

— Voici un an, reprend Labrégère, il aurait fallu une compagnie entière pour assurer notre passage...

Devant eux, une tour-mirador, bâtie en troncs d'aréquiers, s'élève au milieu d'un petit fortin carré.

— Luong Ha. Cette tour a été construite immédiatement après l'embuscade Piquet. Elle est occupée, en permanence, par un groupe de cinq partisans Hoa Hao.

Mazet opine. L'embuscade Piquet. Il se souvient en avoir lu le récit dans une revue de la Gendarmerie. Il demande :

— Où était placée la fameuse 12,7 ?

— Là-bas, dans le bosquet que vous voyez, en face, répond le Cambodgien qui se trouve dans la caisse du Dodge. C'est là que j'ai été blessé.

Mazet sourit au caporal Son Côn. Puis il se promet de faire raser dès que possible ce fichu bosquet.

Le Dodge poursuit son chemin. Il dépasse l'endroit où est tombé Piquet, puis enjambe le rach Ba Vong sur un pont de ciment que protège une tour enjambant la route.

— C'est l'œuvre de l'adjudant Mine et du garde Dourneau, précise Labrégère.

Luong Quoï n'est guère loin. Dix minutes plus tard, le Dodge y arrive, pénètre dans la cour du poste et stoppe au milieu d'une foule de soldats, de femmes et d'enfants. Un jeune Vietnamien, une casquette fièrement posée sur le sommet du crâne, fend la cohue, salue et se présente :

— Lieutenant Tho, des forces armées Hoa Hao.

Mazet lui sourit, lui broie les phalanges dans sa paume puissante et risque un mauvais calembour :

— Lieutenant, c'est Tho... do koï[3] !

Tout le monde éclate de rire, femmes, enfants, soldats.

— Capitaine c'est bien connaître Viêt-nam ?

Mazet hausse les épaules.

— Pas encore, mais je suis sûr que j'apprendrai vite...

Tho avance la main vers le pistolet que Mazet porte à la ceinture. Mazet le laisse faire, il s'oblige au calme, il veut surtout prou-

3° Escadron d'encadrement de l'armée royale khmère (A.R.K.) à Phnom Penh ;

4° Escadron : gardes et escortes. Groupe d'escadrons cochinchinois qui a relevé dans le secteur de Bentré les éléments de la 3e légion de marche.

3. Tho do koï, expression populaire qui signifie « mince, alors... ».

ver qu'il a confiance. Flatté, l'officier Hoa Hao le convie alors à venir déguster une soupe chinoise dans sa chambre, celle-là même, précise-t-il, où le garde Moliner a failli faire Camerone.

— Je vous invite à aller voir le village, propose Labrégère.

Tandis que les deux officiers remontent la rue principale, Labrégère évoque les progrès réalisés par la pacification. Il fait observer que, maintenant, les villageois sourient, que les boutiques ont réouvert leurs portes, que l'école fonctionne à nouveau.

— Je ne vois que des femmes, répond Mazet. Souriantes, certes, mais seulement des femmes. Les vieilles chiquent leur bétel, les jeunes transportent de l'eau...

— Les hommes sont aux champs. Voici un an, ils se terraient de peur d'être enrôlés de force par les Viêts. Maintenant, ils ont repris le chemin de la rizière. La superficie des cultures a quadruplé en un an[4].

Voici l'église. Un curé vietnamien, soutane noire, casque colonial blanc, vient à leur rencontre.

— Je suis arrivé il y a quatre mois, explique-t-il. Mon prédécesseur, un jeune homme un peu timoré, avait transformé la maison du Seigneur en forteresse. Il n'osait plus ni dire sa messe, ni même porter le réconfort des sacrements aux malades. J'ai changé tout cela, regardez, il n'y a plus un sac de sable devant le porche...

Il désigne trois hommes qui sont en train d'ériger un socle de ciment.

— Nous allons édifier une stèle à la mémoire du père Richaud qui a été assassiné ici même voici deux ans par le Viêt-minh. — Il sourit. — Naturellement, « on » nous a déconseillé de procéder à une telle cérémonie. Naturellement, nous ne tenons pas compte des menaces. Nous saurons nous défendre.

Mazet sourit à son tour.

— Je vous aiderai, promet-il. Dans quelques jours, j'installerai auprès de vous un détachement de mon escadron.

Le curé change de ton :

— Une chose nous tracasse cependant, reprend-il à mi-voix. La sécurité revient, mais les représentants des grands propriétaires aussi. Ils sont arrivés la semaine passée, porteurs de papiers officiels des autorités de Saigon pour percevoir les fermages en retard, au taux exorbitant de 70 gias[5] l'hectare. Si leurs prétentions sont

4. Le poste de Luong Quoï sera bientôt tenu par le maréchal des logis-chef Rouillet.

5. Mesure de riz équivalant à environ 40 litres. Un hectare donne environ 100 à 120 gias.

reconnues, les paysans refuseront de remettre les rizières en culture et les laisseront en friche.

— Et, dans ce cas, poursuit Labrégère, les Viêts reviendront placer leurs embuscades jusqu'au bord des routes...

Mazet hoche la tête. « C'était bien la peine de ramener la paix si tout doit redevenir comme par le passé ! » pense-t-il.

Il promet d'en parler, dès son retour à Bentré, au commandant Lacroix, le dynamique patron du groupe d'escadrons cochinchinois[6].

Le capitaine Mazet tient parole. Dès sa première liaison auprès de son chef, il présente les doléances du curé de Luong Quoï.

— Je sais tout cela, répond Lacroix. Mais nous ne pouvons que faire un rapport. Notre fonction est seulement de nous occuper de ramener la sécurité, de pourchasser les rebelles. Les autorités civiles sont toutes-puissantes.

— Mais de là à casser notre travail...

— Croyez bien que je n'ai pas attendu votre démarche pour m'en préoccuper. Rien à faire, à moins, comme l'a fait le colonel Leroy, notre voisin d'Anh Hoa, d'entrer en rébellion ouverte avec le gouvernement. Les grands propriétaires, qui s'étaient sagement abstenus de se manifester tant qu'il y avait danger à le faire, réapparaissent maintenant nombreux, affamés, comme des rats dans un fromage.

« Nous-mêmes ne sommes pas à l'abri de leurs exigences.

Il sort un dossier, l'ouvre tout en expliquant :

— Quand nous sommes arrivés à Bentré voici deux ans, nous avons été obligés d'occuper les entrepôts de la compagnie D... Ils étaient vides, inhabités, délabrés. Nous les avons réparés, entretenus, nous en avons assuré la conservation et la protection. Eh bien, il y a quatre mois, la compagnie D... nous a réclamé un arriéré de loyer exorbitant. Naturellement, la direction de la gendarmerie a refusé de s'exécuter. Il n'y avait aucune raison logique — ou strictement morale — pour cela.

Il sort une feuille de papier.

— Nous venons d'être condamnés ! Lisez.

Ebahi, Mazet lit les conclusions du jugement :

6. Le G.E.C. se compose de 5 escadrons augmentés du commando. Commandant le G.E.C : commandant Lacroix. 1er escadron (Mocay dans l'île de Minh), lieutenant Rabuteau, puis capitaine Suffize. 2e escadron (Caimon, N.-O. de l'île de Minh), lieutenant Boyer, de l'infanterie métropolitaine, détaché à la 2e L.M.G.R. 3e escadron (Mylong, île de Bao), capitaine Mazet, puis capitaine Doumenc. 4e escadron (Giong-Trom - Batri île Bao), lieutenant Rabuteau. E.H.R. (Bentré), lieutenants Marty et Schmitt.

« Par ces motifs
« Venir voir dire que c'est sans droit ni titre que se maintient l'escadron de la Garde dans l'immeuble appartenant au requérant.
« Voir valider en tant que besoin le congé donné le 1er avril 1949.
« Voir dire qu'il devra évacuer les lieux dans les huit jours de la signification de jugement à intervenir, à défaut de quoi l'escadron de la Garde pourra être expulsé par toutes les voies de droit, au besoin avec l'aide de la force publique... »

Ce dernier codicille met le capitaine Mazet en joie.

— La force publique ? Mais c'est nous !

Le commandant Lacroix a le sens de l'humour.

— Comme nous n'avons pas l'intention d'évacuer les lieux de notre plein gré, et comme commander c'est prévoir, répond-il, j'ai pensé à la demande de main-forte que ne manquera pas de nous adresser le brave officier ministériel à qui sera confiée la tâche de nous expulser. J'ai donc rédigé une note de service demandant des volontaires pour aider notre huissier.

— Il y en a eu ?

— Pas un seul, et pourtant ma note de service a été diffusée dans tous nos escadrons d'Indochine. J'ajoute que ni la police ni les C.R.S. ne sont disposés à agir contre nous !

— Alors ?

Lacroix rit.

— J'adresse donc une ultime demande, par la voie hiérarchique, au... « Grenier de Montmartre[7] » !

2.

My Long, Bentré-Cochinchine, 31 octobre 1949.

Le *Lorraine* est un pointu de huit mètres, autrefois bateau de pêche, ou de croisière fluviale, prétend Mahut, le timonier, aujourd'hui promu au rang de « patrouilleur armé ». Naguère joyau de la flottille adverse, récupéré au cours d'une embuscade de jour et rebaptisé *Lorraine,* le pointu de 3e Escadron sert aussi consciencieusement le capitaine Mazet et ses hommes qu'il a, hier, servi loyalement le Viêt-minh. La seule différence consiste en quelques plaques de blindage qui protègent le pont, et le bouclier d'acier derrière lequel s'abrite Piot, le servant du petit canon de 25.

7. Pour les lecteurs de 1985, le « Grenier de Montmartre » était une émission radiophonique de l'époque animée par des chansonniers comme Raymond Souplex, Maurice Horgues (déjà), Jean Rigaux, Jane Sourza.

Il est cinq heures du matin. Mazet est d'humeur joyeuse, un incident, cette nuit, l'a privé d'une partie de son sommeil mais la cause était valable ; un combat singulier a opposé, dans sa chambre où il s'était réfugié, un gros rat de trois kilos au moins, à Pinget, le popotier.

— Force est finalement restée à la loi, conclut Mazet qui relate l'incident à Vandais, son lieutenant adjoint. Mais le rat ne s'est pas rendu sans combattre, il y a du sang partout !

Il avale la dernière gorgée de son bol de café et reprend :

— Ce matin, nous allons pousser une reconnaissance profonde à bord du *Lorraine* en amont du Song Cai Son. Nous tâcherons d'établir un barrage de façon à gêner les Viêts dans leur trafic. J'ai déjà expédié en avant deux patrouilles avec le lieutenant D'André et le chef Thiéry ; ils prendront contact avec le poste des Hoa Hao de Luong Than, puis poursuivront sur la rive droite du Cai Son.

« De notre côté, nous tâcherons d'avancer au plus loin. Ensuite, nous poursuivrons à pied.

Quelques minutes plus tard, la patrouille Vandais embarque sur le *Lorraine,* à la suite du capitaine, escorté de Mahut, le timonier et de Dolis, le radio, qui, sans plus attendre, prend déjà contact avec *Royal,* l'artilleur de Giong Trom.

— Tout est paré, annonce Mahut en sirotant sa première bière du matin.

— En route !

Le moteur ronronne doucement et le pointu déhale du ponton, remontant le Song Bentré. L'aube point à peine lorsque Mazet arrive au confluent des deux rachs.

— A tribord, Mahut !

Le *Lorraine* oblique, s'engage dans la Cai Son. D'un seul coup, le ciel s'illumine à l'est, découvrant un paysage de carte postale. A droite et à gauche, la végétation fait une véritable muraille de verdure dans laquelle, entre les lianes en filets serrés, s'infiltrent des lances de soleil blond. Une symphonie de couleurs, allant du vert tendre au mauve foncé en passant par toutes les nuances de jaunes. C'est féerique.

Mazet se ressaisit. L'heure n'est pas à la poésie, même s'il lui arrive, parfois, de rédiger de courts sonnets. Chaque buisson peut recéler un piège mortel, chaque palmier d'eau, chaque palétuvier, chaque touffe de luc-binh, ces liserons d'eau aux grosses fleurs orange, peuvent cacher une arme.

Au milieu de la rivière, le pointu trace son sillage régulier, mais les hommes restent sur le qui-vive avec, entre les épaules, ce sentiment angoissant d'être l'objet de mille regards inamicaux.

Encore un kilomètre. Le dernier poste des partisans, nouvellement construit en briques roses, est dépassé. Le *Lorraine* pénètre en zone rebelle.

Le rach devient plus étroit. Les rives se rapprochent et le *Lorraine* est obligé de manœuvrer pour parfois se frayer un passage. Les palmiers d'eau effleurent le pont, s'accrochent à la mitrailleuse lourde de Mollis, à l'avant. A l'arrière, impassible, Mahut attaque sa deuxième canette de bière.

Il fait déjà très chaud. Des myriades d'insectes tourbillonnent dans le soleil. De temps à autre, un gros papillon moucheté frôle l'étrave. En se penchant, le capitaine devine l'eau, à perte de vue, sous les racines aériennes des palétuviers.

La rafale claque, tout près, venue de la rive droite. Mal ajustées, les balles passent largement au-dessus du bateau.

— Viêt-minh, pas bon tirer ! observe un partisan, avec un rire joyeux.

Mollis riposte, au jugé, et le rouge de ses traceuses ajoute une note de couleur aux couleurs de la forêt.

— On continue ! ordonne le capitaine.

Jamais encore il ne s'est aventuré aussi loin. Maintenant, la forêt vierge est là. Palmiers d'eau, cocotiers, aréquiers, bananiers sauvages, liserons d'eau qui se prennent parfois dans l'hélice. Nicot, le mécanicien, a définitivement abandonné son short ; il n'a pas le temps de se sécher et arpente le pont en slip de bain. De hautes herbes s'infiltrent entre les troncs des arbres. Sa carabine à la main, Mazet cherche à deviner ce qu'elles cachent. Il n'est pas le seul, chacun, ici, redoute et attend l'incident.

— Nous talons, annonce Mahut, placide. Impossible de continuer !

— O.K. Vandais ? Débarquez !

Le lieutenant fait un signe de la main et saute sur la rive. Ses hommes sur les talons, il se glisse sous les cocotiers. D'après les renseignements recueillis avant-hier, un camp d'instruction rebelle ne doit pas se trouver bien loin. L'important est d'y arriver avant qu'il n'ait été déménagé ; les Viêts sont rapides.

Un temps, Mazet et son groupe de protection demeurent sur place, l'oreille tendue. Parés à intervenir.

D'assez loin parviennent les bruits de planches cassées, puis l'éclatement de bambous qui flambent. Mazet se rassure, Vandais a découvert le camp ennemi.

— Battez arrière, commande-t-il à Mahut. Nous déhalons. Allons au point prévu.

Dans la manœuvre projetée, Vandais doit effectuer un large crochet avant de rejoindre le lieutenant D'André qui monte vers lui.

Il espère que, dans la nasse ainsi tendue, les Viêts viendront se prendre et qu'ils reflueront de son côté. Piot à son canon et Molis, à sa mitrailleuse, sont prêts à les accueillir.

Pendant une heure, le *Lorraine* descend le rach Cai Son. La brousse est remplie de ses cris familiers. Un vacarme infernal.

Il est bientôt neuf heures du matin. L'accostage est en vue. C'est alors qu'une grêle de balles environne le bateau. Les partisans sont nerveux ; cette impression d'être épiés sans savoir ni d'où, ni par qui...

— Ne ripostez qu'à coup sûr, recommande le capitaine.

Impavide, Mahut décapsule sa troisième canette.

Maintenant, le tir s'est déplacé vers la droite. Et ce sont bientôt les F.M. de Vandais qui entrent en scène. L'accrochage a l'air sérieux. Aussitôt, Dolis, le radio, établit le contact :

— Avons accroché un fort élément ennemi, répond Vandais. Heureusement, nous les avons surpris. — Il s'interrompt. — M..., il en vient d'autres, beaucoup plus nombreux !

— Décrochez et revenez sur nous ! Je fais traiter l'objectif par *Royal* !

Le temps d'établir le contact avec les gendarmes-artilleurs de *Royal,* le feu gagne, et atteint même la position que doit occuper le lieutenant D'André.

Mais, bientôt, les 25 « pounders »[8] crachent et les 88 arrosent le paysage. De lourdes colonnes de fumée et de poussière montent au-dessus de la forêt. Peu de temps après, Vandais et Royal sont là.

— C'est du « gros », mon capitaine. A peu près cent cinquante types. Et gonflés ! Ils ont foncé sur nous comme si nous étions des mannequins de paille.

Mazet a rapidement fait le calcul. La proportion est de un contre cinq. En sa défaveur.

— Nous ne sommes pas des acharnés, constate-t-il. Embarquez tous, nous filons vers le sud. Et vite, il ne faudrait pas qu'en plus ces « Victor Marcel[9] » nous tendent une embuscade au confluent du rach Tay Phu !

Nicot s'escrime sur son moteur.

— Cette saloperie ne veut rien savoir ! clame-t-il, furieux. Dans ce foutu pays, les moteurs ne fonctionnent que lorsqu'on n'en a pas besoin !

Il entreprend de démonter son filtre.

8. Canons britanniques de 88 mm.
9. Appellation « conventionnelle » des Viêt-minh.

— Faites vite ! conseille le capitaine. Chargés comme nous le sommes, nous faisons une cible idéale, quatre hommes au mètre carré !

— Je débarque, propose Vandais.

— Moi aussi, ajoute D'André.

— Mettez-vous en position sur la rive, je vous couvre.

Déjà, les Viêts sont là. La fusillade est générale, dominée par le « plomplom » de la 12,7 de Molis qui hache les feuillages, et les déflagrations du petit canon de 25 qui infiltre ses obus à travers les hautes branches.

Pour sa part, Mazet harcèle *Royal.*

— Bon sang ! hurle-t-il dans son émetteur, grouillez-vous de déplacer votre tir. Je vous répète mes coordonnées...

— Etes-vous sûr que je ne risque pas de toucher des éléments amis ? *Michel,* de Bentré, m'a dit qu'il allait grenouiller dans les parages.

La prudence de *Royal* s'explique, mais Mazet tempête :

— Je sais ce que je fais, bon Dieu ! Michel est à l'autre bout du canton !

Finalement, l'artilleur consent à obéir. Du coup, la pression ennemie s'atténue.

— Ça y est, mon capitaine ! Le moteur marche !

En effet, *Lorraine* vibre, de grosses bulles crèvent à la surface de la rivière.

— Vandais ! Rembarquez !

Sous la protection de la mitrailleuse, le groupe rallie le bord, suivi, quelques secondes plus tard, par D'André et de ses hommes couverts de vase et mangés de sangsues.

Dépités, les Viêts tentent bien de lancer un assaut, mais Molis et *Royal* les contraignent à un peu plus de réalisme. Il est midi.

Le *Lorraine* est reparti, d'abord en marche arrière, puis, dès qu'il a pu effectuer un demi-tour, dans le bon sens. Une heure s'écoule, chacun reprenant son souffle. Vandais observe :

— Nous avons eu de la chance !

— Ecoutez, dit D'André. Il n'y a pas un bruit. Ça sent mauvais, mon capitaine.

Flegmatique, Mahut, qui vient de jeter sa troisième canette pardessus bord, annonce :

— Nous embarquons de l'eau ! Nous sommes trop chargés.

— Accostez, propose D'André, je vais continuer à pied, j'assurerai la protection sur la rive.

D'André et ses hommes mettent pied à terre. A terre étant, naturellement, une façon de parler. Ils ont de l'eau jusqu'aux cuisses, constamment obligés de franchir les obstacles que la brousse accumule devant eux. De temps à autre, le lieutenant stoppe et scrute le paysage. Il n'a toujours pas confiance ; le silence qui l'environne est trop inhabituel, trop compact.

Devant lui, à cinquante mètres, un coup de feu.

— Ça, observe Vandais, c'est un guetteur trop nerveux. Son chef va lui « remonter les bretelles ». Il a fait échouer l'embuscade !

C'est en effet une embuscade. Une trentaine d'hommes en noir se dévoilent et en tiraillant, tentent de s'échapper du mauvais pas où la maladresse de l'un des leurs les a placés. Piot les raccompagne, au canon.

D'André reprend sa progression, le bateau doit souvent l'attendre, il n'effectue qu'un petit kilomètre à l'heure.

— Dire que ma femme croit que je m'amuse, lance-t-il, au passage.

Malgré lui, Mazet éclate de rire. Le contraste est trop grand entre cette phrase guillerette et celui qui l'a prononcée, couvert de vase de la tête aux pieds, les jambes gainées de boue, le treillis déchiré, les bras et le visage griffés de ronces. D'André fait pitié à voir, et c'est de là que naît le comique.

Clopin clopant, le *Lorraine* et son groupe d'escorte finissent par atteindre le poste des partisans. De leur mirador, les Hoa Hao allument des éléments suspects qui suivaient de loin la petite colonne du lieutenant D'André.

En deux rotations, le *Lorraine* a ramené tout son monde à My Long. Le soir, devant un « Suze-cassis », l'apéritif « maison », le lieutenant propose :

— Doit-on envoyer un B.R.Q. sensationnel au secteur ?

Sensationnel ést son mot préféré. Sans répondre, Mazet lui tend le message qu'il a rédigé :

« Activités normales de patrouille. »

3.

Le capitaine Mazet est un sage. Il ne recherche pas le combat à tout prix. « Je les écœure », dit-il souvent. Des patrouilles comme celle du 31 octobre 1949, il en faudra beaucoup pour qu'enfin la pression ennemie se relâche sur l'île de Bao.

Réfugiés dans l'île voisine de Minh, les Viêts auront maintes occasions de lancer encore des attaques meurtrières contre les postes de la garde du Viêt-nam-Sud.

Ainsi, le 18 juin 1949, le village de Mocay, P.C. du 1er Escadron, est attaqué par deux chi-doï au complet. Mocay comporte deux positions, la première, à l'est, où sont installés les bureaux, le peloton d'intervention et le peloton de protection, le poste ouest où est implanté le 2e peloton[10]. Tandis qu'un fort élément harcèle au F.M. et au V.B. le poste principal pour faire diversion et le neutraliser, le gros des effectifs ennemis s'en prend à la redoute ouest, d'ailleurs trahie de l'intérieur. Lorsqu'enfin le peloton d'intervention du maréchal des logis-chef Bougeon et de Collet parvient à se dégager et à se porter à son secours, il est trop tard, les quatre gardes ont été assassinés dans la cour.

Un an plus tard, trois jours durant, du 3 au 5 juillet, c'est au tour du poste de Cai Mon de subir les assauts ennemis. Cai Mon est le fief du 2e escadron du lieutenant Boyer. Un fantassin « égaré » chez les gendarmes, mais qui a su s'adapter à l'ambiance particulière qui règne au groupe d'escadrons. Comme à Mocay, son dispositif comporte deux ouvrages, de puissance et d'effectifs variables.

Comme à Mocay, les Viêts tentent par trois fois de bloquer le poste principal, concentrant leurs efforts sur le poste secondaire, tenu par le maréchal des logis-chef Dereppe et cinq gardes français (Rémy Molenat, Clément Mouginot, René Poiré, René Aullen et Gilbert Bourgeois) encadrant cinquante partisans et gardes vietnamiens.

Mais Dereppe ne se laisse pas faire. Dès les premiers coups de fusils, il a personnellement veillé à l'étanchéité des portes et arrêté ceux de ses partisans qui s'apprêtaient à déserter.

Puis il s'est battu. Trois jours entiers et deux nuits. Mais il a tenu. Aux trois quarts démoli, son poste a résisté même quand, ayant réussi à détruire l'enceinte ouest, les Viêts s'apprêtaient à pénétrer dans la cour.

Dereppe y gagnera la médaille militaire, cinq citations récompenseront la belle défense de Cai Mon.

Quelques mois plus tard, l'escadron cochinchinois est dissous, le 1er octobre 1950, et fait l'objet, cas rarissime, d'une citation à l'ordre de l'Armée.

Ses personnels autochtones sont transférés à l'armée vietnamienne, le secteur lui-même est confié aux milices chrétiennes du colonel Leroy, qui parachèvera la pacification, commencée par les gendarmes.

Pacification dont, par la suite, il revendiquera, seul, la paternité, sans jamais mentionner ses prédécesseurs qui pourtant ont

10. Quatre gardes (Collignon, Venne, Jeandeau et Torillec) et 22 supplétifs.

payé un lourd tribut de sang pour mener leur mission à bien. Jamais Leroy, qui soigne sa publicité, ne dira un mot du sous-lieutenant Piqué, des 34 gradés et gardes morts à Bentré.

Mais, comme l'écrira le commandant Lacroix qui, jusqu'au dernier jour, a assumé le commandement du G.E.C., si l'ingratitude est l'apanage des grands chefs, alors le colonel Leroy est un grand chef.

VIII

1.

Garde des Plantations, 1948-1954.

Lorsqu'à Cay May où se trouve leur P.C., les « Margouillats » de la 2ᵉ Légion de marche évoquent le poste de Rach Nhum, ils disent tous, avec un air entendu :

— Ah, oui ! « Oublie-moi » !

Rach Nhum a mauvaise réputation, mais ceux qui y ont tenu garnison lui ont trouvé ce sobriquet, façon de conjurer leur propre peur. L'irrévérence est, parfois, une forme de pudeur. Et Dieu sait si, à la 2ᵉ Légion, on cultive l'irrévérence. Ainsi, le terme de « Margouillat », qui la désigne, est né, un jour, de l'observation faite par l'un des leurs ayant regardé de plus près l'insigne de leur unité.

A sa formation, au début de l'année 1947, la 2ᵉ L.M.G.R. s'est vu attribuer un écusson représentant un dragon d'Annam. Mais quelques esprits forts ont trouvé un petit air rigolard à l'animal qui se voulait terrifiant. Ils ont aussi assimilé son allure à celle de ces petits lézards translucides qui hantent les maisons, à la recherche des mouches, des moustiques et autres insectes volants.

Lorsque les chefs de la 2ᵉ Légion ont décidé la création d'une revue de liaison, rendue nécessaire par la dispersion des escadrons pour maintenir l'esprit de corps, un titre s'est imposé à eux : « le Margouillat ». Depuis cette date, le terme a fini par s'appliquer à l'ensemble des gardes de cette unité.

Rach Nhum — « Oublie-moi » — est en compte au 2ᵉ Escadron. Celui-ci a en charge la protection de l'ensemble des plantations de Cochinchine (et, dans une moindre mesure, du Cambodge).

Lors de son débarquement en Indochine, le 2ᵉ Escadron du capitaine Declerck a d'abord été engagé en unité constituée dans le secteur de Binh Dong, au sud de Cholon, où il s'est mesuré avec les bandes d'irréguliers Binh Xuyen du fameux « général » Le Van Vien, dit Bay Viên, avant que celui-ci ne se rallie à Bao Daï à la fin de 1948.

Libéré de cette servitude, le 2e Escadron a été chargé d'organiser un détachement destiné à assurer la sécurité des plantations d'hévéas considérée, à juste titre, comme essentielle, autant pour la prospérité du Viêt-nam que pour le redémarrage de l'économie française[1].

Par leur étendue, leur implantation et leur dispersion, il est certain que les plantations constituent des cibles de choix pour l'ennemi, si ce ne sont des objectifs prioritaires.

Dès le début, sollicités par l'autorité militaire, les directions de plantations (Michelin à Dau Tieng, les Terres Rouges de Hon Quan, la S.I.P.H. à Loc Ninh et les autres, de moindre importance) ont admis le principe de participer matériellement et financièrement à la constitution d'unités de partisans chargés de la protection des chantiers. Mais légalement personne ne peut leur reconnaître le droit de lever des troupes et de les conduire au combat. Alors, les gardes, comme le dit élégamment l'un des officiers, « assurent la concordance entre le pouvoir légal et le pays réel ».

Aux ordres du capitaine Couret et du sous-lieutenant Beaudonnet, cette force voit le jour le 28 octobre 1948.

L'articulation de ces unités est variable. Elle va d'une trentaine d'hommes encadrés par 3 gardes pour les petites exploitations de 2 000 hectares, à 300 hommes encadrés par un officier et une dizaine de gradés et de gardes pour les plus importantes, Dau Tieng ou Hon Quan[2].

Les plantations ont elles-mêmes fait l'effort d'acheter des lots d'armes. Bientôt, les magasiniers des secteurs ont été obligés d'ouvrir une colonne supplémentaire où ils alignent tous ces rebuts des arsenaux, reliques de la Deuxième, voire de la Première Guerre mondiale, Mauser, 96/93 Lebel, mitraillettes-prototypes Hotchkiss ou Machinenpistole modèle 1940, récupérés sur la Wehrmacht.

Cette variété d'armement n'égale que celle des uniformes, d'une grande nuance de bleus divers. Pourtant, en dépit de cet aspect initial folklorique et grâce à son encadrement dont les membres ont déjà une année de séjour en Extrême-Orient, la garde des plan-

1. Le « détachement de la garde des plantations » comportera, en 1953, 115 gradés et gardes encadrant 4 000 partisans.

2. Cf. *l'Escadron*, d'Alain Gandy, coll. « Frères d'Armes » (Presses de la Cité).

tations s'avérera rapidement efficace. Elle sera même la plus durable des forces supplétives ; elle ne disparaîtra qu'avec le départ du corps expéditionnaire et le rapatriement des gardes républicains (devenus, en 1954, gendarmes mobiles).

Les planteurs jouent le jeu. Ils ne font pas seulement l'effort financier. Ils aident à construire des postes nouveaux. Ils ouvrent au bulldozer des pistes de liaison comme la « piste Lalanne » de Minh Than à Xa Cat ; pour ravitailler les postes fluviaux, ils achètent des jonques à moteur aménagées en jonques blindées ou bien réarment des L.C.M. ramenés des îles du Pacifique.

C'est ainsi que, tous les vingt jours, le L.C.M. de Hiêp Hoa remonte le Vaico pour ravitailler le poste de Rach Nhum. Ce jour-là, Rach Nhum sort de l'oubli.

Implanté à la fin de 1950, à proximité sud de la grande plantation de Hiêp Hoa, Rach Nhum est bordé, au nord, par des champs de canne à sucre, à l'est et au sud, par des marécages et des broussailles, à l'ouest, par le Vaïco et, au-delà, par la plaine des Joncs.

Comme beaucoup d'autres, sa forme est rectangulaire avec deux tours d'angle, en diagonale. Au pied de ses murs en brique un fossé toujours plein d'eau et une butte de terre truffée de bambous acérés. Deux doubles réseaux de barbelés l'entourent, à 50 puis à 80 mètres, lui assurant de bons champs de tir.

Le général Chanson, qui l'a inauguré, s'en est montré fort satisfait. « Ce poste est imprenable », a-t-il affirmé, en ajoutant : « On doit sûrement s'y sentir en totale sécurité. »

Le garde Jean Tournier, à qui vient d'échoir le redoutable honneur « d'être en totale sécurité » dans ce poste, a pensé : « J'échangerais bien ma place contre la vôtre. » Il n'a pas osé, il a eu raison ; le général Chanson a trouvé la mort à Sadec quelques mois plus tard, au cours d'un attentat.

Tournier est tout le contraire d'un baroudeur de légende. C'est un Franc-Comtois plutôt épais, aux gestes lents, à l'esprit méticuleux. Un visage de bon gros, avec un regard étonné que des lunettes rondes rendent encore plus paisible. Deux grosses moustaches, effilées en pointe, n'arrivent pas à donner à Tournier un air farouche, et, quoi qu'il fasse, si ses partisans lui obéissent, c'est surtout parce qu'ils ne veulent pas lui faire de peine.

Ville, son adjoint, cultive une musculature harmonieuse. Son rêve est, à son retour, de faire partie de l'équipe de gymnastique de la Garde. Pour parfaire son entraînement quotidien, il a installé, au milieu de la cour, des barres parallèles qui, au soir, une fois le travail achevé, sont l'attraction des soldats du poste.

La vie est monotone à « Oublie-moi ». C'est en effet l'un des rares postes de Cochinchine où les familles ne partagent pas la vie de la garnison.

Dès l'aube naissante, le poste se réveille lentement. Quelques feux s'allument, pour chauffer le café et faire cuire le riz. Après la cérémonie aux couleurs, Tournier procède à la distribution des tâches. Pour les uns, le départ en patrouilles, en embuscades, pour d'autres, la protection des coolies qui travaillent dans la plantation de cannes à sucre. Pour les derniers, entre les tours de garde, ce sont les travaux de nettoyage, d'aménagement des cantonnements, l'instruction militaire, les cours de français.

Réglée comme un mouvement d'horlogerie, la journée s'écoule, laborieuse. Après la cérémonie des couleurs peu avant la nuit, les partisans ont « quartier libre ». Ils vaquent à leurs occupations personnelles, ablutions dans le Vaïco voisin, pêche ou, pour les plus sportifs sous la direction du garde Ville, parties acharnées de volley-ball.

C'est la nuit, soudaine, sans presque de crépuscule. Le groupe électrogène ronronne doucement, tandis que les sentinelles s'interpellent, d'une tour à l'autre, en frappant sur une douille d'obus en guise de gong.

Des patrouilles sortent, qui ne rentreront qu'au jour. Dans la casemate centrale, la lumière brille longtemps. Devant son poste de radio, chacun à leur tour, Tournier ou Ville veillent.

Dans le lointain résonnent les échos sourds d'un tam-tam. Un convoi viêtminh passe, hors de portée.

Tout proches, des éclats de voix, des éclairs brefs de lampe torche. Le mortier tonne, un coup, deux coups, puis tout rentre dans l'ordre. Deux ou trois fois par semaine, « Arthur », le viêtminh de service, vient lâcher une ou deux rafales de son F.M.

L'alerte est donnée. Chacun gagne ses emplacements, l'arme prête, scrutant la nuit. Est-ce un prélude à l'attaque ? Quinze ou vingt minutes passent.

— Arthur est encore en train de rigoler, souffle Ville, furieux d'avoir été réveillé.

— Fin d'alerte, lance Tournier, de sa voix placide.

Mais toutes les nuits ne se ressemblent pas. Le 12 décembre 1952, les deux tours ont été bazookées en même temps, et les Viêts ont donné l'assaut, au clairon. Les défenseurs ont bien réagi et, trois heures durant, ont contenu l'attaque, empêchant l'ennemi de franchir le second réseau de barbelés.

Appelée à la rescousse, l'aviation de nuit a fait merveille et définitivement découragé l'adversaire. A l'aube, alors que les renforts arrivaient, la garnison reprenait son souffle, évaluait les dégâts, commençait à réparer les ravages.

— Ce n'était pas grand-chose, a dit Tournier. Juste une démonstration de force. Mais le bluff n'a pas réussi...

Et pourtant, cette attaque ressemblait bien à une répétition générale.

— Il me reste à préparer la prochaine, a-t-il ajouté.

Et les renforts sont repartis, laissant la petite garnison de Rach Nhum à sa solitude. Une solitude que rompt, toutes les trois semaines, la liaison fluviale effectuée par le L.C.M. de Hiêp Hoa.

Ce matin-là, les hommes ont fait toilette, les cases sont rangées, les treillis repassés. Le riz cuit, plus abondant encore, dans les marmites : les partisans attendent la visite de leur famille.

Dix heures du matin. Le L.C.M. accoste au ponton. Aussitôt, c'est la fête. Un gigantesque pique-nique s'organise, devant les barbelés. Les femmes ont revêtu leur sampot brodé, les gamins ont coiffé de petits chapeaux légers, les filles, une robe bleue « à la française ».

Pour les gardes, l'instant de la relève a sonné. Ils sont en effet trois à être affectés à Rach Nhum. Deux y vivent en permanence, le troisième se repose à Hiêp Hoa. A son tour, toutes les six semaines, chacun part en « congé ».

Heureux celui qui s'en va. Pendant vingt jours il va pouvoir se détendre, oublier le danger obsédant, parler à des copains, manger autre chose que le riz quotidien, boire frais, enfiler une tenue propre. Et dormir. Surtout dormir.

Le remplaçant fait grise mine. Il a devant lui la perspective de quarante jours de solitude sans répit, sans courrier...

Ces états d'âme ne concernent pas le garde Jean Tournier. A Rach Nhum, il est chez lui. Aussi à l'aise qu'il le serait dans une quelconque brigade de France. Sa plaisanterie favorite consiste à dresser, à son camarade Ville, un tableau sinistre de ce que sera sa vie, une fois revenu en Métropole.

— Tu seras sous les ordres d'un adjudant grincheux qui t'enverra balayer la cour ! Et quand tu lui diras : « mais en Indochine, je commandais à cinquante partisans qui non seulement balayaient la cour, mais repassaient mon linge, astiquaient mes chaussures... », sais-tu ce qu'il te répondra : « en Indochine, c'est connu, vous aviez la belle vie. Il est temps de reprendre les bonnes habitudes. » C'est alors que tu regretteras Rach Nhum. Tu verras...

Ville hausse les épaules.

— Un des marins de l'escorte du L.C.M. m'a avoué que s'il devait vivre ici, il deviendrait ivrogne, drogué, ou fou !

Tournier balaie l'air de la main :

— Nous ne sommes ni fous, ni drogués, ni ivrognes que je sache ? Allons, les partisans ont préparé une fricassée de crevettes, il est temps d'y faire honneur !

Les Viêts semblent avoir oublié « oublie-moi »...

2.

Rach Nhum, juin 1954.

Ville est de mauvaise humeur. Voici quatre jours, c'était son tour de partir en permission à Hiep Hoa. Il avait même prévu d'effectuer une escapade par le fleuve jusqu'à Saigon. Il en rêvait ! Il en savourait les délices à l'avance. Et puis, le 9 juin, le L.C.M. de liaison est tombé dans une embuscade à dix kilomètres d'ici. Bazooké, rafalé, grenadé, il a éprouvé de lourdes pertes. Soucieux de ramener au plus vite ses blessés à l'hôpital, le L.C.M. a dû faire demi-tour sous les feux de l'ennemi. Il a récolté un nouveau trou dans la coque.

Il n'y a pas eu de relève pour Rach Nhum ce jeudi-là.

— Ne te plains pas, le réconforte Tournier : imagine qu'il ait pu venir jusqu'ici, il serait tombé dans l'embuscade au retour. Et tu aurais peut-être été parmi les morts...

Piètre réconfort. Ville voit ses projets ravagés.

Il a pourtant continué ses activités de patrouilles et, peut-être avec un peu plus de hargne, ses exercices aux barres parallèles.

Il sept heures du soir. Tout est en ordre. La relève des sentinelles de nuit s'est passée comme à l'accoutumée. D'un mirador à l'autre, les gongs se répondent.

Ville lève les yeux de la revue de culturisme qu'il lisait avec attention, regarde sa montre et propose :

— Je prends le premier quart si tu le veux bien ?

Tournier accepte. S'il doit être attaqué, le poste le sera dans la seconde moitié de la nuit.

— Réveille-moi à une heure.

— Promis.

A une heure du matin, ponctuel, Ville va réveiller son chef. Son compte rendu est bref. R.A.S.

— J'ai procédé à la relève des sentinelles, ajoute-t-il. Bonne nuit.

Tournier prend place dans le bureau. Il rallume la lampe à pétrole, fait réchauffer le bidon de café. Une dernière vérification de la radio.

Le café est chaud. Dans son quart, Tournier le déguste à petites gorgées. Puis il se lève, s'approche du râtelier d'arme auquel il a accroché sa mitraillette. Il ne peut achever son geste. Il a l'impression que le ciel lui tombe sur la tête, le blockhaus s'est effondré, démantelé par l'explosion de deux torpilles de bazooka.

Sa première pensée est pour son camarade Ville qui dort, dans la chambre du fond. Il secoue les gravats, écarte les poutres du plafond qui obstruent le passage et appelle :

— Ville ! Ville, Bon Dieu, réponds !

Il entend des grognements, des éternuements. Les briques se soulèvent et Ville émerge enfin, le visage en sang, le bras pendant, inerte, contre le torse. Il est blanc de poussière et de terre séchée. Il balbutie :

— Que se passe-t-il ? Un tremblement de terre ?

— Une attaque, répond Tournier.

Maintenant, il ne pense plus qu'à la défense du poste. Dehors les rafales claquent, rapides, au milieu des éclatements des grenades.

— Les Viêts sont dans la cour !

Tournier fait demi-tour. Au passage, il veut récupérer son arme, mais tout comme celle de Ville elle est enfouie dans le tas de briques vomi par le mur crevé.

— Je prends le F.M., crie Tournier. Va vite, si tu peux, occuper le blockhaus numéro 2 !

Malgré la douleur qui lui taraude l'épaule, Ville est sorti du blockhaus numéro 1. Il galope, traverse la cour où les partisans se battent le dos au mur, livrant un combat désespéré. Puis, à la volée, il grimpe l'échelle, débouche sur la terrasse. Dans un coin, un grand trou donne sur le vide. Une nouvelle fusée de bazooka y a percé une large brèche. Ville s'en sert comme d'un créneau et, de sa place, il tire à vue sur les hommes en noir qui se pressent dans le réseau, fonçant sur l'ouverture. Il arrive à les maintenir hors de portée. Alors, depuis l'autre rive du Vaïco, quatre-vingts mètres au-delà, les Viêts font pleuvoir sur le poste des obus de mortier de 60 qui éclatent avec un bruit clair.

En face, dans le blockhaus numéro 1, Tournier aussi se bat comme un lion. Ses munitions épuisées, il se sert de son F.M. comme d'une massue, fauchant à pleines grappes les rebelles qui escaladaient l'échelle de bois.

Son F.M. s'est cassé net au ras de la crosse. Alors il dégaine son arme personnelle, un P 38 acheté récemment à Saigon. C'est un tireur d'élite, son ambition était de décrocher une place d'honneur aux championnats de la gendarmerie et, qui sait, des compétitions interarmes. Une arme soigneusement entretenue, qu'il a bien en main. Et puis, à moins de cinq mètres, c'est du tir de foire.

Par huit fois son arme claque. Par huit fois, un Viêt s'écroule, tué d'une balle au front. Mais ils sont trop nombreux et pour l'un des leurs qui tombe, ce sont deux, cinq, dix autres qui montent au corps à corps.

Tournier a tiré sa dernière cartouche. D'un geste large, il balance son arme le plus loin possible, par-dessus son épaule visant la rivière. Il souhaite que plus personne ne s'en serve. Que lui...

D'un bond fantastique, il saute par-dessus la grappe des bo-doïs agglutinés tout au long de l'échelle et retombe, quatre mètres en dessous. En dépit de sa corpulence, Tournier est un jeune athlète au mieux de sa condition. Il boule et se remet aussitôt debout. Au passage il ramasse une hache qu'un partisan mort a laissé tomber. Il la saisit, la fait tournoyer au-dessus de sa tête. Entre ses mains, cette hache devient une arme redoutable, Tournier descend d'une vieille lignée de bûcherons de Franche-Comté.

Il frappe, d'estoc, de revers, fendant des crânes, démantibulant des épaules, crevant ventres et poitrines. Le sang jaillit sur lui, mais il n'en a cure. La fureur s'est emparée de lui. « C'est trop idiot de se faire avoir, alors que le cessez-le-feu va intervenir bientôt », dit-il souvent.

Il veut vivre. Il veut voir la paix revenir sur son village, un village auquel il a voué son existence, depuis près de trente mois, et où il avait décidé de rester, après la guerre : il vient de demander une nouvelle prolongation de séjour de six mois.

« C'est trop idiot ! »

Alors, Tournier taille et tranche. Les Viêts sont sur lui, ils se gênent, ils ne peuvent pas tirer. Pour éviter d'être assailli de dos, Tournier s'est adossé à la paroi de briques de son blockhaus.

Combien de temps son combat solitaire et désespéré a-t-il duré ? Personne ne peut le dire, pas même Ville qui y a assisté, spectateur impuissant, du haut de sa terrasse. A son tour, son F.M. s'est tu, broyé par une grenade à fusil qui lui a, en même temps, déchiqueté la main droite.

Il crie :

— Tournier, tiens bon, j'arrive.

Il y a eu une rafale. Puis un appel :

— Inutile ! Sauve-toi !

La dernière chose qu'a vue Ville, c'est son camarade titubant, touché à mort, qui s'effondrait, disparaissant sous l'amas de ses ennemis, lancés à la curée.

Il n'y a plus rien à tenter. Déjà l'ennemi escalade l'échelle qui monte au blockhaus numéro 2. Pour Ville, il n'y a qu'une seule issue, la rivière. Il se jette dans le vide du haut de la tour, atterrit dans la terre meuble du fossé, se laisse dériver dans le courant, atteint enfin le Vaïco. De sa main valide, il agrippe une touffe de luc-binh[3], s'en couvre la tête. A quelques pas de lui, des barques ennemies vont et viennent, amenant des renforts, évacuant morts et blessés. Les rames effleurent son crâne.

Soudain, des Viêts surgissent du poste. Ils crient.

— *Linh Phap*[4]...

C'est tout ce que Ville a compris, mais ce terme signifie que ses adversaires l'ont vu sauter hors du blockhaus, qu'ils le cherchent aux abords. Les pas se rapprochent, une lampe électrique troue l'obscurité, son faisceau s'attarde sur les herbes. Un bambou les écarte.

Ville s'est laissé couler dans la vase. Il sent monter le long de ses jambes les sangsues à buffles, affamées, profitant de l'aubaine. Il ne bouge pas.

Le courant l'emporte vers l'aval entraînant, aussi, le massif de liserons. C'est le filet de camouflage idéal. Du bout des pieds, Ville rame, essayant de gagner l'autre rive.

Et toujours, au-dessus de lui, l'incessant va-et-vient des sampans ennemis.

Il touche terre, de l'autre côté du Vaïco. Les Viêts ne le chercheront pas là, parmi les roseaux. Il doit attendre, attendre encore. Les renforts finiront par arriver. Il faut tenir...

Les heures passent. Ville s'est évanoui deux fois. Deux fois le froid l'a réveillé. Il se bat maintenant contre lui-même, il ne doit plus se laisser aller ; s'il dérive, il se noiera.

A l'est, le ciel rosit. Ville tient toujours. Et puis, venant de Hiep Hoa, se font entendre des moteurs. Dans la clarté incertaine de l'aube, Ville distingue enfin la masse sombre du L.M.C. que précèdent des vedettes fluviales de l'armée vietnamienne. Les renforts ! Enfin. Ville essaie d'attirer l'attention d'un vigile, accoudé à la rambarde de la première vedette amarrée au ponton de bois du poste détruit. Un coup de fusil répond à son geste. Dans la pénombre, tout ce qui bouge sur la rive d'en face est suspect, donc ennemi. Alors il veut crier, appeler à l'aide, se faire reconnaître. Une mitrailleuse se met de la partie.

En désespoir de cause, Ville entreprend de retraverser la rivière, d'accoster du bon côté. Il réussit son exploit. Mais il n'a pas la force d'appeler. Il s'échoue à bout de résistance. Ce n'est qu'au matin que ses camarades le découvrent.

— Mon pauvre vieux...

Ville esquisse un sourire. Il murmure :

— Il était temps.

3. Liseron d'eau flottant.

4. Soldat français.

TROISIÈME PARTIE

LES NAUFRAGÉS DE LA RIZIÈRE

3e Légion de marche
1949-1954

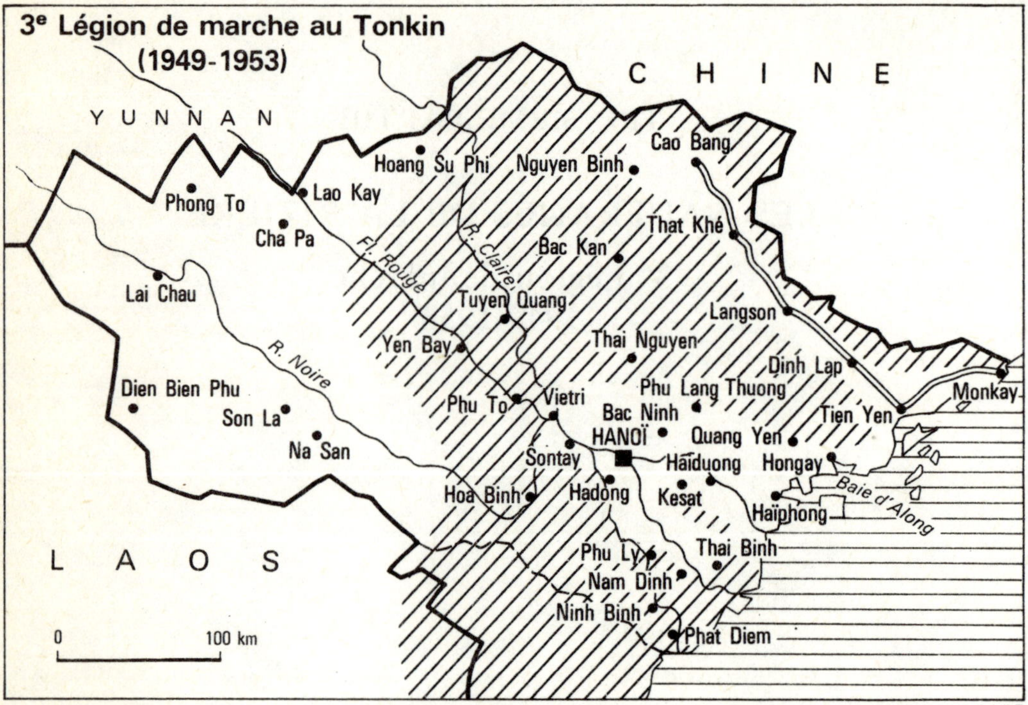

C.A.R.T

Implantation 1949

1er escadron à Hanoï

4e escadron à Haïphong

Escadron Muong à Hoa Binh

Implantation 1953

E.M. et E.H.R. à Hanoï

1er escadron à Hanoï

2e escadron à Vientiane (Laos)

3e escadron à Haïphong

4e escadron à Uong Bi-Quang Yen

5e escadron à Trinh Xa puis Hadong

6e escadron à Hongay

7e escadron à Haiduong

8e escadron à Hanoï

IX

1.

Su Yut, Tonkin, 1949-1950.

Après Su Yut, il n'y a plus rien. Rien que la Rivière Noire, ce torrent sauvage venu du lointain pays des Thaïs rouges de Phong To à la frontière du Yunnan. Rien que la jungle, barrière infranchissable qui s'accroche aux calcaires abrupts de la Haute Région, royaume de Ong Cop, le Seigneur Tigre.

Même les Viêts ne s'y aventurent pas. Ils ont peur des makouis de la forêt qui donnent les fièvres, ils redoutent surtout leurs ennemis héréditaires, ces Thaïs qui opéraient jadis des razzias sur les villages du Delta, en brandissant leurs pavillons noirs, à la suite du chef pirate Déo Van Tri.

Su Yut, c'est le bout du monde.

Pour le gendarme Schmitt, qui l'a édifié au début de 1948, voici presque deux ans, autour de l'ancien bâtiment de la douane, le poste de Su Yut serait une garnison agréable, où cohabitent sans trop de mal les Mans de la montagne et les pêcheurs annamites, s'il n'était pas situé exactement au point de passage obligé entre l'Annam et Moyenne Région tonkinoise.

Pour Hô Chi Minh, réfugié dans les calcaires de Bac Kan, pour Giap qui s'inquiète de la logistique de ses troupes, Su Yut est le trait d'union entre le nord du Tonkin et le Nord-Annam. Aucune autre route n'est sûre ou praticable.

En cette moitié de l'année 1949, traverser le Delta est pour eux une aventure insensée. Ils sont obligés de le contourner par le sud-est. Et de passer par Su Yut.

Cela le gendarme prévôtal Charles Schmitt a commencé à s'en apercevoir lorsqu'il a subi sa première attaque, le 17 février 1949.

Deux compagnies ont donné l'assaut contre ses fortins de troncs d'aréquiers. Elles se sont cassé les dents face aux 20 fusils dont il disposait.

Depuis, il le sait, chaque nuit, des colonnes de ravitaillement ennemies transitent guère loin, par des pistes secrètes qui franchissent la vallée, vers An Mieng ou Lang Nhap. Souvent, avec quelques partisans mans, Schmitt va y poser des pièges ou des grenades. Sa satisfaction est grande quand, au milieu de la nuit, une sourde explosion résonne dans le lointain.

Mais, au milieu de l'année, il sent que la situation évolue d'une façon inquiétante. Les Viêts commencent à se montrer plus agressifs, mieux instruits aussi.

Aussi accueille-t-il avec soulagement l'arrivée de renforts, trois gardes et un maréchal des logis-chef de la 3e Légion de Gendarmerie mobile, encadrant une soixantaine de gendarmes auxiliaires muongs, de robustes montagnards de la Moyenne Région, solides marcheurs, intrépides et rustiques

Depuis le début du mois de mai 1949, la 3e Légion a définitivement abandonné le Viêt-nam-Sud et son secteur de Bentré pour se regrouper, peu à peu, intégralement au Tonkin (à l'exception du 3e Escadron, chargé de l'encadrement de la garde annamite à Hué et à Tourane).

L'état-major s'est installé à Hanoi, le 1er Escadron s'est implanté dans les postes autour de Haiphong, le 2e, de Hong Hay à Mon Cay, ville frontalière avec la Chine, pour former la Garde frontalière de l'Est tonkinois (G.F.E.T.). Un escadron autonome, composé de montagnards muongs, formé par le capitaine Gauthier, et depuis peu commandé par le capitaine Sanson, a été mis à la disposition du secteur de Hoa Binh, sur la rive gauche de la Rivière Noire.

Hoa Binh, qui fut autrefois une charmante cité de vacances où les citadins venaient, pendant les mois d'été, goûter un peu de la fraîcheur des montagnes, a été aux trois quarts démolie par les Japonais au moment de leur capitulation.

Les Viêts ont parachevé sa destruction et, lorsque les Français y sont revenus, au début de 1948, ils ont utilisé les matériaux pour édifier un vaste camp militaire adossé à la rivière, sentinelle avancée du Delta.

Tout autour, échelonnés dans la vallée, une vingtaine de postes assurent la défense de ce point d'appui dispersés de Vu Ban au nord à Dong Ben[1] en passant par Lang Dam[2], Xom Nham[3], Cho Bo[4], où les gendarmes cohabitent avec les légionnaires du

1. Garde Sarrazin.
2. Adjudant Tané, garde Bachelier.
3. Maréchal des logis-chef Boisson.
4. Maréchal des logis-chef Duranchelle.

5e étranger et, tout au bout de la route, Su Yut commandé par Daubessard et les gardes Dhenin, Desbois.

Daubessard n'est pas le premier venu. Trente-cinq ans, massif, placide, il est gendarme depuis 1939. La « drôle de guerre », deux ans de stalag, une évasion, le maquis lui ont forgé un moral à toute épreuve. Et s'il vient à peine de débarquer à Haiphong au début du mois de septembre, il a abordé l'Indochine sans complexes. Et d'ailleurs, l'endroit lui a plu.

Tout en renforçant les défenses de son poste, il a pris contact avec ses populations, aussi diverses que pittoresques. Il a passé plusieurs jours chez les Thaïs, chassé avec eux la tourterelle et le tigre à l'arbalète, assisté aux longues soirées poétiques où des jeunes filles, le torse moulé dans un justaucorps de soie noire, jouaient du khène[5], tandis que les hommes fumaient dans des pipes à eau des boulettes de tuc-lao, ce tabac noir et âpre macéré dans de la mélasse.

Il a rencontré les Mans, demi-sauvages, qui attaquent le buffle sauvage à la lance et, aux jours de fête, revêtent leurs jambières d'argent. Il a été reçu chez les Muongs, dans les familles de ses partisans, organisés en « section franche ». Il a admiré leurs coutumes guerrières, il a été touché par la grâce des jeunes filles en turban blanc.

Il a aussi visité les Annamites, catholiques, regroupés au bord de la rivière, pêcheurs intrépides et d'une adresse stupéfiante.

Pour finir, il est allé saluer le chef de la Congrégation chinoise, un petit homme au visage plat, coiffé à l'ancienne d'un caftan de soie noire, onctueux et énigmatique.

Sa rondeur, son calme, son amabilité ont conquis les habitants. Ils ont senti que ce Français n'était pas venu pour mener sa guerre tout seul, comme la plupart des militaires qu'ils ont connus, mais comme un guide, un protecteur, un ami.

Mais comme rien n'est simple en Asie, ils ont discrètement prévenu les Viêts qu'ils auraient à compter désormais avec un adversaire retors et coriace.

Daubessard l'a appris. Très vite, en appliquant strictement les règlements, il a tissé autour de son poste un réseau de complicités actives qui le renseignent sur l'adversaire aussi bien que les Viêts le sont sur son compte.

— Cela rétablit un peu l'équilibre, dit-il.

Tous les trois jours, il prend la tête d'une patrouille qui rallie, à Cho-Bo, le P.C. du sous-quartier où il va rendre compte, à la

5. Sorte de flûte de Pan faite de bambous accolés.

fois à l'officier de renseignements et au délégué de l'administration, de l'évolution de la situation.

Le 15 novembre 1949, à la nuit tombée, un émissaire vient l'avertir :

— Xep, les Viêts ont tendu une embuscade au gué de la Nam Huoï. Ils savent que vous devez y passer demain matin.

Daubessard remercie.

— Dhénin, ordonne-t-il, demain matin, changement de programme. Vous prendrez ostensiblement la route de Cho Bo. Mais vous stopperez à quatre kilomètres d'ici et vous vous installerez en défensive face à l'ouest. Si vous entendez des coups de feu, ne bougez pas : normalement, les Viêts devraient se replier sur votre position. A vous de jouer...

Lui-même a pris une quinzaine de gardes muongs et s'est enfoncé dans la nuit. « La forêt appartient au premier occupant », a-t-il coutume de dire.

Il a étudié la tactique ennemie. Il s'est aperçu qu'ils éclairaient leurs colonnes d'assez loin, utilisant des enfants, d'innocents (?) promeneurs qui flânaient sans raison, agitant parfois de petits mouchoirs de soie blanche, à moins qu'ils n'ouvrent brusquement leur grand parapluie noir.

Il a adopté cette pratique. Mais, au lieu de civils, il envoie en avant des chasseurs mans, d'anciens partisans qui reprennent, pour quelques heures, du service et qu'il paie, de sa poche, d'une piastre d'argent.

Ces soirs-là, les pisteurs s'enduisent les cheveux de cire et passent à leur ceinture leur grand sabre de combat. Ils ne jouent pas les inoffensifs touristes, ils se mettent en chasse.

Daubessard est parti. Devant sa petite colonne progressent deux Mans qui le guident à travers les pistes secrètes qu'ils empruntent eux-mêmes pour traquer le fauve. Un peu avant l'aube, ils arrivent au confluent de la Nam Huoï et de la Rivière Noire.

Ses hommes se dispersent dans les buissons, l'arme prête. Vers sept heures du matin, dans le lointain, résonne un gong. Dhénin vient de quitter le poste.

Presque aussitôt apparaît le premier Viêt. Il est vêtu à l'européenne d'un uniforme de toile claire, porte un baudrier de cuir et, sur la tête, un casque colonial. Il est vif, agile, nerveux, mouline de grands gestes muets. A sa suite, une trentaine d'hommes en noir s'étagent sur les pentes de la colline, face au débouché de la route. Ou plutôt de ce qui en reste. Ici, la R.C. 6 n'est plus qu'une piste herbeuse, serpentant entre les coupures.

A gauche, les ruines de l'ancien pont détruit plongent dans le torrent.

Pour franchir la Nam Huoï, une passerelle de bambou a été édifiée par les sapeurs de la Légion. Ils ont fait du travail provisoire. Quand ce ne sont pas les crues, ce sont les Viêts qui l'emportent. Heureusement, le bambou est florissant dans la région.

Daubessard sourit dans sa barbe naissante. Du fond du cœur, il adresse une motion de reconnaissance à son informateur. Le renseignement était exact.

Il sait maintenant qu'il lui faut agir vite, tant que les Viêts ne sont pas sur leurs gardes. Il regarde ses Muongs, ceux-ci ont l'œil braqué sur lui, le doigt sur la détente. Dans quelques secondes, il donnera le signal du carnage. Car ce sera un carnage : les Viêts sont en dessous de lui, à moins de cinquante mètres et leurs dos noirs forment des cibles parfaites. Chaque balle fera mouche.

Et pourtant, Daubessard hésite encore. Il ne sait pourquoi, un pressentiment vient de l'effleurer. Quelque chose d'indéfinissable mais de si précis qui lui dit : « attends encore... ».

Il a raison. Venus du nord, d'autres Viêts se présentent, en colonne serrée. Stupéfait, Daubessard les compte. Ou plutôt il les évalue. Cent. Deux cents. Trois cents...

« A une minute près, pense-t-il, j'ouvrais le feu et j'avais sur le dos un demi-bataillon au complet ! »

Du bout des doigts, il intime à ses Muongs le plus grand silence, puis, un à un, il les fait décrocher, sans bruit.

Un peu plus tard, sur la crête, il confie à l'un des Mans un message laconique destiné à l'officier de renseignements de Cho Bo dans lequel il dit :

« Bouchon important au gué de Nam Huoï. Liaison impossible. Moral excellent. »

A son acolyte, il confie la délicate mission d'alerter le garde Dhénin en lui recommandant de rentrer au plus vite au poste.

Le soir même, sa religion est faite ; les Viêts ont décidé d'attaquer son poste et, dans ce but, ils ont tissé autour de lui un épais cordon sanitaire.

« Ils vont attaquer. Mais quand ? »

Le 23 novembre, à la nuit, son informateur se présente au poste. Il apporte des renseignements précis :

— Six cents viêtminhs sont rassemblés dans la forêt. Ils ont des tubes de mortier, un canon de montagne. L'attaque aura lieu le 25 novembre, à vingt et une heures.

Daubessard remercie. Son attente prend fin. Maintenant, il peut se préparer au combat. Dans la nuit, avec ses adjoints, il met au point son plan d'action.

— Si les Viêts sont astucieux, explique-t-il, ils vont tenter d'abord d'incendier les paillotes. Double avantage, cela éclairera le poste, et dispersera nos efforts.

Il s'interrompt et ajoute :

— Moi, en tout cas, c'est ce que je ferais...

— Comment parer à cela ? demande le garde Desbois.

— Simple : dès demain soir, à la tombée de la nuit, enlevez le chaume et stockez-le à l'écart, hors de l'enceinte.

— De la même façon, nous intervertirons les emplacements de tir des armes automatiques. Les fusils-mitrailleurs se déplaceront de quelques mètres, la mitrailleuse aussi.

— Et le mortier ?

— Dès cette nuit, prévoyez un autre alvéole. De toute façon, je peux déjà deviner l'emplacement de leurs appuis, alors, préparez les coordonnées des contrebatteries.

Il déplie le plan du poste et des abords tel qu'il a mis des semaines à l'établir. Tout y est ; c'est un relevé topographique d'une extrême précision, la nature, la longueur et l'orientation des haies, les limites de la forêt, avec les pistes, leurs carrefours, même leurs clairières.

La journée du 25 novembre se déroule suivant l'horaire habituel. Daubessard sait que l'ennemi le guette ; rien ne doit leur donner l'impression que la garnison est sur le qui-vive. Vers midi, il s'offre l'audace d'effectuer une patrouille sur les lieux probables d'où partira l'assaut de ce soir. Rien ne trouble cette reconnaissance ; les Viêts ont à cœur de ne pas se dévoiler trop tôt.

— Vivement ce soir, grogne Dhénin. J'ai des crampes d'estomac. Le trac sans doute ?

— Essaie la pipe à eau, suggère Desbois. C'est souverain contre l'angoisse. Les Thaïs s'en servent quand ils ont des insomnies.

Dhénin sourit, pas convaincu, et retourne dans son blockhaus où il se concentre dans le nettoyage de sa mitrailleuse de 30.

A cinq heures, comme tous les soirs, Daubessard procède à la cérémonie des couleurs. Lentement, les deux pavillons, français et vietnamiens, descendent le long du mât, tandis que le clairon écorche, comme à l'accoutumée, la sonnerie réglementaire.

— Demain, se demande Daubessard, serons-nous encore ici ?

Il a avancé de quelques minutes l'heure du dernier repas du soir. Les gardes vont et viennent, attendant la nuit. Ils ne se montrent pas nerveux, ils plaisantent entre eux, bavardent, flânent, mais ils ne peuvent s'empêcher de jeter des regards vers la forêt, à la dérobée. Rien, en tout cas, n'est visible du poste de Su Yut qui laisse prévoir l'imminence d'une attaque. Tout est calme, silencieux, désert.

La nuit est tombée. Aussitôt, silencieusement, les Muongs roulent le latanier de leurs paillotes et vont l'entasser à l'extérieur de l'enceinte.

En même temps, la mutation des armes automatiques et du mortier est effectuée dans un temps record par les gradés.

Il est neuf heures du soir. Brusquement, la forêt s'embrase. Une mitrailleuse prend en enfilade la face est du poste tandis que deux mortiers expédient une salve exactement à l'ancien emplacement de la pièce. Desbois riposte aussitôt. L'un des deux mortiers ennemis se tait.

Plus grave, un canon, sans doute un 37 japonais, commence à pilonner systématiquement tous les recoins du poste, cherchant à incendier les paillotes. Mais la décision de Daubessard de les « décoiffer » porte ses fruits, seul l'auvent des cuisines consent à prendre feu.

Les fusils crachent, d'un côté comme de l'autre. Après une heure de préparation, les sections d'assaut ennemies se ruent à l'attaque.

Cela aussi, Daubessard l'avait prévu. Il fait donner la mitrailleuse de Dhénin qui taille dans les rangs viêts de larges sillons.

Un appel de trompe met rapidement fin à cette première tentative.

Pendant un quart d'heure, plus rien ne se passe.

— Nous avons gagné, lance Desbois, en jubilant.

— Détrompe-toi, ils se concentrent sûrement. Je connais ce genre d'individus, ils sont en train de rechercher la solution correcte. D'après toi, combien étaient-ils ?

— Je l'ignore, deux cents, peut-être davantage.

— Même s'ils étaient trois cents, ils ont encore des réserves. Nous devons nous attendre à une nouvelle attaque en règle.

— Nous sommes prêts à la recevoir comme il faudra.

Un deuxième assaut, vers minuit, dure jusqu'à l'aube. Les armes des défenseurs interdisent aux Viêts d'approcher de la ceinture de bambous qui constitue les défenses accessoires.

Vers cinq heures du matin enfin, les trompes mugissent et sous le feu, les coolies emmènent morts et blessés.

Et l'aube vient, sale, grise, calamiteuse.

— J'ai l'impression d'avoir vieilli de dix ans, observe, morne, le garde Dhénin.

Desbois a fait le tour du poste.

— Une vraie désolation. A vous dégoûter de construire. Depuis six semaines, je m'étais décarcassé à arranger, nettoyer, ordonnancer. Un vrai jardin... Tout est à recommencer ! Je n'ai plus le moral.

Son sourire dément l'amertume du propos. Desbois est comme

ses camarades, heureux d'avoir tenu, toute une nuit, contre un adversaire au moins dix fois plus nombreux. Daubessard calme un peu leur optimisme.

— Ne vous prenez pas pour des héros ! Nous sommes gendarmes, nous n'avons fait qu'obéir aux ordres. Pas de quoi pavoiser. Dhénin, prends ton groupe de combat et commence à faire déblayer les débris. Remets en état le maximum de défenses et pense à faire creuser des trous individuels : ce soir, vous me direz merci !

« Toi, Desbois, tenue de combat. Ton groupe en patrouille avec moi !

Desbois et Daubessard s'éloignent. Partout des traces laissées par l'ennemi. Emplacements de combat, pistes balisées et, à l'orée de la forêt, les positions des mortiers ennemis.

— Regardez, chef ! J'ai mis un obus dans le mille !

En effet, près de l'une des pièces, l'impact d'une torpille de 60 a fait un petit cercle de terre roussie. Tout à côté, des pansements souillés, des traces de sang.

A midi, dans le ciel dégagé, la chasse intervient, mitraillant et bombardant les concentrations ennemies visibles. Daubessard est rentré au poste, Dhénin fait de son mieux pour réparer les défenses accessoires, colmater les brèches, rétablir le réseau des tranchées.

— Parés pour un nouvel assaut, a-t-il dit.

Daubessard grimace, montrant la forêt :

— Vois-tu, je ne recherche pas la gloire. Je ne serais pas mécontent de savoir que les Viêts sont partis. Ou que les renforts arrivent, avec des munitions.

Il soupire et, pour lui-même :

— Je me demande ce que fabriquent les gens de Cho Bo ?

2.

Dong Ben, secteur de Hoa Binh, 26 novembre 1949.

Avant-hier, 24 novembre, la compagnie du capitaine Bouyssou, du 1er Bataillon étranger de parachutistes, a sauté en renfort sur le terrain d'aviation de Hoa Binh.

Sa mission consiste à remonter le cours de la Rivière Noire, puis, après avoir passé le poste de Dong Ben, aller jusqu'à Cho Bo où elle prendra en renfort la section de légionnaires du 5e étranger, troupe d'intervention du sous-quartier, puis aller jusqu'à Su Yut, pour tenter de dégager le poste, encerclé depuis une semaine et qui, probablement, a été attaqué deux nuits de suite.

Partie le 25 au matin de Hoa Binh, la 2e compagnie a fait halte à Dong Ben au milieu de la journée.

Dong Ben est un petit poste de la Moyenne Région, posé sur une petite éminence dominant la rivière. Une enceinte de bambous, des bâtiments bas recouverts de latanier. Quarante Muongs, une vingtaine de partisans mans et quatre gendarmes aux ordres du garde Sarrazin. La « section franche » du garde Brulet y stationne, depuis deux jours. Elle se compose d'une vingtaine de gardes muongs ; sa mission consiste à intervenir au profit des postes menacés.

Sarrazin est un jeune sous-officier mais c'est déjà un chef de guerre. Solide, originaire de Haute-Saône, c'est un robuste terrien, têtu, volontaire, que la solitude n'effraie pas et qui considère l'Indochine comme une aventure passionnante.

Très vite, il s'est lié d'amitié avec le lieutenant Laurens, l'un des officiers de la compagnie Bouyssou[6].

— Je suis inquiet pour la garnison de Cho Bo, explique Brulet. Leur liaison vers Hoa Binh aurait normalement dû passer ici en début de matinée. Je n'ai vu personne...

Le capitaine Bouyssou a également un mauvais pressentiment.

— C'est un sale coin, confie-t-il à ses officiers. Dites à vos légionnaires d'être vigilants. Nous risquons de rencontrer du Viêt.

Les bérets verts n'ont pas attendu les avertissements de leur capitaine. Ils regardent avec méfiance la piste qui serpente vers l'ouest, coincée entre la montagne couverte de jungle et les méandres de la Rivière Noire qui jamais autant que ce matin n'a mérité son nom. Le paysage, sinistre, n'est pas fait pour engendrer l'euphorie.

— Nous allons à Cho Bo, décide le capitaine vers midi.

Des cris attirent son attention. Le doigt pointé, quatre voltigeurs montrent, à quelques pas de là, un radeau de bambous qui dérive au fil du courant, sur lequel une forme humaine est attachée. L'homme est nu, sanglant, son visage, méconnaissable, est entouré de pansements souillés.

Déjà quelques légionnaires ont détaché un sampan et, à la gaffe, ramènent au bord le radeau et son occupant.

A peine sur la terre ferme, le blessé, un Européen, demande par gestes un crayon et du papier. D'une écriture anguleuse, en lettres gothiques, il écrit quelques mots. Un béret vert traduit :

— Ne pas me mettre sur le dos.

Ce que le blessé redoute en effet par-dessus tout, c'est d'être étouffé par les caillots de sang que sa mâchoire, emportée, accumule dans sa gorge.

6. Le lieutenant Laurens fera, plus tard, carrière dans la gendarmerie.

D'autres questions suivent. Le lieutenant Laurens explique enfin :

— Mon capitaine, ce légionnaire appartient à la section d'intervention du sous-quartier de Cho Bo. Elle est tombée hier dans une embuscade. Tous les types sont morts.

— Et lui ?

— Ce sont les Viêts eux-mêmes qui l'ont attaché sur ce radeau...

Bouyssou est catastrophé. La disparition d'une section de camarades est un drame.

— Direction Cho Bo. Nous allons voir ce que devient le poste et nous essaierons de retrouver des survivants, s'il y en a.

Le garde Brulet intervient :

— Mon capitaine, je souhaiterais aller avec vous. J'ai une bonne section d'intervention avec mes Muongs. Vingt hommes supplémentaires ne seront pas de trop.

Bouyssou regarde le gendarme. Il hésite. Brulet insiste.

— D'autre part, j'aimerais aussi avoir des nouvelles de mes camarades, les gendarmes de Cho Bo, et notamment de mon collègue Duranchelle, le chef de poste. C'est un ami. Nous avons fait le voyage d'Indochine à bord du *Sainte-Mère-Eglise*...

— D'accord, concède le capitaine.

Juste avant le départ, un autre rescapé de la section 5e Etranger arrive, par la rivière. Il avait coupé deux bambous, s'était attaché en dessous et avait navigué, six heures durant, comme un sous-marin.

— Il a dû se raboter le dos aux rochers, observe Morvan, l'adjoint de Brulet.

— D'autres camarades vont tenter d'effectuer le même trajet de la même façon, précise le légionnaire.

— Sarrazin, suggère Brulet, essaie de tendre un barrage en travers de la rivière avec les barques des pêcheurs. Récupère tous les types qui arriveront jusqu'ici.

Interrogé le légionnaire confirme. La section a été surprise la veille au soir, par une embuscade de plusieurs centaines de Viêts, sur la piste de Su Yut. L'adjudant a rassemblé tous ses hommes sur une petite croupe, en bordure de la rivière, et tenté, là, de s'organiser en point d'appui fermé.

— Il a dit que nous allions « faire Camerone ». — Un sourire triste : — Nous avons « fait Camerone ». Les Viêts ont donné quatre fois l'assaut. Au bout de cinq heures, nous n'avions plus de munitions, alors nous avons saboté les armes et nous avons essayé de nous enfuir. Personne n'a pu passer. Les copains qui sont tombés sur les Viêts ont été tués à coups de sabre.

« Moi, je me suis caché dans la brousse et j'ai fait le mort toute la nuit.

Fraternellement mêlée au dispositif de la 2e compagnie, la « section franche » de Brulet progresse sur la piste de Cho Bo. Les bérets verts sont sur le qui-vive, l'œil aux aguets, l'arme horizontale. En vieux baroudeurs, ils ont flairé le traquenard. Ils ont l'impression d'être en permanence épiés par des milliers d'yeux invisibles.

De temps en temps, la section de tête stoppe, face à la forêt, tandis que la section suivante la dépasse et ouvre la piste à son tour.

L'allure est lente. Bouyssou aimerait bien aller un peu plus vite ; il ne voudrait pas être surpris par la nuit, en pleine brousse. Il ne verrait pas venir l'ennemi.

— Nous devons atteindre Cho Bo avant cinq heures ! dit-il à la radio.

Cho Bo est encore à une quinzaine de kilomètres.

— Des types, devant !

Le voltigeur de tête s'est arrêté. Par réflexe, il fait un pas de côté, de façon à être dissimulé par un buisson. Ses camarades l'imitent et, en deux secondes, toute la compagnie a disparu aux éventuels regards, avalée par la forêt.

— Fais passer, reprend, en chuchotant, le voltigeur. Il n'y a qu'un type. Un Français...

— Ne tirez pas, souffle Brulet. C'est Duranchelle !

C'est Duranchelle en effet, le chef du poste muong de Cho Bo. Il est seul, sa mitraillette en travers du torse, sa musette pleine de grenades. Il sourit.

— Je suis content de vous rencontrer, dit-il. C'est plein de Viêts par ici ! J'ai été obligé de me planquer je ne sais combien de fois !

Sidérés, les légionnaires le dévisagent, comme un revenant. Ou comme un fou.

— Ce n'est pas possible ! A une compagnie, nous sommes sur le qui-vive et un gars tout seul se balade sur la piste !

Seul, Duranchelle ne paraît pas ému.

— Je n'ai fait que mon travail, explique-t-il au capitaine Bouyssou. Hier soir, la section de la Légion du sous-quartier a été anéantie près de chez moi. Mon poste a été harcelé, j'allais rendre compte à Hoa Binh.

Tant de courage tranquille impressionne l'officier. Il lui tend la main :

— Sacré gendarme, dit-il seulement, vous nous étonnerez toujours !

Duranchelle est resté avec la compagnie, auprès de son camarade Brulet.

— As-tu des nouvelles de Su Yut ?

— Non. J'ai seulement entendu, cette nuit, les échos d'une

deuxième attaque du poste. Vers deux heures du matin, les rafales ont cessé. C'est tout ce que je sais.

Bouyssou et ses hommes passent la nuit du 27 au 28 novembre à Cho Bo. Les légionnaires campent autour du poste muong. Malgré deux ou trois alertes, ces heures passent dans le calme relatif, les Viêts ne se manifestent pas en force. Au matin, la colonne reprend la piste.

— Direction Su Yut !

Au passage, les bérets verts ratissent l'endroit où leurs camarades du 5e Etranger se sont battus deux jours plus tôt. Ils retrouvent quelques tombes, éparses dans la jungle, deux ou trois fusils, tous sabotés. Mais rien d'autre. Aucun blessé, aucun survivant.

Ils arrivent à Su Yut à la mi-journée. Et ils s'arrêtent, abasourdis.

Plus rien ne subsiste du poste. Rien. Les Viêts ont entièrement rasé les maisons, brûlé les paillotes, arraché les défenses, jeté à bas les charpentes, découpé en bûchettes le mât des couleurs.

Le village lui-même est vidé de ses habitants.

Su Yut n'est pas seulement le bout du monde. C'est le néant.

En fouillant les broussailles, à proximité de ce qui fut le poste du maréchal des logis-chef Daubessard, les légionnaires découvrent une dizaine de tombes. L'une d'elles, à l'écart, attire l'attention de Brulet. C'était celle du garde Desbois, la poitrine défoncée, sans doute par un obus de 60.

Aucune trace, ni de Dhénin, ni de Daubessard.

La mort dans l'âme, le capitaine Bouyssou ordonne à sa colonne de faire demi-tour. Cela ne lui servirait à rien d'opérer des patrouilles dans la jungle, sinon celle d'aggraver les risques qu'il court en demeurant trop longtemps à Su Yut.

A trois heures de l'après-midi, ce 28 novembre 1949, la 2e compagnie du 1er B.E.P. reprend la piste en direction de Cho Bo.

Le dispositif est très étiré. Les légionnaires sont inquiets. A l'aller, ils avaient peut-être une chance de surprendre l'ennemi. Maintenant, les Viêts savent que pour rentrer à Hoa Binh, les Français sont obligés de suivre la Rivière Noire.

Ils arrivent pourtant sans encombre à Cho Bo. Des ordres les attendent. Demeurer sur place, lancer des reconnaissances tout autour. Le secteur d'Hoa Binh redoute en effet une offensive générale dans la région.

Giap a probablement décidé de libérer la route, essentielle pour ses communications et le ravitaillement de ses unités de la région de Bac Kan. Les postes intermédiaires sont condamnés.

Quatre jours durant, infatigables, les bérets verts arpentent les pistes, ratissent crêtes et vallées. En vain. La jungle s'est mystérieusement vidée de tout ennemi.

— Peut-être se sont-ils contentés d'avoir fait sauter le verrou de Su Yut ?

En réalité, la division du Thanh Hoa, la 304, a simplement desserré son étau pour soigner ses plaies et recompléter ses effectifs. Mais sa mission reste inchangée : elle doit nettoyer la poche de Hoa Binh [7].

Le 30 novembre, une colonne de partisans, en loques, pieds nus, harassés de fatigue, débouche devant le poste de Cho Bo.

— C'est Daubessard ! s'écrie Brulet.

C'est Daubessard, en effet.

Le 26 novembre dernier, voici quatre jours, il a subi le second assaut sur son poste. Par trois fois, les Viêts ont réussi à prendre pied dans ses défenses accessoires. Par trois fois, ils ont été repoussés.

C'est là que Desbois a été tué, à son poste, par un obus de mortier qui a également détruit sa pièce.

Le 27 au matin, Daubessard a appelé le seul de ses Européens survivants, le garde Dhénin.

— Nous n'avons plus assez de munitions pour soutenir une nouvelle nuit de combat. J'ai donc pris ma décision : ce soir, au crépuscule, nous abandonnerons le poste. A travers la montagne, nous tâcherons de gagner Cho Bo.

Dhénin a baissé la tête, accablé. Puis :

— Chef, a-t-il objecté, nous allons abandonner notre poste ? Et notre drapeau ?

— Nous sommes à peine cinquante, avec à peu près cinq car-

7. Dong Ben tombera quelques jours plus tard, le garde Sarrazin porté disparu. Lo Son et Ang Chiên résisteront à trois attaques successives du 1er au 5 décembre. Pour sa part, le poste de Vu Ban (dont l'attaque marquera la dernière tentative de Giap contre les postes de la Moyenne Région) obtiendra la citation à l'ordre de la division suivante :

« *Placé en tête du dispositif ami, au contact des rebelles sans cesse ravitaillés et renforcés par leur réduit du Nord-Annam, a, pendant de longs mois, maintenu l'adversaire en respect. Sous l'énergique impulsion du capitaine Caramel, la garnison, par une activité de patrouilles incessantes et de sorties audacieuses, a efficacement joué le rôle d'avant-poste qui lui était dévolu. Particulièrement visé par les rebelles qui faisaient de son anéantissement l'un de leurs objectifs essentiels, a soutenu sans faiblir, du 15 au 31 janvier 1950, un épuisant combat de défense. A résisté magnifiquement les 19, 20 et 29 janvier à de sévères bombardements inconnus jusqu'alors, projectiles de tous calibres de la 12.7 jusqu'au mortier de 120. A profité de toutes les accalmies pour effectuer des sorties et des contre-attaques fructueuses dont le bilan, avec les feux intelligemment ajustés de la défense, s'est soldé, pour l'adversaire, par plus de 400 tués ou blessés. Un mortier de 120 détruit, des quantités de munitions et de matériels divers récupérés. A, par sa résistance inébranlable et son esprit offensif jamais diminué par les attaques, forcé les rebelles à se replier dans leur réduit du Thanh Hoa.* »

touches par fusil et un chargeur de mitraillette. Eux sont des centaines, peut-être des milliers. Nous ne les empêcherons plus de prendre Su Yut. A moins d'un miracle, mais je ne crois pas au miracle.

« En effectuant une sortie offensive, nous les privons de la victoire totale. Quant au drapeau, je l'emmènerai avec moi. Où je serai sera le drapeau de Su Yut !

Dhénin a hoché la tête. C'était la première fois que Daubessard parlait aussi longtemps, et avec autant de véhémente amitié. Il a seulement répondu :

— A vos ordres, chef.

Toute la journée, ils ont attendu « le miracle », soit l'intervention massive de l'aviation — qui n'a pas eu lieu — soit l'apparition de renforts — qui ne sont pas arrivés.

A la tombée de la nuit, Daubessard a scindé ses effectifs en deux groupes. Le premier, aux ordres de Dhénin, composé de tous les valides, qui devait sortir en force, en tiraillant de façon à déconcerter l'ennemi. Le second, plus vulnérable, avec les blessés et les armes lourdes, directement placé sous son commandement.

— Regroupement au village de Ban Hiêp !

Ban Hiêp est un village thaï, à mi-hauteur, au milieu d'un brûlis de forêt — un « ray » — où les paysans cultivent du riz de montagne, rond et gluant.

Ainsi fut fait. Deux heures plus tard, les deux groupes opéraient leur jonction. Seuls manquaient quatre Muongs et le garde Dhénin disparu.

— Décidément, a conclu le capitaine Bouyssou, les gendarmes sont de sacrés baroudeurs !

3.

Hoï Trung, Tonkin, 8-9 octobre 1950.

Les mois ont passé. Au début de septembre 1950, le garde Raymond Brulet s'est trouvé affecté au poste de My Lam, sur la R.C. 1, entre Hanoi et Phu Ly. A cet endroit, ce qui fut la principale route d'Indochine n'est qu'une mauvaise piste, sans revêtement, pleine de trous et d'ornières, sans cesse coupée par les paysans des villages riverains qui en emportent des pans entiers dans la rizière pendant la nuit, et qui les remettent en place, poussés par les Français, dans la journée.

My Lam est une sorte de building d'une dizaine de mètres de haut, grosse tour fortifiée qui évoque davantage la silhouette d'un donjon médiéval ou d'un bordj saharien, que celle des postes « à la Dubout » qui sont monnaie courante en Indochine [8].

My Lam est important. C'est l'un des maillons de la chaîne de sécurité qui, tout à la fois, veille sur la route reliant Hanoi à Nam Dinh et Ninh Binh, et verrouille le Delta tonkinois face à l'extérieur.

Au nord, le poste de Tia, P.C. du sous-secteur. Au sud-ouest, Nga Ba Tha, fief d'une célébrité d'Indochine, l'adjudant Vandenberghe, le chef d'un commando composé d'anciens soldats viêts, cooptés dans les camps de prisonniers, ou ralliés volontairement.

Du haut de sa tour, Brulet domine la rizière qui s'étend à l'infini, grise, morne et plate, coupée de diguettes biscornues, délimitant de petits espaces sans forme définie. Cela évoque davantage un gigantesque patchwork composé par des mains malhabiles qu'un damier rigoureux.

De-ci de-là, les villages d'alentour, clos sur eux-mêmes, comme s'ils voulaient se garder de l'extérieur, ou bien empêcher la fuite de ses habitants.

Souvent, Brulet pense que les habitants auraient bien des raisons de s'enfuir. La pauvreté règne dans ce delta, où l'on voit, dès le matin, des théories de nha-qués vêtus de loques délavées par la pluie et le soleil se hâter lentement vers leur travail. Certains attellent des araires de bois à des buffles faméliques, d'autres, la plupart, moins fortunés, s'y attellent eux-mêmes, pataugeant jusqu'aux cuisses dans la boue grasse et fétide du marécage.

Ils travaillent jusqu'au soir, récoltent une poignée de riz, à peine de quoi subvenir aux besoins les plus élémentaires de leur famille et pourtant rançonnés par le Viêt-minh au titre de l'impôt révolutionnaire.

8. Après l'évacuation de la poche de Hoa Binh, l'Escadron muong de la 3e Légion de marche a été dissous, le 1er avril, et son personnel européen, affecté au 1er escadron qui a pris la dénomination de « Groupe d'escadrons d'encadrement des forces régulières du Viêt-nam du Nord », premier embryon de ce qui deviendra, dans quelques mois, sous l'impulsion du général de Lattre de Tassigny, l'armée vietnamienne.

A cette date, la 3e légion est articulée ainsi :

— Etat-major et escadron hors rang à Hanoi, avec le chef de corps, le colonel Pouyade.

— Le 1er escadron, ex-escadron muong, autour de Hanoi, sur la R.C.1 notamment.

— Le 1er escadron « bis » qui encadre la garde du Viêt-nam-Nord dans la région de Haiphong.

— L'encadrement des « minorités » ethniques (Nungs et Mans).

— L'encadrement des bataillons vietnamiens.

— Le 2e escadron à Hongay.

— Le 3e escadron en Annam.

Le paysage est triste, les villages sont tristes. Tristes aussi les nha-qués ascétiques au dos voûté par le travail, aux membres noueux. Les hommes sont vieux avant l'âge, les femmes, des mégères aux dents laquées de noir, ont la voix criarde et la socque agressive : pour elles pas de discussion, elles se déchaussent et frappent.

Il y a un monde, semble-t-il, entre les partisans du poste et les paysans de la rizière et pourtant, ils sont de la même race, parfois de la même famille. La plupart d'entre eux ont une femme, quelquefois deux, dans un village des environs à laquelle ils vont, de temps à autre, fabriquer un nho qui galopera bientôt, tout nu, au milieu des canards et des cochons noirs, ou bien dirigera d'une baguette adroite le buffle sur l'encolure duquel il sera juché.

Parce qu'ils ont des parents dans des zones incontrôlées, afin d'éviter qu'ils ne soient compromis, les partisans et les gardes vietnamiens ne sont pas répertoriés sous leur nom, mais sous un simple matricule.

C'est ainsi que ce matin, le garde 61223 vient frapper à la porte de la chambre que Brulet partage avec ses camarades Morvan, Bernard et Voland.

— Xep, c'est vous venir vite, il y a moyen la pêche au buffle ! (il prononce « bup' »).

— Que racontes-tu ? Nous allons pêcher un buffle ?

— Non, Xep ! Mais moyen pêcher avec un bup' les poissons.

Intrigué, Brulet et ses compagnons suivent le garde 61223 jusqu'à la barrière qui marque les limites du poste. Au-delà, à une centaine de mètres, coincée entre des diguettes étroites, une mare circulaire, tout à la fois réserve d'eau et lieu de prédilection des buffles en été.

Au milieu de la mare, un buffle attend paisiblement, supportant le garde à califourchon sur son dos, une corde à la main.

— Maintenant, regarder !

D'un geste prompt, le garde a passé la corde dans la gueule de l'animal et tire, violemment. Surpris, agacé par ce traitement, le buffle trépigne, s'ébroue, rue des quatre fers, sans pour autant désarçonner son cavalier qui se cramponne à l'encolure.

— Un vrai rodéo, observe Morvan, hilare.

— Dix piastres qu'il ne tient pas une minute en selle ! ajoute Bernard.

— Pari tenu, répond Morava.

— Arrêtez vos idioties, réplique Brulet : ici, le jeu est interdit.

Il a en effet remarqué que les Tonkinois ont la passion des jeux d'argent. Taï xiu, ba quan, dés, tout leur est bon pour se voler des piastres entre eux, ce qui provoque bagarres, tensions, injures. Une mauvaise ambiance.

Un jour, il a fait irruption dans la chambrée de ses hommes et confisqué tout ce qui leur servait à jouer, cartes, dés.

Il croyait avoir réglé le problème, il a dû déchanter. Le soir même, il surprenait une dizaine d'hommes assis en rond, qui fixaient quelque chose. Brulet a observé, il a compris. C'était un nouveau jeu ; chacun des partenaires mettait devant lui un billet d'une piastre et attendait qu'une mouche se pose sur l'un d'eux. Le propriétaire du billet ainsi désigné raflait la mise des autres...

— Fais comme le sergent Vong, a suggéré Voland. Il joue lui-même leur paye à ses hommes et, comme il triche, il gagne tout. Ensuite, il leur rend ce dont ils ont besoin, au fur et à mesure...

Brulet a seulement haussé les épaules.

Le buffle se débat toujours. Sous ses ruades furieuses, l'eau jaillit, des vagues énormes débordent de la mare, éclaboussant la rizière.

En riant, avec de grands cris, les gardes se sont rassemblés autour de la mare. Dans de grands paniers de bambou tressé, ils cueillent au passage les gros poissons d'argent qui tentent de fuir le cataclysme.

En quelques minutes, la pêche miraculeuse est achevée. Près d'une trentaine de kilos de ce qui ressemblait à des brêmes avait été ramassé.

— De quoi nourrir le poste pendant deux jours, dit Morvan. Autant d'économisé sur le budget de l'ordinaire !

Il y a eu dans le lointain une énorme lueur orangée. Quelques secondes plus tard, un roulement de tonnerre déferlait sur la rizière, tandis qu'au loin, les sentinelles de My Lam signalaient des zébrures de balles traçantes, puis les flammes d'un incendie.

Réveillé en sursaut, Brulet repère soigneusement la direction des lueurs. Il en déduit aussitôt :

— C'est Hoï Trung.

Pour les gardes de My Lam, Hoï Trung, c'est avant tout leurs camarades Dumont, Pellé, Prévôt, Plantain. Une équipe bien soudée, comme il n'en existe que dans les postes isolés, où tout se partage, les contraintes du travail, mais aussi les dangers, les joies, les peines. Dans ces postes, chaque homme se révèle. Les faibles, les solides, les gais ou les tristes, les courageux ou les timorés se dévoilent, mais aussi apprennent la vie en communauté.

Ce soir, à Hoï Trung, pour cette équipe, c'est l'épreuve du feu, redoutée et attendue à la fois. Le test ultime qui justifie leur présence, leurs efforts, leur préparation.

C'est la nuit de vérité et au poste de My Lam les camarades le savent aussi.

— Que pouvons-nous faire pour les copains ? demande Voland. Brulet secoue la tête.

— Rien, sinon maintenir le contact radio avec le capitaine Baumier, du quartier.

Mais il donne immédiatement des ordres pour faire équiper une section d'intervention, trente gardes vietnamiens, son adjoint Vong et Morvan.

— Et moi ? demande Voland.

— Toi, tu gardes la boutique !

Voland ne fait aucun commentaire, sa section n'est formée que de jeunes sans grande expérience du combat. Il est depuis le début résigné à monter la garde du « château fort » de My Lam.

Un peu après minuit, un message arrive ordonnant la constitution d'un groupe d'intervention, prêt pour trois heures du matin. « Des camions viendront vous récupérer à My Lam », précise le texte.

Le convoi, escorté de deux half-tracks, se présente devant les barbelés à l'heure dite. Les gardes embarquent dans les deux G.M.C. et la lente progression commence. La R.C. 1 n'est qu'une vaste fondrière sur laquelle les camions peinent, ahanent, se tordent, grondent, ralentissent et repartent dans un concert de soupapes malmenées.

Les hommes sont silencieux. Quelques-uns avalent à la hâte quelques bribes de riz, malgré les avis de Vong, l'ancien Viêtminh, dont la tête est mise à pris par ses anciens compagnons d'armes. Il s'est rallié, dit-il souvent, parce qu'il est catholique et que s'il est nationaliste, l'empereur Bao Dai lui convient.

— Pas moyen manger avant le combat, lance-t-il. Si blessé au ventre, toi c'est chêt...

Quelques-uns approuvent, d'autres s'en moquent ; la blessure au ventre ne figure pas au nombre de leurs préoccupations.

Deux heures plus tard, le convoi est stoppé à Phu Ly, point de départ de l'opération de dégagement de Hoï Trung. Autour du capitaine Baumier et d'une section de parachutistes, il y a Vandenberghe, reconnaissable à sa silhouette de condottiere. Sur la tête, il a coiffé son casque de latanier timbré de l'étoile jaune et ne fait jamais un pas sans son escorte, deux sous-officiers que Brulet a déjà rencontrés, les sergents Doan et Vy.

— Ça va être du sport, observe Vandenberghe en guise de commentaire.

— Pourquoi ? demande Brulet.

— Je connais le poste de Hoï Trung ; pour l'attaquer, les Viêts ont dû aligner un daï-doï au complet, avec mortiers, canons et mitrailleuses.

« J'ai fait l'addition. Au mieux, nous sommes deux cents bonshommes. Nous allons nous battre à un contre trois. — Il hoche la tête et conclut, sombre : — Et encore, à condition qu'ils ne soient pas déjà dans le poste, parce que là...

Vandenberghe a laissé sa phrase en suspens, elle est lourde de signification. Brulet complète, pour lui-même :

— ... S'ils sont dans le poste, nous serons dans une situation bien plus précaire. Il nous faudra donner l'assaut à six cents Viêts bien retranchés derrière des murailles...

Il est huit heures du matin. La « compagnie » d'intervention du sous-secteur progresse, bien étalée, par les diguettes, convergeant vers Hoï Trung d'où s'échappent de lourdes volutes de fumée noire.

Deux villages restent à franchir avant d'aborder le glacis du poste attaqué. La radio grésille :

— Etalez-vous et faites accélérer la marche !

Brulet soupire, agacé. « Accélérer, c'est bien joli, mais je voudrais bien voir le capitaine à notre place... »

Un petit avion d'observation vient d'arriver et fait des ronds.

— Les Viêts grenouillent dans les ruines du poste, dit-il.

— Manquait plus que cela !

Les voltigeurs de pointe galopent maintenant. Le garde Morvan est en tête. Brulet lui crie :

— Attention en abordant le village ! Les Viêts y ont peut-être installé un bouchon et...

Il n'a pu aller au bout de sa mise en alerte. Deux fusils-mitrailleurs ont ouvert le feu, balayant la digue sur laquelle se trouvait le groupe des voltigeurs. Les hommes sautent dans la rizière, font face et commencent à riposter. Morvan est resté sur place, étalé, bras en croix. Deux de ses gardes vietnamiens rampent, essayant de le tirer, à l'abri. Un peu de poussière jaillit exactement sous leur nez. Ils baissent la tête et font les morts.

Maintenant, toute la rizière s'est embrasée. Les unités d'intervention sont accrochées, les unes après les autres. Sur la droite, Vandenberghe a lancé ses hommes à l'attaque, à découvert, essayant de prendre le village à revers. Il a été lui aussi cloué au sol, pris de flanc par les armes des occupants du poste. Sur la gauche, la section des bérets rouges progresse, de bond en bond, utilisant au mieux le défilement des diguettes, mais elle avance avec une lenteur d'escargot.

Pour sa part, la section Brulet, trop engagée dans le dispositif ennemi, ne peut rien faire d'autre que riposter.

— Vong ?

— Oui, chef ?

— Essaie de faire décrocher le reste de la section et tâche de glisser vers la gauche. Une fois en place, feu à volonté.

— Bien compris. Et vous ?

— Ne t'occupe pas de moi.

Pour ce qu'il veut entreprendre, Brulet n'a pas besoin de témoins. On lui conseillerait la prudence et c'est précisément ce qu'il ne veut pas entendre.

Il attend que Vong ait entamé son décrochage, puis il galope, le long de la diguette d'accès, de l'eau jusqu'aux cuisses. Il rejoint les hommes du groupe de tête.

— Couvrez-moi, leur lance-t-il.

En même temps, il bondit, se penche sur le blessé et, dans le même mouvement, le charge sur son épaule et saute, de l'autre côté.

— Cramponne-toi, souffle-t-il à Morvan qui gémit. Je vais te ramener vers l'arrière, mais je serai peut-être obligé de plonger dans l'eau...

— Ça m'est égal. J'ai bien cru que j'allais rester là !

Brulet ramène son camarade jusqu'au P.C. du capitaine. Puis il retourne reprendre le commandement de sa section.

Pour réoccuper Hoï Trung, il faut toute la journée du 9 octobre 1950 et l'appui de l'aviation, des 105 de Phu Ly, et de la compagnie de tirailleurs rameutée de Nam Dinh.

Quand les Français entrent dans le poste, ils ne retrouvent rien. Quelques cadavres calcinés, tous vietnamiens. Aucune trace des quatre gardes français[9].

Vandenberghe n'a qu'un commentaire. Eloquent.

— Ceux qui, en France, racontent que les Viêts font la guerre avec des piques et des bâtons devraient venir faire un tour par ici. Ça leur redresserait un peu les idées...

9. Dumont a été libéré le 11 juillet 1952. Pellé le 18 mars 1952. Prévôt et Plantain, cinq jours plus tard, le 23 mars.

X

1.

Phu Taï, quartier de Ninh Giang, Tonkin, août 1950.

— *Titi « con méo », xep ?*

— Volontiers. Mais une larme seulement !

Guigoures tend son verre et sourit. Aujourd'hui, c'est jour de fête au poste de Phu Taï. Huu Liêt, l'un des plus jeunes gardes vietnamiens, vient de se marier à une jeune fille « toute neuve ». Il a tenu à arroser l'événement avec ses cadres européens, Denaux, Lehaut et Pétillon, le « bleu » de la section. Et avec Guigoures, « l'ancien » dont les moustaches « Napoléon III » sont célèbres dans le sous-quartier.

— Pourquoi nos gardes appellent-ils « con méo » ce qui est du Dubonnet ? demande Pétillon.

— *Con méo* signifie « chat ». Regarde l'étiquette, tu comprendras.

Pétillon hoche la tête. L'étiquette représente un gros chat noir.

— Moi, intervient Lehaut, ce qui me surprend le plus, c'est où Huu s'est procuré l'apéritif, alors que nous sommes coupés de tout. Même le courrier n'arrive pas.

— Moi, xep, c'est acheter « con méo » chez Chinois au village ! Lui c'est moyen tout avoir...

— Nous devrions le charger d'acheminer nos lettres, propose Guigoures. Ça marcherait peut-être ?

Pour les garnisons des postes du Delta tonkinois, le courrier est la seule chose importante, celle qui rompt la solitude. Les gardes supportent tout, l'insécurité de leur situation, l'éloignement de leurs chefs, l'appréhension de la blessure, la rusticité des installations. Les lettres, envoyées ou reçues, sont le lien, la preuve tangible qu'il existe, ailleurs, une autre vie, celle que l'on a laissée quelque part en France.

Phu Taï ne fait pas exception à la règle. C'est une sorte de château fort, solidement édifié au bord du canal des Bambous, artère d'importance vitale qui relie entre eux les deux fleuves principaux délimitant le Delta, le Day au sud-ouest au Fleuve Rouge au nord-est. Day et le Fleuve Rouge constituent les deux jambes d'un « A » majuscule dont le canal des Bambous serait la barre transversale.

Reliant Phu Ly à Kien An, c'est sur ses eaux jaunes que transitaient autrefois les sampans chargés de riz ; il régularisait le débit des grands fleuves et servait aussi à l'irrigation des rizières. Une grande et large digue carrossable le longeait, de bout en bout. Les Viêts l'ont coupée, de place en place, creusant des tranchées de forme irrégulière que les Français ont appelées « touches de piano ». Ces coupures sont généralement piégées. Malheur au sapeur inconscient qui manipule la glaise avec trop de vigueur, il a de grandes chances d'y laisser un bras ; encore doit-il s'estimer heureux s'il n'est pas plus grièvement atteint.

Le poste jouxte un gros village tonkinois, îlot de verdure posé comme un radeau sur l'étendue plate de la rizière. La digue le traverse, après avoir franchi une porte de style chinois. Tous les villages ont la même, passage obligé de ce qui circule, bêtes et gens. Une haie vive, épaisse, bambous et épineux, interdit tout autre accès. Vieux réflexe de défense des paysans contre les incursions des pirates « Pavillons noirs ». Les Pavillons noirs ont disparu depuis longtemps et, pendant de longues années, la paix a régné au Tonkin. Les Viêts ont démoli l'édifice. Ils sont là.

Un régiment au complet est implanté dans la région, insaisissable, toujours détruit, toujours renaissant : le Daï Doï 42. Essentiellement composé de réguliers, il est puissamment armé. Quand il lui arrive de se manifester, c'est toujours en force, avec des mitrailleuses, et ce canon portable de calibre 75 qui fait des ravages dans les murailles. Le S.K.Z. — Sung Khong Zat, canon sans recul — est l'arme la plus redoutée des garnisons du Delta, il a été le plus souvent le facteur déterminant de la prise d'un poste.

Phu Taï n'a pas échappé à la règle. Il est déjà, par deux fois, tombé aux mains des rebelles. C'était l'an passé, avant que les gardes français ne viennent s'y installer.

Et si, aujourd'hui, ils célèbrent le mariage de Huu Liêt, leur vigilance n'est pas endormie pour autant. Ils savent que, tout proches, des du-kich, les « supplétifs » de l'autre camp, ne les quittent pas d'un œil.

— Xep ! C'est *ngho* venir ici !

Le gamin est arrivé, en courant, par la piste principale. Il est en pleurs, le visage maculé de poussière où les larmes ont tracé de longs sillons brunâtres.

— Le gosse, c'est dire les Viêts sont arrivés dans le village ! Beaucoup, beaucoup. Ils sont installés dans la pagode.

Cet emplacement est logique. D'abord parce qu'elle est construite en « dur » et peut facilement être transformée en fortin. Ensuite parce qu'elle occupe une position stratégique, au cœur du village dont elle contrôle tous les accès.

Combien de pagodes ont permis à des Français encerclés de résister et de survivre ?

— Ce qui est valable pour nous l'est à plus forte raison pour les Viêts ! observe Guigoures. Denaux ? Passe un message radio au poste de Van Lang. Demande-leur un élément d'intervention, nous ne serons pas trop.

Il convoque Pétillon :

— Rassemble ton groupe. Nous allons sortir. Mais, comme les digues sont coupées, nous allons effectuer un large crochet par le sud et prendre Phu Taï à revers. Les Viêts ne nous attendent sûrement pas de ce côté-là.

Guigoures s'équipe à son tour. Son groupe sur les talons, il quitte le poste, aussitôt salué par un concert de tam-tams. Les guetteurs sont à leur poste.

— Tiens, observe Lehaut, l'infirmier, sa musette en travers du torse, voici le « téléphone bambou » !

L'itinéraire choisi par Guigoures passe par Van Hoï, un autre village situé à un kilomètre à l'est de l'objectif. Le Delta, c'est des myriades de villages isolés, reliés par des diguettes au tracé fantaisiste.

Tout au long de la progression, les gongs résonnent, comme autant de relais sonores. De loin en loin, quelques silhouettes en noir sortent d'un buisson et disparaissent, furtives. Les du-kich vont rendre compte.

Il fait très chaud en ce mois d'août. C'est le plein été. Le soleil plombe, réverbéré par le miroir lisse de la rizière inondée.

Pour aborder Van Hoï, Guigoures a étalé son dispositif. « On n'est jamais trop prudent » a-t-il expliqué à Pétillon. Pourtant, rien ne se produit, le village est vide.

— Mauvais présage. Généralement, quand il y a du Viêt dans le coin, les nha-qués vont se mettre à l'abri dès qu'ils nous aperçoivent ; ils savent que l'explication va être rude et ils n'ont pas envie d'en faire les frais.

Il est passé en tête, sa carabine fétiche à la main. Une arme légère, précise, à la crosse bien à la main, qu'il entretient lui-même avec un soin jaloux. Il sait que c'est son meilleur talisman.

Par deux fois déjà sa carabine lui a sauvé la vie. La première, c'était au mois de janvier ; il venait à peine de débarquer en Indochine. Comme Pétillon aujourd'hui, il essayait de comprendre, de s'initier au langage de ses Vietnamiens et il avait retenu que le terme « mort » se disait « chêt »[1]. Le jour où, au cours d'un accrochage, cerné de toute part, il a fait feu et tiré son premier Viêt, le sergent Cau, son adjoint, lui a crié une phrase, quelque chose comme :

— Lui, c'est chêt !

Guigoures s'est détourné. Et il a failli le regretter, le « mort » était un simulateur qui l'a ajusté avec une vieille pétoire qui, heureusement, s'est enrayée. Guigoures ne l'a pas manqué.

— Pourquoi m'as-tu dit qu'il était mort ? a demandé Guigoures furieux, à Cau.

— Moi pas dire « chêt », a répondu le sergent. Moi dire « tiède ».

De ce jour date le surnom de Guigoures « Trompe la mort ».

Le village de Van Hoï est désert. Mais il sent le traquenard à plein nez.

— Accélérez ! Je n'aime pas le coin !

Les gardes pressent le pas, galopent sur l'unique ruelle qui serpente entre paillotes et mares d'où les canards s'enfuient, effarouchés par la charge de quelque trente soldats lancés à fond de train.

La porte chinoise en maçonnerie peinte de couleurs tendres, bleu pâle et crème, est en vue. Guigoures pousse un soupir. Au-delà, c'est le salut. Il n'aurait pas aimé être attaqué à découvert, sans possibilité de manœuvrer.

Ses voltigeurs ont franchi l'arche décorée de génies tutélaires et se ruent à l'extérieur. Guigoures remet un peu d'ordre dans le dispositif, puis appelle Denaux, ahanant sous le poids du poste de radio :

— Contacte le groupe d'intervention de Van Lang. Qu'ils nous disent où ils en sont.

Denaux appelle, puis rend compte :

— Ils ont Phu Taï en vue. A peu près à quinze cents mètres de leur position.

— Qu'ils attendent notre signal, les Viêts vont peut-être s'enfuir dans leur direction. Parés à les intercepter.

— O.K.

Guigoures a placé son groupe, étalé le long de la diguette. Il grogne :

— Et Pétillon ? Que fabrique-t-il ? Il devrait être sorti !

Pétillon arrive enfin, il n'avait pas entendu l'ordre d'accélérer.

1. Prononcer « tiêt ».

— J'ai fouillé quelques maisons, explique-t-il. C'est curieux, il n'y a personne. Les paysans ont fui rapidement, il y avait encore du feu sous les marmites de riz !

— Dans ces cas-là, le plus urgent est de dégager, tu l'apprendras vite !

A peine Guigoures a-t-il achevé sa phrase que des lisières du village, abattues comme des ponts-levis, une centaines de diables vociférants se ruent à l'attaque. Ils crient :

— *Cat cai dao ! Cat cai dao !*

— Qu'est-ce que cela veut dire ? interroge Pétillon, toujours soucieux de comprendre.

— Ça veut dire « coupez-leur la tête ! » ! réplique Guigoures, agacé. Tu ferais mieux de te servir de ton arme avant qu'ils ne soient sur nous !

Les du-kich sont à cinquante mètres. Ils progressent en ligne, avec de grands moulinets de leurs coupe-coupe. Les yeux exorbités, les traits convulsés. « Ils sont ivres, constate Guigoures, complètement imbibés de choum ». Seul en effet l'alcool peut produire cette fureur, cette férocité des regards, cette inconscience du danger. Les can-bô, ces commissaires politiques infiltrés dans le moindre village, ont bien fait leur travail.

Guigoures a senti un certain flottement parmi ses gardes. Il est vrai qu'il faut du cran pour ne pas être effrayé par cette apparition brutale d'une centaine de forcenés l'arme brandie. Il comprend qu'il doit donner des ordres clairs, brefs, faciles à exécuter. Il crie, à son tour, dominant le vacarme :

— A l'assaut ! Feu à volonté !

Lui-même donne l'exemple, sa carabine crachant des flammes. Il pense que rien ne vaut le fracas des détonations pour galvaniser une troupe, et qu'un assaut donné vaut mieux que l'attente du corps à corps.

Hurlant à leur tour, les trente gardes foncent. Leurs armes font des ravages parmi les assaillants. Ceux-ci ont peut-être cru qu'ils étaient invulnérables aux balles des Français. Ils s'aperçoivent qu'elles tuent.

Alors, ils commencent à flancher. Leurs cris se font moins assurés, leur déboulé moins rapide. Certains plongent dans la rizière. D'autres ramassent morts et blessés. Il ne reste bientôt plus qu'une dizaine d'irréductibles qui se font hacher, debout, à quelques mètres des gardes, déchaînés à leur tour.

En face, c'est la débandade. Les du-kich font demi-tour, reviennent vers leur base de départ, franchissent les haies et s'évanouissent dans la nature.

— Nous avons eu chaud, constate Pétillon.

— Et beaucoup de chance, ajoute Guigoures. Ces types étaient là, en bouchon, pour nous enfermer dans Van Hoï comme dans une nasse. Notre passage éclair les a surpris et déroutés.

Ils comptent les pertes. Les Viêts ont abandonnés sept cadavres et un blessé.

Côté français, un sous-officier vietnamien a reçu une balle dans la poitrine. C'est Hang, un charmant camarade, dont les Viêts ont déjà tué la femme et qui élève, seul, sa fille, Thi Baï, une gamine de sept ans.

— Lehaut, ordonne Guigoures, prends quatre hommes avec toi, plus une escorte et ramène Hang au poste. Envoie un message radio pour demander une évacuation d'urgence. — Il se penche vers le blessé : — Ne t'en fais pas, on va bien te soigner et tu vas guérir vite. En attendant, je prendrai soin de Thi Baï.

Hang sourit, un pauvre sourire de blessé.

— Merci, xep ! murmure-t-il.

Denau intervient alors :

— Le groupe de Van Lang signale une vingtaine de rombiers en noir qui décrochent à toute allure de Phu Taï !

— Peuvent-ils les intercepter ?

— Non, les types filent plein nord, hors de portée. Ils leur ont seulement balancé quelques pélos de mortier de 81 !

De retour au poste, le maréchal des logis Guigoures accompagne Thi Baï au chevet de son père. Il tente de la rassurer. Le blessé la serre contre lui, lui dit quelques mots, très doux, à l'oreille.

— J'ai eu le lieutenant Lacoste au P.C. du sous-secteur, explique Denaux. Une ambulance nous attendra dans deux heures au bac de Cuu.

Le blessé est déposé dans une couverture, hamac de fortune accroché à un long bambou que portent deux gardes. Sans plus attendre, le convoi d'évacuation se met en route. Guigoures presse le pas. Il sait que la blessure est grave ; même si Hang ne saigne pas, il a sûrement une hémorragie interne. Ses traits se creusent, ses lèvres blanchissent, son pouls faiblit.

— Plus vite ! *Maolen !*

Il faut pourtant près de deux heures pour atteindre la rive du Song Van Huc et le bac de Cuu au-delà duquel la route est carrossable jusqu'à Haiphong.

L'ambulance est déjà là, escortée par une section de légionnaires juchés sur un G.M.C. Hang est aussitôt embarqué.

— Occupez-vous bien de lui, demande Guigoures à l'ambulancière, une solide fille du Nord, célèbre dans tout le Delta, Aline Lerouge, chevalier de la Légion d'honneur. On raconte qu'il lui est arrivée de défendre ses blessés, seule, le F.M. à la main.

L'arme est d'ailleurs à côté de son siège, dans la cabine, chargeur engagé.

— T'en fais pas, on va le sauver, ton camarade ! Dans deux heures, il sera sur la table d'opération !

Elle baisse la voix et, en confidence :

— Il est salement touché, je ne sais pas s'il passera le voyage...

Guigoures rentre au poste pour apprendre qu'en effet le sergent Hang est mort durant son transport. Quand elle découvre la nouvelle, Thi Baï éclate en sanglots, puis elle va se réfugier sous son lit.

Les gardes se regardent, émus, attristés. Le désespoir de l'enfant est insupportable à voir. La gamine va ainsi rester de longues heures dans son recoin. Puis elle en émerge, au matin, le visage fermé, l'œil sec. Elle ne prononcera plus un seul mot.

Quelques jours plus tard, elle sera envoyée chez les parents de son père.

Dans la nuit, un brouhaha attire l'attention des gardes. Au milieu de la cour du poste, rassemblés en cercle, les Vietnamiens entourent une silhouette agenouillée, la tête penchée vers le sol. Une torche éclaire la scène.

— Que se passe-t-il ? demande Guigoures.

— C'est rien, xep. C'est le prisonnier viêtminh.

— Au fait, je l'avais oublié, celui-là. Qu'êtes-vous en train de lui faire ?

— Lui c'est tuer le sergent Hang. Nous, c'est tuer lui.

— C'est hors de question. Les prisonniers sont bien traités. Demain, je le ferai acheminer jusqu'au P.C. du lieutenant Lacoste.

Les gardes vietnamiens secouent la tête. Leurs yeux brillent, ils ne sourient plus.

— Vous, xep, c'est Français. Nous, c'est Vietnamiens. Nous régler le problème entre nous.

« Une affaire de famille », pense Guigoures. Il connaît bien ses hommes. Il sait que s'il leur arrivait de tomber vivants aux mains de leurs adversaires, il ne leur serait pas fait grâce.

Il va protester tout de même. Mais l'un des gardes a été plus rapide. Il a vivement plongé son couteau dans la poitrine du prisonnier, touchant le cœur du premier coup. Il le retire, l'essuie entre ses lèvres et lance :

— Tu as eu ce que tu as voulu !

2.

Phu Taï, novembre 1950.

L'annonce de la catastrophe de la R.C.4. où, en quelques jours terribles, deux colonnes de près de 3 000 hommes ont été anéanties dans les calcaires proches de Dong Khé, a provoqué la stupeur. Même isolés, les postes ont été rapidement informés et la consternation est totale.

Bien sûr, ceux qui sont journellement au contact savent que le Viêt est nombreux, accrocheur et qu'il se renforce de jour en jour. De là à imaginer qu'il puisse venir à bout de deux des bataillons étrangers réputés parmi les plus solides, le 3/3e du commandant Charton et le B.E.P. de Segrétain, en quelques heures, voilà qui dépasse l'entendement.

Les gardes aiment bien les képis blancs. Ils ont en eux une confiance absolue et savent qu'en cas de coup dur, ils peuvent compter sur eux. Au fil des années, parfois au coude à coude, en Cochinchine, comme au Tonkin, ils ont appris à se connaître et à s'estimer. Bien souvent, ils se sont battus, fraternellement soudés, dans quelques blockhaus du Delta ou de la Moyenne Région.

Chez l'ennemi, le moral est au zénith. Il ne se passe pas de nuit sans qu'une section de propagande vienne sous les tours de Phu Taï — et probablement ailleurs — claironner des appels à la désertion destinés aux gardes vietnamiens, ou des incitations à la défection pour les Européens.

— Vous avez perdu la guerre ! Nous serons à Hanoi pour le Têt ! Allez-vous-en, exigez votre rapatriement !

Ou bien :

— Vous n'avez plus que quelques jours à vivre. Nous attaquerons demain et vous serez tous tués ! Rendez-vous !

Personne ne leur répond, sinon, de temps à autres, par un obus de mortier de 60 que leur adresse, paisiblement, Ben Aïssa, un vieux tirailleur marocain, détaché au poste pour servir la pièce. Ben Aïssa en a vu d'autres, il était à Cassino.

Les jeunes, Lehaut ou Pétillon, affectent de rire des rodomontades ennemies. Ils savent pourtant qu'une attaque est chose possible.

Voici trois semaines dans la nuit du 1er au 2 novembre, le poste de Tinh Xuyen a été anéanti. Caubère, le chef de poste, s'est battu seul, toute la nuit. Blessé à la cuisse gauche, il a brûlé sa plaie pour arrêter l'hémorragie et s'est replié dans sa tour. Au matin, les Viêts y ont mis le feu. Alors Caubère a jeté son F.M. dans les flammes et a sauté. Prisonnier, amputé par un chirurgien viêtminh, sans anesthésie, Caubère se lève de la table d'opération et tente de s'enfuir. Rattrapé, battu, mis au secret, il a finalement été libéré hier. Des paysans ont déposé son brancard à proximité de Phu Taï.

« A quand notre tour ? » se demande souvent Guigoures.

Il a sa section bien en main. Ce sont des catholiques farouches, d'un rigorisme intransigeant — ils ont failli provoquer une émeute un certain vendredi où ils avaient vu leurs cadres français manger de la viande de buffle — et résolument anticommunistes.

Mais résisteront-ils à un adversaire qui n'attaque qu'avec un effectif de six à huit fois plus nombreux et dispose d'un armement bien supérieur au leur ?

« Nous verrons bien », pense-t-il, fataliste.

Pratiquement chaque jour, une patrouille sillonne pistes et diguettes et, au fil des semaines, une sorte de consensus s'est établi entre les adversaires. Le jour aux Franco-Vietnamiens, la nuit aux rebelles.

Souvent aussi des opérations plus importantes sont entreprises à l'échelon du sous-quartier de Ninh Giang dont dépend Phu Taï.

A Ninh Giang règne le lieutenant Lacoste, un solide Béarnais de 38 ans, au parler rugueux, au caractère plus rugueux encore. Solidement campé sur ses jambes de montagnard, il arpente la rizière sans fatigue apparente.

Il a le contact facile, connaît bien ses hommes. D'ailleurs il a commencé sa carrière comme simple élève gendarme, voici près de vingt ans.

Entre lui et Guigoures, l'étincelle a jailli. L'officier a flairé dans le jeune garde un baroudeur d'exception et, de son côté, Guigoures s'est mis en tête d'imiter en tous points son ancien. Ils se comprennent sans même avoir besoin de se parler.

En arrivant à Ninh Giang, outre le poste qui était à construire, Lacoste n'a trouvé qu'un armement dérisoire, des fusils MAS 36, quelques P.M. 38, cinq ou six mortiers de 60 qu'il a aussitôt répartis dans les postes. Comme armement « lourd », il n'a conservé qu'un vieux canon de 105 « Bourges », une antiquité au canon usé qui en fait un danger pour ceux qu'il est censé appuyer.

— Quand on n'a pas ce que l'on veut, a-t-il coutume de dire, il faut faire avec ce que l'on a. Et nous avons des jambes !

Alors il marche. Il a décidé d'effectuer au moins une liaison par mois dans chacun de ses postes, même s'il sait qu'à chaque fois, il lui faudra batailler durement pour aller, encore plus durement pour revenir. Mais il a de la chance. Quand on le lui dit, il rit :

— De la chance ? Pas une miette. Il se trouve simplement que j'ai « pigé » le truc. Ici, il faut manœuvrer vite, et ne jamais laisser deviner ni ses intentions ni ses itinéraires. Ne jamais répéter une ruse, elle vous retombe sur la figure. Inventer, inventer tout le temps.

Et il invente. La vitesse étant un atout majeur, il ne s'embarrasse pas d'impédimenta intransportables qui le riveraient aux axes. Il marche comme les Viêts, avec une simple poignée de riz dans la poche, il boit de l'eau, il ne fume pas.

Tôt, le matin, il alerte les postes qui dépendent de son sous-quartier, selon une série de messages conventionnels, il leur demande de mettre sur pied une section d'intervention à laquelle il fixe un rendez-vous non loin de l'objectif. Ainsi arrive-t-il à constituer une grosse compagnie de marche, présente au moment de l'action, sans que l'ennemi ait pu comprendre où elle allait intervenir. Quand il l'apprend, c'est trop tard.

— Une bonne nouvelle ! Le lieutenant Lacoste a décidé de monter une opération pour rompre notre encerclement !

Denaux est sorti en trombe de son local radio, une fiche à la main. Il pénètre en cyclone dans la chambre où ses trois camarades achèvent d'avaler le café du matin.

Guigoures s'empare de la feuille et lit :

« Ordres pour la journée du 24 novembre. Pour le poste de Phu Taï se porter vers le nord en bouclage au sud du village de Van Diêm, occupé par un effectif V.M. estimé à une compagnie.

« Mise en place terminée pour huit heures du matin. Stop et fin. »

Guigoures regarde sa montre. Il ne dispose que de deux heures et demie pour remplir sa mission. Plus une minute à perdre.

— Pétillon ? Rassemble deux groupes de combat. Deux unités de feu. Prêts à partir dans vingt minutes. Exécution.

Un rapide coup d'œil à la carte qu'il connaît par cœur, Van Diêm est tout à côté, au nord-ouest, le long de la digue. C'est effectivement un gros morceau qui, jusqu'à ce matin, formait un obstacle infranchissable aux convois de ravitaillement de Phu Taï. Si le lieutenant Lacoste a décidé de faire sauter ce bouchon, le poste va enfin pouvoir respirer un peu.

Il achève de se préparer, accroche sa carabine américaine à son épaule et sort dans la cour. Pétillon a déjà rassemblé la section et commande le « présentez-armes » ! Discipline d'abord. Guigoures passe ses hommes en revue, corrige quelques détails de l'équipement et, d'un geste du bras, lance sa troupe sur le chemin de la guerre.

Sur ses talons, Lehaut referme la lourde porte de bois, un peu comme le commandant d'un sous-marin rabat le panneau de kiosque, coupant ainsi le contact avec le monde extérieur.

Le jour pointe à peine, sale, triste, apportant de la mer des écharpes de crachin. L'automne tonkinois est froid, humide, désespérant. Tout est gris, le ciel, la rizière, la diguette. Pour Guigoures, Breton, cela lui rappelle parfois les mornes étendues de la lande. Ici, les korrigans s'appellent des *ma koui,* des génies malfaisants qui, parfois, mangent la cervelle des hommes, les rendant fous.

Déjà les tam-tams de bambou résonnent, lugubres, de proche en proche. Chez les Viêts aussi les transmissions fonctionnent bien. Tellement bien qu'ils se permettent d'émettre sur les mêmes fréquences que les Français, brouillant les liaisons. Ils interviennent aussi, lançant des injonctions d'une voix dont les haut-parleurs accentuent l'intonation nasillarde :

« Soldats français, vos jours sont comptés ! Nc vous battcz plus pour les colons. Sauvez votre vie... »

On a le temps de penser lorsque l'on chemine, même si les yeux et les oreilles sont à l'affût, guettant le détail insolite, le bruit suspect qui révèle le piège, l'embuscade.

De larges nappes de brouillard flottent, légères, sur la rizière, s'accrochant à la cime des aréquiers, se dévoilent sur le canal. Il fait frais. Guigoures arrange autour de son cou le chèche de coton qui lui tient lieu d'écharpe.

Derrière lui, ses vingt-cinq gardes tonkinois sont silencieux. Ils sont impassibles, on jurerait qu'ils ne pensent à rien. En réalité, tout comme leur chef, ils sont vigilants.

Parfois, leur voix pressée annonce :

— *Xep, xep, xep!* Vite, *louxi* [2] là-bas : c'est nha-qués du village de Van Hoï fout'le camp !

— Laisse-les filer, les Viêts vont croire que nous allons leur refaire le coup du mois d'août !

Il est sept heures et demie. Dans le lointain, exactement dans l'axe d'une trouée à travers un bosquet de cocotiers, une masse grise semble posée sur l'eau. C'est Van Diem, l'objectif prévu, huit cents mètres devant.

— Pétillon, mets ton groupe en ligne. Dispositif très étalé. Surveille tes types. En cas d'attaque, ils ont une fâcheuse tendance à se resserrer !

Pour sa part, du bras, il indique à son groupe le côté gauche de la piste. Les hommes se laissent glisser dans la rizière, de l'eau jusqu'aux cuisses.

Et la progression reprend. En véritables paysans du Delta, les gardes avancent lentement, avec ce mouvement très particulier des épaules qui accompagne et atténue les mouvements des cuisses. L'on n'entend aucun bruit, à peine un léger clapotis.

2. De « look and see » : regarde !

Il est huit heures. Le soleil est bas sur l'horizon, disque de cuivre blême, estompé par le crachin.

Guigoures a fait stopper sa section à l'abri d'une diguette transversale. Il soupire, les Viêts ne semblent pas l'avoir encore détecté. Il en comprend vite la raison. Venant de l'est, une longue file de soldats progresse, convergeant vers le village. Jumelles aux yeux, Guigoures les observe. Il reconnaît la haute taille, les peaux blanches, l'air à la fois assuré et décontracté des légionnaires. Le 3e Etranger est là, l'affaire sera chaude, rondement menée. La radio chuinte :

— Papa tango ? Ici Autorité Nectar Golf. Etes-vous en place ?

— Papa tango (Phu Taï). Affirmatif.

— Soyez parés pour interception. Terminé.

— Reçu.

Les premiers coups de feu crépitent. A la tête de ses hommes, Lacoste a donné l'assaut. Les Viêts se défendent bien. Le village est truffé de barricades, de tranchées, de barrières de bambou qui freinent la progression. Chaque emplacement est défendu jusqu'à la mort de ses défenseurs.

Pourtant les Français avancent. Ils lâchent de courtes rafales, jettent leurs grenades dans les trous. Personne ne fait de cadeau.

Les légionnaires sont entrés dans la fournaise. Ils ont à cœur de venger leurs camarades du 3e bataillon qui se traînent aujourd'hui blessés, faméliques, en loques, sur les pistes de la captivité. Leur assaut se fait à la façon d'un rouleau compresseur, avec une sorte de lenteur solennelle qui impressionne les Viêts. Les voltigeurs balancent ensemble des volées de grenades de fonte aciérée. Quelques secondes, une suite d'explosions sourdes, puis les pistolets mitrailleurs, les F.M. entrent dans la danse.

Un déluge d'acier et de feu. Le village commence à brûler, ajoutant aux détonations, l'éclatement des bambous qui crépitent, en salves sèches.

— Papa tango ? Ici Autorité. Les gars commencent à décrocher. Ça va être à vous !

Guigoures répercute l'avertissement. Il a noté au passage un ton de jubilation dans la voix hachée du lieutenant. Lacoste est à la fête, sa tactique a payé.

— Du gros en face ?

— Plutôt, oui, au moins trois cents rombiers, et bien armés. Réguliers et du-kich ! Des fanatiques !

Dans le poste radio s'entendent les rumeurs du combat.

— Un vrai reportage en direct, commente Denaux.

Un peu en arrière, l'infatigable Ben Aïssa a amené son mortier de 60. Posément, il ajuste son tir sur les arrières ennemis.

— *Adrob, adrob*[3] *!* dit-il avec un large sourire, à chaque départ de torpille.

Au sixième obus, les Viêts l'ont repéré. A leur tour, ils ripostent, au 81. Des gerbes d'eau et de boue encadrent bientôt le tirailleur qui, furieux et vexé, décide de changer d'emplacement.

— *'n hadin,* grogne-t-il dans sa barbe.

Mais les Viêts ne lui laissent pas de répit, leurs obus le suivent à la trace.

— Arrête tes conneries ! lui lance Guigoures, ça va finir par nous tomber dessus !

Ben Aïssa hausse les épaules et obéit quand même.

— La prochaine fois, moi j'en suis pas vinir l'opération !

En d'autres circonstances, cette sortie amuserait Guigoures. Ben Aïssa a des réflexes de vieux serviteur. Il grogne, mais il fait son métier.

Les Viêts cherchent maintenant à sortir de la nasse. Ils se regroupent, donnent de furieux coups de boutoir vers le nord, face au lieutenant Lacoste de façon à permettre le décrochage des réguliers. Ceux-ci rompent le combat, se rassemblent aux lisières et, brusquement, foncent vers l'est, en hurlant et en faisant feu de toutes leurs armes.

Ils se cognent aux légionnaires. Ceux-ci attendent le choc. Ils ne bronchent pas d'un mètre et ripostent, comme au stand de tir. Surpris par cette résistance qu'ils n'auraient jamais soupçonnée, les réguliers n'insistent pas. Ils refluent, en désordre, ramassant au passage les armes de leurs tués.

D'un seul coup, le silence retombe sur le village. Les Viêts se diluent dans les buissons, rampent derrière leurs barrières, se glissent par leurs tranchées et leurs souterrains, pour ressurgir à l'autre extrémité.

Nouveau regroupement, face au sud cette fois.

— Papa tango ! Cette fois, c'est pour vous !

Guigoures s'en doutait. Un dernier regard à ses hommes, pour l'instant encore bien étagés tout au long de la diguette. Le silence est pesant, à peine troublé par le friselis du crachin qui tombe, désespérant, sur la rizière. Au loin, une bande de corneilles passe, en coassant.

D'un seul coup, un clairon aboie, sonnant la charge.

Et les Viêts jaillissent des fourrés, en poussant leurs habituelles clameurs sauvages. Il y en a partout. Cent ? Deux cents ? Guigoures l'ignore, mais ils grouillent, comme s'ils étaient nés de la broussaille même.

3. Frappe, frappe !

— *Cat cai dao ! Cat cai dao !*

Ils s'élancent, pris sous le feu des gardes vietnamiens qui, en dépit des ordres que leur crient Pétillon et Guigoures, se sont rapprochés, préférant se battre au coude à coude. Ils n'aiment pas se sentir seuls. Du même coup, les mailles du filet se détendent. Des trous apparaissent dans le dispositif. Les Viêts ont immédiatement réagi. Ils forcent le barrage et passent.

Guigoures est isolé. Il tire, au jugé, dans la masse des Viêts qui ripostent, sans s'arrêter, plus soucieux de s'enfuir que de livrer bataille ; ils ne songent même plus à récupérer les armes de leurs morts. Ils courent, cherchant l'abri de la rizière.

Guigoures tire. Son chargeur est vide. Il le change. Une balle s'écrase sur la crosse de sa carabine, la brisant net. Aucune importance. Un Viêt est là, à trois mètres. Une balle, deux balles. Il vrille sur ses jambes, commence à tomber. C'est comme un film au ralenti, Guigoures détaille chacune des images que son cerveau enregistre. Il note la tenue noire, le casque de latanier au filet duquel sont accrochées quelques branches. Il voit les cartouchières de toile, sommairement cousues de gros fil blanc. Le pantalon rapiécé, les pieds nus, blancs de boue séchée.

Il remarque surtout le fusil japonais qui se braque vers lui, qui crache une courte flamme orange.

Guigoures a l'impression qu'un poing s'est écrasé contre son ventre, irradiant une douleur insupportable. « Cette fois-ci, a-t-il le temps de penser, j'ai volé mon surnom de " Trompe-la-mort ". Je suis bon... »

A côté de lui, un garde vietnamien a reçu un projectile dans la jambe. Il piaille comme un cochon que l'on égorge. Guigoures continue d'enregistrer.

Le Viêt qui s'écroule enfin. Et l'autre qui surgit, qui vocifère. Qui lève son arme et dont, brusquement, la tête devient une pastèque trop mûre, éclatant dans une gerbe de gouttes rouges.

« Je l'ai eu, se dit Guigoures. Bon sang, je l'ai eu ! »

Il n'a même pas le souvenir d'avoir appuyé sur sa détente. Il a mal. Tellement mal...

Il reprend conscience un peu plus tard. Penché sur lui, Lehaut achève le pansement qu'il a lové autour de son ventre.

— Tu as eu de la chance, explique l'infirmier : la balle a d'abord traversé ton ceinturon, ce qui l'a déviée. Sinon, elle allait tout droit, et t'aurait tranché la moelle épinière !

— Qu'as-tu mis sur la plaie ? Ça me brûle terriblement.

— C'est Van Hiêp ; il a vidé sur ta plaie un paquet de tabac, il affirme que ça évitera l'infection.

Guigoures n'est pas tout à fait convaincu, mais il n'est guère en état de protester. Il répond simplement :

— Je te confie le poste de Phu Taï. Prends-en soin et sois vigilant. Quand je reviendrai, je veux que tout soit en ordre...

— Compte sur moi.

Le Dodge cahote sur la mauvaise piste. A l'arrière, Guigoures serre les dents sur sa douleur. A sa gauche, le garde vietnamien s'est tu, il somnole, sa tête dodelinant au gré des fantaisies de la piste. A sa droite, un légionnaire, blessé à l'épaule, fume placidement. De temps à autres, il se penche.

— *Alles ist gut ?* demande-t-il avec un sourire aimable.

— J'ai soif.

— Quand tu blessé au ventre, défendu boire. *Trinken verboten...*

— Où allons-nous ?

— Bac de Cuu. De l'autre côté, il y aura l'ambulance !

Assommé par la piqûre de calmant, Guigoures a somnolé un peu. Une voix familière le tire de sa torpeur :

— Tiens, voilà mon ami de Phu Taï, l'homme aux belles moustaches !

Guigoures sourit. Il a reconnu Aline Lerouge et son air jovial.

— Ses types l'appellent « Trompe-la-mort » ! précise le légionnaire, hilare.

— Il n'a pas volé son surnom. Quelques centimètres au-dessus et il était bon pour la morgue. — Elle change de ton : — Allez, en voiture. Dans deux heures, vous retrouverez la civilisation !

A côté d'Aline Lerouge, une seconde ambulancière est présente. Guigoures la connaît aussi, c'est Mme Soubise, une autre célébrité du Tonkin, la providence des blessés.

Deux infirmiers vietnamiens ont empoigné le brancard et le hissent à l'arrière. Les portes claquent. Le moteur ronronne.

La nuit est déjà tombée. L'ambulance avance prudemment, en cahotant. Un petit ressaut. Les roues avant ont dépassé la berge du fleuve, tombent lourdement sur le bord du bac qui s'enfonce, puis ripe au bout de son aussière et s'écarte du rivage.

L'ambulance pique du nez, puis, d'un seul coup, elle plonge dans la rivière, profonde de huit à dix mètres à cet endroit. Guigoures a glissé de son brancard. Il entend des cris, des appels. Puis plus rien.

Maintenant l'eau s'engouffre dans l'ambulance, elle monte en gros tourbillons avec un bruit de cataracte. Guigoures a déjà les cuisses qui baignent.

« Je ne vais pas crever comme un rat, noyé dans une caisse ! » gronde-t-il.

Il se débat, et, de son poing fermé, il réussit à casser la vitre de l'une des deux portes arrière. Il y passe d'abord le bras gauche, puis la tête. Puis le bras droit. Le passage est étroit, il doit appuyer de toutes ses forces pour s'extirper de son piège. Son pansement le gêne. Il l'arrache.

Le voilà enfin sorti de son cercueil.

Il fait surface, mais son pantalon, déboutonné à cause du pansement, est tombé sur ses cuisses, l'empêchant de remuer les jambes.

« C'est trop bête, je vais me noyer... »

Mais son envie de vivre est la plus forte. De la main gauche, il tente de se maintenir hors de l'eau, de la droite, il parvient à enlever son vêtement.

Le courant est fort à cet endroit ; Guigoures nage, nage de toutes ses forces. Il se rapproche enfin de la rive, réussit à saisir une rame que lui tend un légionnaire.

Une main s'agrippe à lui. Il détourne la tête. Il aperçoit son garde vietnamien, lui aussi prisonnier dans l'ambulance et qui a sûrement emprunté le même chemin pour s'échapper.

Les légionnaires hissent les deux hommes sur la terre ferme, puis ils les chargent sur la plate-forme de leur G.M.C.

— Dis donc, observe l'un d'eux, tu as mérité une fois de plus ton surnom, dirait-on ?

— Que ont devenues les deux ambulancières ?

Les rires s'éteignent.

— Nous n'avons rien pu faire pour elles.

Guigoures ferme les yeux. Il pense que c'est trop idiot de mourir ainsi, après avoir tant de fois risqué sa vie pour sauver des blessés. « Aline Lerouge, se promet-il, je ne vous oublierai jamais... »

3.

Phu Taï, 1er décembre 1950.

Lorsqu'il est arrivé à Haiphong, voici deux mois, notant ses impressions de jeune débarqué, le garde Laleu a écrit à ses parents qu'il entendait souvent la nuit le grondement du canon. L'habitude aidant, il n'en a plus parlé. Voici quinze jours, lorsqu'il a été affecté au poste de Phu Taï, il a décrit le delta, les villages, la vie quotidienne.

« Cela nous a rassurés un peu de te savoir enfin dans une région plus tranquille », lui a répondu sa mère.

Il rit. Il lit, à haute voix, cette phrase à ses camarades, regroupés dans la pièce de la grosse tour qui leur sert de popote l'hiver.

— Ça, pour être tranquille, observe Pétillon, on peut dire que Phu Taï est un coin tranquille ! Cela fait au moins deux nuits que les Viêts ne sont pas venus nous harceler !

— Je me demande ce que ça cache, ajoute Denaux.

— Allons, ne sois pas pessimiste, intervient Lehaux. Pour une fois qu'ils nous fichent la paix, ne le déplore pas. Au fait, as-tu des nouvelles de Guigoures ?

— Au dernier B.R.Q., il guérit lentement. Peut-être sera-t-il avec nous pour Noël ?

Noël est dans trois semaines. Pour les gardes vietnamiens, en majorité catholiques, ce sera la fête, presque aussi importante que le Têt. Ils se préparent avec ardeur à commémorer la Nativité. Hier, le curé du village catholique de Dang Lang est venu leur apporter de petits personnages de céramique qu'ils installeront dans une crèche, à la place d'honneur dans leur baraque.

— Il est sept heures. Laleu, veux-tu faire une ronde ?

Depuis la disparition de leur chef, Lehaut assure le commandement du poste. Il a une sorte d'autorité naturelle, faite de gentillesse, de dévouement. Personne, pas même les Vietnamiens, n'oserait lui désobéir, ne serait-ce que pour éviter de lui faire de la peine.

Laleu se lève, enfile un imperméable et prend la lampe-torche. Il ouvre la porte, un courant d'air glacé balaie la pièce, faisant vaciller la flamme jaune de la lampe à pétrole.

— Quel temps de chien ! dit Pétillon.

— Un temps à ne pas mettre un Viêt dehors ! renchérit Denaux.

Laleu s'est glissé dans la cour. Il va de guetteur en guetteur, obtenant chaque fois la même réponse : « R.A.S., xep ! ».

Il redescend du créneau, le visage fouetté par les rafales d'un vent glacial qui draine de la mer des gouttes fines et pénétrantes d'un crachin glacial. « Ce qu'il faudrait, c'est un bon grog ! pense-t-il. Dire que certains disent que l'Indochine est un pays chaud... »

Son regard est soudain attiré par un détail. Insolite. La porte est enTrouverte.

Il fait volte—face et s'y dirige, à grands pas, tout en invectivant la sentinelle :

— Ohé, toi ! Qu'est-ce que cela veut dire ? Tu sais bien...

Il n'a pas le temps d'achever sa phrase. Une gigantesque explosion le jette à terre. Un obus à charge creuse vient de s'écraser contre le mur d'enceinte, provoquant une brèche de près d'un mètre dans les briques.

Il se relève, un peu groggy, tout en hurlant :

— Alerte ! nous sommes attaqués.

La porte s'ouvre en grand, laissant passer un flot d'hommes en noir qui déferlent en hurlant :

— *Tiên lên !* A l'assaut !

Déjà, de l'angle opposé, les gardes vietnamiens réagissent. La mitrailleuse de la tour a opéré un demi-tour et crache le feu sur les assaillants.

Tout en courant se réfugier auprès de ses camarades, Laleu essaie de comprendre. Il n'y a pas de doute ; le poste a été trahi. « Si je tenais le salaud qui... »

Il arrive, haletant, rabat sur ses talons le vantail qui clôture le blockhaus principal et, au coude à coude avec Pétillon, ouvre le feu sur la horde ennemie maintenue à distance par les tirs croisés des gardes fidèles et des Français.

— Je monte dans la tour, décide Lehaut. Toi, Denaux, lance un message radio. Demande un tir d'appui !

Les Français se battent bien. Pas un seul ne pense à se mettre à l'abri. Du courage de chacun dépend la survie de l'ensemble.

— Et puis, on n'a pas le choix ! plaisante Pétillon.

Lentement, la défense s'organise. Chaque attaque inopinée provoque toujours un début de désordre. Passé ce premier instant où chacun prend la mesure de l'adversaire, la réaction devient adaptée, mesurée. Les réflexes jouent mieux.

Laleu et Pétillon dans le blockhaus bas, Denaux et Lehaut sur la terrasse de la tour font des prodiges. De l'autre côté, les gardes vietnamiens ont tenu.

— Je vais les rejoindre ! hurle Pétillon.

— C'est de la folie, tu ne traverseras jamais la cour !

— Possible, mais ils se battront mieux s'ils voient auprès d'eux un camarade européen !

Il s'éjecte du blockhaus, non sans avoir recommandé à Laleu de « tenir le coup ». Puis il galope, en zigzaguant, lâchant au passage quelques brèves rafales contre des silhouettes noires, entrevues à proximité.

« Si nous pouvions organiser une contre-attaque et rejeter ces salopards à l'extérieur, nous serions sauvés ! » pense-t-il.

Les Viêts ont été surpris par cette résistance qu'ils n'escomptaient pas. Le traître qui devait leur ouvrir la porte à 7 heures avait affirmé qu'à cette heure-là tous les Français dormaient...

Ils reprennent leurs tirs d'artillerie avec leur redoutable S.K.Z. Les murs explosent, les créneaux de la tour sont volatilisés. Une charge met le feu au blockhaus d'angle.

Dans la partie opposée, Pétillon, qui a rejoint les gardes

autochtones, se bat comme un lion. Par deux fois, il a repoussé une attaque, à la grenade. De la voix et du geste il encourage les défenseurs.

— Ne vous laissez pas couper les couilles !

C'est un langage que comprennent les Vietnamiens. Ils savent qu'il ne leur sera pas fait de quartier. Alors ils luttent. Héroïques.

Il y a maintenant deux heures que le combat fait rage. Dans la tour, Laleu a été blessé aux jambes par des éclats d'obus, mais il sert toujours le fusil-mitrailleur. Au-dessus, le garde Denaux Gilbert agonise. Une rafale lui a déchiqueté la poitrine.

A côté de lui, à la mitrailleuse, Lehaut se bat toujours. Il a peu d'espoir maintenant. Les munitions s'épuisent et les Viêts maintiennent toujours leur pression. Combien sont-ils ? Il estime à près de trois cents les hommes qui se sont lancés à l'assaut de Phu Taï. Trois cents contre trente, la proportion est normale. A dix heures du soir, submergé par le nombre, le réduit des Vietnamiens cesse toute résistance organisée. Pétillon a été tué, l'un des derniers. Il se battait avec la crosse de sa carabine, toutes munitions épuisées.

Lehaut est seul. Il lâche encore quelques rafales de sa 12,7 jusqu'à ce que la culasse claque dans le vide. Alors, posément, il la démonte, balance la culasse par-dessus le rempart et descend. Il a rempli ses poches de grenades.

Il va encore tenir une heure, épuisant toutes les munitions qu'il possède encore.

Excédés, fous de rage, les Viêts ont mis le feu au poste. La chaleur est infernale.

A minuit, Lehaut sort du blockhaus, les mains dans les poches[4].

Quand il a appris la nouvelle, à l'hôpital de Haiphong, Guigoures a été atterré. Il a maudit sa blessure qui l'avait empêché d'être auprès de ses camarades.

— Cela n'aurait rien changé, lui a affirmé le colonel Solenne. D'après le rapport du lieutenant Lacoste et du capitaine Marsaleix, c'est un bataillon au complet du régiment 42 qui a mené l'assaut. Tout ce que vous auriez pu faire était seulement de mourir au milieu de vos camarades.

4. Fait prisonnier avec Laleu, Lehaut sera le seul survivant du poste de Phu Taï. Pétillon et Denaux, achevés par les Viêts, ont été jetés dans le canal.

Lehaut sera libéré le 25 mars 1952 après 16 mois de captivité. Sa conduite au camp n° 5 lui vaudra (fait rarissime) une citation à l'ordre de l'Armée et sa nomination au grade de maréchal des logis-chef.

Il a en effet sauvé la vie de deux sous-officiers du 24e R.M.T.S. (régiment de marche de tirailleurs sénégalais), l'adjudant Veglio et l'adjudant-chef Gaudas.

« Ne regrettez rien, vous allez guérir, vous allez vivre et de la sorte, vous pourrez les venger.

Il a souri :

— Je suppose que votre surnom de « Trompe la mort » doit vous sembler lourd à porter ?

Guigoures n'a pas répondu. Il serrait les dents pour ne pas pleurer.

4.

A Ninh Giang, le lieutenant Lacoste a été aussitôt averti de l'attaque menée sur Phu Taï. Il s'est démené toute la nuit pour obtenir la permission de foncer sur le poste. Difficilement, il a réussi à obtenir l'autorisation de prélever quelques sections d'intervention sur les postes d'alentour.

Il est parti à cinq heures du matin. Il lui faut parcourir 19 kilomètres de diguettes, en pleine zone rebelle, pour parvenir sur les lieux du combat.

A huit heures, il déjoue une première embuscade. Une demi-heure plus tard, il culbute une compagnie, disposée en bouchon au village de Dinh Nham. Il ne fait pas de quartier, sa rage est grande, son espoir aussi. Il est parfois arrivé que des survivants se dissimulent dans les rizières proches et échappent ainsi à la mort ou à la captivité.

A dix heures du matin, il abat, à la carabine, quelques Viêts qui s'étaient attardés à proximité de Phu Taï.

Dès qu'il a aperçu le poste, il a compris et une grande tristesse s'est abattue sur lui. Au capitaine Marsaleix, qui commande l'escadron et qui a tenu à l'accompagner, Lacoste a dit :

— On se sent coupable d'être vivant quand ses hommes se font tuer...

— Soyez fier au contraire. C'est un honneur de les commander.

A l'intérieur de Phu Taï onze cadavres de gardes, atrocement brûlés, sont découverts au milieu des ruines et des gravats. Aucun Européen n'est parmi eux.

Une demi-heure plus tard, une colonne est signalée, venant de l'ouest, marchant le long de la digue du canal des Bambous. A leur tête, un grand lieutenant maigre, avec un profil d'oiseau de proie. Il arrive, se présente :

— Lieutenant Bernard de Lattre. — Puis il ajoute : — Nous avons retrouvé les corps de deux de vos hommes qui flottaient, à la dérive, dans le canal à six kilomètres d'ici.

Il fait déposer les deux cadavres. Ce sont ceux de Gilbert Denaux et d'Armand Pétillon.

Le lieutenant Lacoste a trouvé la mort deux mois plus tard, le 27 janvier 1951, en donnant l'assaut au village de Dinh Lam, occupé par trois compagnies du régiment 42 qui venaient d'attaquer Dang Lang, un village catholique défendu par le curé et sa milice.

Il est quinze heures. Le tir d'artillerie a été levé. Lacoste s'est dressé. De la main, il lance ses hommes en avant. A droite, la section du garde Malarde, à sa gauche, celle du garde Lecuiller.

La compagnie s'ébranle. Mais le lieutenant Lacoste ne va pas loin. Il est abattu, d'une rafale en pleine tête. Sa section flanche ; alors Malarde tente un mouvement tournant pour la dégager. Il est tué à son tour.

Son adjoint, Liron, blessé, ne sera pas retrouvé [5].

Blessé à son tour, Lecuiller, le dernier Européen survivant, conserve cependant assez de lucidité pour tenir le terrain, afin de laisser aux renforts le temps d'arriver.

La légion est là, en effet. Il lui faudra deux heures de combats acharnés pour dégager la poignée de gardes vietnamiens qui se sont spontanément regroupés autour du cadavre de leur chef afin d'en empêcher la profanation par l'ennemi.

Une promotion de l'école de Gendarmerie a reçu, en 1951, le nom de Promotion Lieutenant Lacoste.

5. Fait prisonnier, le garde Liron a été libéré le 18 mars 1952.

XI

1.

Uong Bi, Tonkin, mars 1951.

Une liasse de papiers à la main, le garde Volet s'étouffe de rire. Il se tient devant le capitaine Quesnoy, le patron du 2e Escadron de la 3e Légion, et n'arrive pas à stopper son fou-rire.

— Qu'est-ce que cela veut dire ?

— Mon capitaine... Volet s'étrangle, mais finit par retrouver son sérieux : mon capitaine, ce sont les tracts !

— Et alors ? Ne vous avais-je pas recommandé de les balancer sur les pistes autour de votre poste ?

Les tracts sont l'œuvre d'un adjudant nung de l'escadron. Rédigés en deux langues, vietnamien et nung, ils sont une invitation à se rallier faite aux bo-doïs :

Hô Chi Minh vous avait promis d'être à Hanoi pour le Têt. Le Têt est passé. Et vous souffrez toujours dans vos forêts, dans vos montagnes, sans l'espoir de la victoire.

« Ralliez-vous, venez rejoindre l'armée du Viêt-nam libre. »

— Que leur reprochez-vous ? insiste le capitaine.

— Rien. Je les ai dispersés dans la nature comme vous me l'aviez prescrit.

— Et alors ?

— L'adjudant du poste de « Piton 60 » a effectué une liaison chez moi, il les a trouvés et il les a pris pour des tracts viêts. Il les a tous soigneusement récupérés, un par un, et il me les a rapportés.

Volet rit encore :

— Il était très fier de son exploit !

A son tour le capitaine Quesnoy est gagné par l'hilarité. L'histoire est drôle.

— Dire que nous nous sommes donné tant de mal pour rien !

Volet est content. Le moral est bon. Depuis l'arrivée en Indochine du général de Lattre de Tassigny, le corps expéditionnaire français a retrouvé son optimisme, sérieusement entamé au mois d'octobre dernier après le désastre de la R.C. 4. A cette époque, tout le monde pensait que la partie était perdue et les grandes villes du Tonkin, Hanoi et Haiphong, se vidaient comme des outres percées. Les rats quittaient le navire.

Et puis le « roi Jean » est apparu.

Au mois de décembre, il a rameuté sur Hanoi la presque totalité de ses troupes pour le défilé le plus formidable qui se soit jamais produit dans la capitale du Tonkin.

Les hommes se sont vus, ils se sont comptés. Ils ont eu à cœur d'être beaux, tels que les voulait le patron. Et quand ils sont revenus dans leurs cantonnements, dans leurs postes, ils avaient de nouveau retrouvé une âme.

Giap a voulu gagner la seconde manche. Le 13 janvier, il a attaqué, avec trois divisions d'infanterie et une division lourde. Son objectif était de faire sauter le verrou de Vinh Yen, foncer sur Hanoi, à portée de canon.

De Lattre l'attendait là. Il a aussitôt réagi, fait monter de Cochinchine des bataillons entiers, parmi les meilleurs, les tirailleurs, la légion.

Quatre jours durant, la bataille a fait rage. Aux vagues d'assaut viêtminhs, de Lattre a opposé les 105 et les avions de chasse. Puis les baïonnettes des légionnaires et des tirailleurs. Le 17 janvier, le corps de bataille de Giap s'est replié dans ses forêts, léchant ses plaies.

Fort de son succès, de Lattre a décidé la création de groupements mobiles, sorte d'armée en réduction, comportant ses moyens propres en infanterie, en artillerie, en blindés, en transports, en sanitaires, capables d'intervenir dans les délais les plus brefs, partout où la situation l'exige.

Car Giap va attaquer de Lattre et il est bien décidé à le vaincre.

Pour constituer ses groupements mobiles (les G.M.) il a besoin de troupes homogènes, aussi récupère-t-il, partout où ils sont implantés, les régiments d'intervention, et il ordonne leur relève, dans les postes, par des éléments autochtones, encadrés par des Européens.

Durant le mois de février, c'est la grande réorganisation[1]. Elle dure jusqu'au 15 mars et s'achève, avec la relève, au poste de « Piton 60 », d'une section du 24e Régiment de marche de tirailleurs sénégalais, par le peloton du garde Lamonzie et de ses 39 gardes nungs. Ils appartiennent à l'escadron de la garde des frontières de l'Est tonkinois (G.F.E.T.), dont le P.C. est à Uong Bi à mi-chemin entre Dong Trieu et Hong Hay, les deux principaux centres miniers du Tonkin.

Six kilomètres au sud de « Piton 60 », se trouve le poste du « Décanteur », dont la mission est de protéger et de garder l'importante station d'épuration des eaux de Hanoi. Volet, le chef de poste du « Décanteur », a été satisfait de voir arriver à « Piton 60 » son camarade Lamonzie. C'est une vieille connaissance ; ils sont arrivés ensemble en Indochine six mois plus tôt à bord du *Campana*.

Lorsqu'il est passé cet après-midi, escorté de ses adjoints Lambert, Leroux et Villeneuve, Lamonzie s'est arrêté quelques instants à Décanteur. Volet et ses gardes européens, Gressot, Joncour et Préget, leur ont offert une bière « Ba ba »[2]. Tandis que les gardes échangeaient souvenirs et impressions, Volet a entraîné Lamonzie à l'écart :

— On te refile un sacré cadeau. D'après les renseignements que mes Nungs ont recueillis en patrouillant de nuit dans la région, les Viêts nous préparent un sale coup.

— Nous ? s'étonne Lamonzie.

— Nous tous. Mes Nungs affirment que des centaines et des centaines de coolies constituent dans la montagne d'énormes dépôts de vivres et de munitions. En plus, ils construisent des abris pour plusieurs régiments, parfaitement dissimulés dans la jungle.

— En quoi sommes-nous concernés ? Les Viêts se préparent probablement à attaquer vers Haiphong, ou bien vers le Delta.

1. La 3e Légion de marche de la garde mobile (L.M.G.R.) est ainsi répartie (après dissolution du groupe d'escadrons d'encadrement des forces régulières du Viêt-nam-Nord — ex-escadron muong) :

— Le colonel (lieutenant-colonel Pouyade), l'état-major et l'escadron hors rang à Hanoi.

— Le 1er Escadron à Hanoi (encadrement de la garde du Nord-Viêt-nam — G.V.N.N.)

— Le 3e Escadron à Haiphong (encadrement G.V.N.N.)

— Le 4e Escadron à Hanoi (personnels de la garde républicaine détachés aux escadrilles fluviales, à l'encadrement des bataillons vietnamiens (en formation) et du bataillon thaï de Laïchau (nord de Diên Biên Phu) aux ordres du capitaine Landecker.

Le colonel Jounieaux prendra le régiment de la G.V.N.N. et de la 3e Légion à compter du 15 mai 1951 en remplacement du lieutenant-colonel Pouyade.

2. 3 se dit « ba » en vietnamien. « ba ba » = 33.

— Regarde la carte : nous nous trouvons sur la R.P. 18, la rocade nord de l'axe Hanoi-Haiphong. Exactement sur leur passage. — Il énumère : — Mao Khé, Bi Cho, Uong Bi, « Décanteur » et toi, au pied même de la montagne, sur ton « Piton 60 ».

Si ces informations n'émanaient pas de Volet, qui n'a pas la réputation d'affabuler, Lamonzie serait sceptique. Il pose quand même la question qui lui tient à cœur :

— D'après toi, c'est pour quand ?

— Mes Nungs sont précis, ils parlent du 19 mars.

Lamonzie grimace :

— Le 19 mars ? Dans quatre jours ? Comme tu le dis, « on » m'a refilé un sacré cadeau !

Lamonzie est allé sur « Piton 60 » vers trois heures de l'après-midi. A cinq heures, consignes transmises, la section de la coloniale lui passait locaux et matériels en compte. Puis elle est partie, précipitamment a-t-il semblé.

Lamonzie a réparti les tâches et affecté les locaux. Il a installé son radio, le soldat Desalle, en haut de la tour, puis il s'est plongé dans l'étude des archives du poste.

A sa grande surprise, un pli « secret » contient exactement les mêmes informations que celles que lui a données Volet tout à l'heure : l'attaque du poste est prévue pour le 19 mars à la tombée de la nuit. Le pli apporte une précision supplémentaire : le régiment 174[3] aura l'attaque en charge.

Un scrupule l'effleure. Doit-il mettre ses hommes au courant ? Il décide que non. Cela risquerait d'affecter leur moral. « Et en plus le pli est " secret ". »

Mais il décide de pousser au maximum les travaux d'aménagement, de reconnaître les champs de tir et d'effectuer des pointages de repérage pour son mortier.

Une course contre la montre est engagée. Il n'a que quatre journées pour être paré à recevoir et à repousser l'assaut.

Il a rapidement fait le tour de son domaine. Comme son nom l'indique, « Piton 60 » couronne une petite élévation de terrain qui domine la vallée de la Nam Mau. Malheureusement, il est dominé, en face, par deux autres collines, couvertes d'une épaisse végétation. « Piton 60 » est d'ailleurs la seule portion de territoire qui soit à peu près dégagée, et même l'étroite piste qui serpente et va rejoindre « Décanteur », six kilomètres au sud, est un véritable coupe-gorge.

Piton 60 est la sentinelle la plus avancée du Delta, face au nord.

3. Le régiment 174 appartient à la division 316. C'est lui qui a pris Dong Khé, sur la R.C. 4 en juillet 1950. Dans trois ans, le régiment 174 sera tenu en échec devant Eliane 2, à Diên Biên Phu.

— C'est pour ce soir.

Le garde Volet a rassemblé ses Européens et les gradés nungs du poste du « Décanteur ». Les Français prennent la nouvelle avec flegme, les Nungs, sans surprise. Ils savent depuis longtemps que les Viêts sont là. Ils montrent le ciel :

— Peut-être si beaucoup la pluie, pas moyen attaquer.

— Au contraire, cela empêchera notre aviation d'intervenir.

Les Nungs secouent la tête :

— Si beaucoup la pluie, les camions pas moyen passer les rivières.

— Les camions ?

Volet arrondit les yeux. C'est la première fois qu'il entend dire que les Viêts possèdent d'autres moyens de transport que les coolies ou les jambes des bo-doïs.

— Nous c'est connaître, répètent les Nungs, assurés.

Ils ont raison. Quatre jours durant, une sorte de mini-cyclone s'abat sur le nord de l'Indochine, faisant monter le niveau des rivières de plusieurs mètres, balayant les paillotes des villages, noyant les rues de Haiphong.

Jamais, comme au début de ce printemps de 1951, le Song Hang Ha n'a autant mérité son nom de « Fleuve Rouge ». Ses eaux grossies de tous les affluents qui débordent roulent tous les limons de la Haute Région. Les rizières ne sont plus qu'un lac immense mitraillé d'averses.

Les hommes, civils ou militaires, se terrent sous leurs abris. Seuls, impassibles, les buffles au dos luisant comme de l'acier supportent, impassibles, les cataractes.

Quatre jours durant, la pluie dégringole, sans désemparer. Le 22 mars, quelques éclaircies apparaissent. Le 23, un vent d'ouest commence à déblayer le ciel. La rizière commence à fumer sous le soleil intermittent.

Les Viêts n'ont pas montré le bout de l'oreille.

La journée du 24 est calme. Et, à la nuit, les Viêts attaquent.

2.

Hanoi, 25 mars 1951.

A l'état-major du général de Lattre, les lumières ont brûlé tard dans la nuit. Ici, tous savent que Giap est passé à l'offensive. Mais tout le monde, et le roi Jean l'a deviné le premier, sait aussi qu'il s'agit d'un gigantesque piège tendu aux groupements mobiles du

Delta, le fer de lance du corps expéditionnaire. Si les Français se portent au secours des postes attaqués, ils seront obligés de se ruer par la route provinciale 18, coincée entre le massif montagneux au nord et les marais impraticables du Song Da Bach et du Song Bach Dang au sud.

Et ils seront perdus.

En effet, deux divisions viêtminhs, la 312 et la 308, sont tapies dans la forêt, prêtes à se ruer à l'abordage, pour la plus formidable embuscade jamais tendue encore. Sur 20 kilomètres, plus de 24 000 bo-doïs sont postés, de Dong Trieu à Mao Khé. Deux fois plus que pour la destruction des colonnes Charton et Lepage sur la R.C. 4 au mois d'octobre dernier.

Toutes les minutes, l'officier des transmissions apporte sur le bureau du général-chef les messages qui, tous, décrivent l'agonie des postes attaqués :

— 23 heures : Yen Lap est attaqué. Premier assaut repoussé. Les Viêts sont dans la cour du poste.

— 23 h 15 : Chap Khé ne répond plus.

— 23 h 30 : le poste de « Piton 60 » est soumis à un violent tir de mortiers.

De Lattre repose ses télégrammes. Sans un mot. En cet instant, ses pensées vont vers ceux qui se battent, à un contre dix, contre cent, sans même l'espoir d'être secourus.

Car les consignes sont formelles. Ne pas tomber dans le piège. Ne pas réagir. Alors, Giap sera bien obligé de se dévoiler totalement, de se découvrir.

Et de Lattre l'attend là.

3.

Piton 60, minuit.

Passées les premières salves d'artillerie, le silence est retombé dans le poste. Lamonzie est aussitôt sorti de la tour pour aller effectuer sa ronde et s'assurer que chacun est à son poste de combat.

Au milieu de la cour, les trois mulets porteurs d'eau ont été hachés par les éclats. Deux sont morts, le troisième se débat encore, balayant l'air de ses pattes de derrière.

Dans le blockhaus d'angle, deux gardes nungs gémissent doucement.

— Ne tirez qu'à coup sûr, précise Lamonzie à ses gardes.

— Attendez que les Viêts soient bien visibles.

— Bien compris, lance, du haut de la tour le garde Leroux, arc-bouté derrière sa mitrailleuse.

— Desalle ? Des nouvelles du secteur ?

— Négatif. Je crois qu'un obus a coupé l'antenne du W.S. 9. Lamonzie n'a même pas eu le temps de lâcher un juron. Une seconde, puis une troisième salve d'obus éclatent, contre les murs d'enceinte, les parois des blockhaus. Contre la tour dont les embrasures forment des cibles visibles même dans la nuit.

Des mitrailleuses crachent le feu, ricochant parfois avec des miaulements de chats en colère, ou traçant dans le ciel des éclairs rouge vif.

Depuis les deux pitons d'en face, deux canons à tir tendu ont systématiquement entrepris la démolition des murailles. Au sixième coup au but, une énorme brèche apparaît dans le mur nord.

Au blockhaus sud-ouest, le garde Lambert a engagé un combat singulier avec une 12,7 qui cherche le créneau.

Au blockhaus nord-ouest, le caporal-chef nung et son équipe F.M. tentent d'enrayer la mise en place des échelles que des coolies apportent, sous le feu. Deux autres blessés ont été signalés.

Le feu ennemi est infernal.

« Quand il s'arrêtera, ce sera l'assaut », pense Lamonzie.

Il y a maintenant 5 blessés, le poste est ceinturé d'un cercle de flammes. De partout, les armes adverses concentrent leurs tirs sur les défenses. Pour traverser la cour, Lamonzie est obligé de ramper.

Il a regagné son poste de commandement. La porte s'ouvre. Leroux apparaît, titubant, le visage crispé de douleur. Sans un mot, il traverse la pièce et vient s'effondrer dans les bras de Lamonzie qui le fait asseoir, et constate que sa chemisette est déchirée, sanglante. Leroux a trois balles dans la poitrine.

— Ne bouge pas. Surtout ne t'allonge pas, tu vas t'étouffer.

Leroux hoche la tête. Il a compris.

Lamonzie attrape sa carabine et fonce dans la tour. Villeneuve est là, il a pris la place de Leroux. D'en haut, malgré les rafales, sa voix claire annonce :

— Ça va ! J'en mouche des tas !

Les murs sud et ouest sont à leur tour l'objet des tirs de destruction des canons à tir tendu. Des brèches apparaissent. Lamonzie pense que si les Viêts prennent pied dans le poste, il lui sera impossible de les déloger. Alors, il décide d'attendre l'ultime seconde avant d'appliquer la consigne, évacuer la position.

— Lambert ?

— Pas de problèmes ! — Il rit, corrige : — Enfin, pas trop ! J'ai une mitrailleuse juste en face, à cent mètres ! Et une autre, un peu à droite, à quatre-vingts mètres.

— Reçu !

Lamonzie galope jusqu'à l'alvéole de mortier de 81 où ne demeurent que deux gardes nungs, qui systématiquement expédient des salves de quatre obus dans la direction des quatre points cardinaux.

— Xep, faire attention, pas toucher ! Le tube, c'est beaucoup chaud !

Lamonzie règle sa hausse, prend sa direction et lâche trois torpilles.

— Bravo, commente Lambert. Si ce n'est pas tombé sur les types de la mitrailleuse, ça leur a sûrement grillé les moustaches !

Lamonzie laisse la consigne aux Nungs et repart vers Lambert qui tire toujours. Quand il ressort, il voit Villeneuve qui émerge de la tour, le visage en sang.

— J'ai pris deux coups de bazooka dans mon créneau. La « 30 » est démolie, mon chargeur nung et le radio Desalle sont tués...

— Tu peux marcher ?

— Oui, je pense.

— Commence à rassembler les gens. Dès qu'ils sont là, nous évacuons le poste !

— O.K.

— Prévois deux types pour emmener Leroux, il est blessé...

Pendant que Villeneuve fait le tour du poste, Lamonzie revient dans son bureau et détruit les papiers. Puis il prend Leroux sous les bras.

— Appuie-toi sur mon épaule. Nous allons partir.

— Laisse-moi ici, proteste le blessé. Je suis foutu, tu le sais bien. Ne vous encombrez pas de blessés...

— Arrête de déconner, je t'emmène. Tout est prévu.

Leroux ne répond pas, mais il se fait plus lourd. Sa main relâche la pression. Il est mort.

Lamonzie a allongé sur sa couchette le corps de son camarade. Il n'éprouve rien. Rien encore. Il n'a pas le temps, ni de s'apitoyer, ni d'être triste. Ce sont des sentiments faits pour ceux qui n'ont que cela à penser. Une sorte de luxe. Hors de ses moyens.

Il s'éjecte de la tour au moment où un nouveau coup de S.K.Z. fait exploser le créneau. Lamonzie en sent le souffle qui lui brûle le dos, malgré la veste de treillis et la chemise.

— Tout est paré, lui annonce Villeneuve.

— Lambert ?

— Je suis là. J'ai ouvert la porte...

— Tu diriges la sortie. Pas de détails, tu fonces, droit devant toi. Regroupement sur la piste à un kilomètre au sud. Objectif, le poste du « Décanteur ». Vu ?

— Vu. Et toi ?

— Je reste encore un peu ici avec Villeneuve, nous allons flanquer le feu à la soute à munitions. Les Viêts ont commencé leur feu d'artifice, nous allons leur offrir le nôtre !

Lambert s'est élancé, ses Nungs sur ses talons. Lamonzie entend les échos d'une mêlée furieuse, le staccato des P.M., le claquement sec de la carabine. Des cris, en français et en vietnamien. Puis le brouhaha s'estompe. Lambert semble avoir réussi à passer.

Les deux survivants ont traversé la cour. Ils vont aborder à la soute lorsque les Viêts surgissent, de trois côtés à la fois, par des brèches et par la porte d'entrée. Ils poussent des cris de joie, persuadés d'avoir réussi.

— *Tiên lèn ! Doc Lap !*

Villeneuve a été atteint par une rafale. Il s'écroule, la face contre terre. Lamonzie a eu le temps de sauter derrière un mur pare-éclats. Il y découvre un Nung, légèrement blessé, oublié dans l'évacuation du poste.

— J'ai des grenades, xep !

Les deux hommes les jettent, droit devant. Du coup, les Viêts refluent, et un forcené qui les avait pris pour cible et les mitraillait, le Skoda à la hanche, tombe à côté de Villeneuve.

A leur tour, les bo-doïs balancent leurs grenades à manche court. L'une d'elles atteint le garde nung qui tombe. Alors, Lamonzie décide de jouer son va-tout. Pas question de se laisser abattre, tout seul, acculé comme un sanglier. Il fait front.

Il s'empare de la Thompson de son voisin et jaillit, comme un diable, de son recoin. Un pas, une rafale. Un autre pas, une grenade. Voici la soute, porte-ouverte, béant sur le noir. Les Viêts y sont déjà. Rafale. Rafale encore. Trois bo-doïs s'écroulent, en hurlant.

« C'est gagné », pense Lamonzie.

D'autres ennemis surgissent. Il fait face, appuie sur sa détente. La culasse heurte le vide.

— Rendez-vous ! crie quelqu'un.

La rage au cœur, Lamonzie jette sa Thompson inutile et lève les mains. Il est une heure du matin[4].

4. Il apprendra que Lambert n'est pas allé très loin. Il a été capturé au bas du piton. Plus tard, il a été exécuté par les Viêts « comme espion ». Il avait, affirmèrent ses bourreaux, fait des signes à l'aviation...

4.

Décanteur, 24 mars, une heure du matin.

Six kilomètres au sud, les camarades de Lamonzie, Volet et ses hommes, ont suivi les premières phases du combat que livrait « Piton 60 ». Ils ne pouvaient rien faire. Depuis la tombée de la nuit, ils étaient eux-mêmes encerclés.

Ils se doutaient bien que leur tour allait venir. Volet a mis son effectif en alerte et, personnellement, il s'est assuré que chacun était à son poste. Puis il a réuni ses gradés :

— Notre mission consiste à retenir les Viêts le plus longtemps possible...

— Pour attendre les secours ? a demandé Gressot.

— Non. Nous ne serons pas secourus. Par contre, si notre position devenait intenable, ordre nous est donné de nous replier sur le poste de Bi Cho, à six kilomètres d'ici.

— En cas d'abandon, ne risquons-nous pas d'être dispersés ?

Joncour a dit tout haut ce que ses camarades pensent tout bas. Ils forment une équipe et, seuls, ils se sentiraient vulnérables.

— Vous avez raison, concède Volet. En cas de sortie de vive force, regroupement au « Pagodon », à mi-chemin de Bi Cho.

Les gradés se sont dispersés, chacun regagnant son poste de combat. Gressot grimpe au deuxième étage de la tour, derrière sa mitrailleuse de 30. Preget, dans le blockhaus ouest, Joncour va prendre place au blockhaus est. Joncour est un Morlaisien solide, tête carrée, regard bleu sombre. Un taciturne avec des idées bien arrêtées. Il ne se laissera pas tuer sans avoir, au préalable, fait payer sa vie très cher à ceux d'en face.

Volet a toute confiance en lui. La face est de « Décanteur » est entre de bonnes mains.

Les heures sont passées, dans le silence et l'attente. Très vite, le contact a été rompu avec « Piton 60 ».

Et puis, vers onze heures, au plus fort de la bataille que semblaient livrer encore Lamonzie et ses hommes, les clairons ont retenti autour de « Décanteur ».

— Cette fois, c'est pour nous !

Au même instant l'artillerie ennemie a déclenché sa préparation d'assaut. En un instant, le poste a été transformé en un gigantesque pandémonium de flammes, d'explosions, de ferrailles, de cris de blessés, d'appels à l'aide...

Il y a déjà une demi-heure que l'attaque du poste a commencé. Volet va d'un emplacement à l'autre, encourage les Nungs à tenir. Il traverse la cour une nouvelle fois. Devant lui, une énorme flamme orange jaillit, dans un bruit assourdissant. Volet a un geste de recul. Une douleur atroce lui vrille le ventre.

Il ne s'est même pas aperçu qu'il était tombé. Son premier réflexe est de passer sa main sur son visage. Mais sa main n'est plus qu'une plaie sanglante. A la lueur des explosions qui se succèdent sans arrêt, il l'examine, la fait jouer. Ses doigts bougent. Il sourit. « Une égratignure, pense-t-il. J'ai eu de la chance. » Il veut se relever, et s'aperçoit qu'il a reçu dans l'abdomen une volée d'éclats de l'obus de bazooka. Il ouvre sa chemise, palpe son ventre. Et décide que ce n'est rien du moment qu'il peut encore respirer.

Des appels à l'aide lui parviennent, venant du blockhaus ouest. C'est le garde Préget. Volet s'y porte. Il découvre son camarade, le ventre ouvert, nageant dans son sang. Sans hésiter, Volet le charge sur ses épaules et va le mettre à l'abri dans le rez-de-chaussée de la tour, où se sont réfugiées quelques familles de partisans. Une femme se penche sur le blessé, prend sa tête sur ses genoux, lui parle, doucement, comme à un enfant qui souffre. Préget ferme les yeux. Il rêve...

Une heure, longue, passe encore. Le poste du Décanteur est au centre du feu. L'artillerie ennemie tonne sans trêve. Par pans entiers, les murs s'effondrent, crachant leurs briques par leurs larges blessures. Volet est partout, il a oublié sa blessure. Ou, plutôt, il n'y pense pas.

— Joncour ? Ça va ?

— Ça va, répond la voix brève du Breton.

— Pas de problèmes ?

Joncour ne répond pas tout de suite. Une volée d'obus de mortiers s'abat dans la cour et à l'extérieur, dans le réseau de barbelés.

— Joncour ? appelle Volet.

— Je suis là ! Mais je te signale que tu n'as pas intérêt à rester dans la cour, les Viêts arrivent dans les brèches de l'ouest !

Les Viêts sont là en effet. Leurs vagues d'assaut s'engouffrent à travers les réseaux démantelés, elles se ruent au milieu des gravats, elles affluent dans le poste.

Volet s'est replié dans la tour. Il grimpe au premier étage, et, au fusil-mitrailleur, commence à tirer sur les bo-doïs qui grouillent à ses pieds. Il est 1 h 30 du matin.

— Ils ne nous auront pas, grogne-t-il. Nous nous ferons sauter plutôt que de nous rendre.

Soulagé, il constate que la défense tient encore deux points forts, le blockhaus est de Joncour, et la tour où, au-dessus de lui, Gressot crache bande sur bande avec sa mitrailleuse de 30.

— Dis donc, Volet ? As-tu remarqué que les Viêts tirent sur leurs propres troupes ? C'est la meilleure !

Volet jette un œil par son créneau et constate que Gressot a dit vrai. Les torpilles de 81 pleuvent toujours à l'intérieur de la cour. Il rit :

— Tu as raison, c'est une bonne nouvelle !

La bataille est générale. Assailli de l'extérieur, attaqué de l'intérieur, « Décanteur » est une fournaise. Les Nungs se battent avec fureur, ils savent que leurs adversaires ne leur feront pas de quartiers. De vieux antagonismes raciaux les opposent depuis des siècles. Les Nungs, seigneurs de la guerre, ont longtemps tenu en esclavage les petits Tonkinois qu'ils méprisent. Et ceux-ci ne l'ont pas oublié.

Ils s'acharnent, en dépit des obus qui tombent, toujours aussi denses, aussi meurtriers. Le bruit est infernal. Volet a mal à la gorge à force de hurler. Il n'est pas le seul ; dans ce paroxysme, donner un ordre, appeler à l'aide, exprimer sa rage ou sa souffrance nécessite de hurler à pleine voix. Rafales, rafales encore. Eclatements clairs des mortiers, grondements sourds des S.K.Z., craquements brefs des bazookas. Rafales...

Et cris.

Comme celui que pousse soudain Gressot, du haut de sa tour. Un cri inhumain, véritable feulement de bête fauve blessée à mort. Volet a senti ses cheveux se dresser sur sa tête. Pris d'un mauvais pressentiment, il se hisse à l'échelle, débouche sur la terrasse.

Gressot est allongé, derrière sa mitrailleuse disloquée par un obus à charge creuse. Un éclat de fer, large comme un palet, est encore fiché dans sa gorge. Pratiquement détachée du tronc, sa tête fait un angle droit avec l'axe de son corps. Il est mort sur le coup ; ce sont ses poumons qui, en se vidant brusquement, ont lancé ce hurlement abominable dont Volet gardera le souvenir toute sa vie et qui hantera ses cauchemars.

Le combat dure toujours. Volet est redescendu au premier étage de la tour. Il lui semble que l'assaut a commencé voici des siècles. Les minutes n'en finissent pas.

Une petite phrase lui trotte dans la tête, incongrue :

« Et, au matin, le loup l'a mangée... »

Il crispe les poings. « Je ne serai pas la chèvre de monsieur Seguin... »

Il regarde sa montre. Quatre heures. « Vivement le jour... » Il retourne à son créneau. De l'intérieur même de la cour, les petits hommes en vert ont donné l'assaut au blockhaus est, que Joncour et ses gardes nungs défendent avec acharnement. Ils laissent tomber des grenades, ils tirent de courtes rafales de F.M. qui arrivent, pour un temps, à freiner l'ardeur des assaillants.

Ils se replient derrière les murs pare-éclats, semblent se concerter. Puis ils ressurgissent, escortant un volontaire de la mort, portant à l'épaule une sorte de tuyau de poêle. Un bazooka.

— Joncour, crie Volet. Fais attention !

Joncour a vu le danger. Son F.M. crache. Le bazookiste tombe, aussitôt remplacé par un second, puis par un troisième volontaire.

Le tuyau de poêle s'empanache d'une longue flamme orange. La fusée s'envole en une trajectoire nimbée d'éticelles rouge vif et percute le créneau. Un éclatement sonore, une gerbe de feu. Un cri.

— Salauds !

Joncour rechargeait son arme. La torpille a touché le bord de la meurtrière au moment où il se préparait à tirer. Il a des éclats plein le visage, les sourcils et les cheveux grillés. Plus grave, il n'y voit plus rien. A-t-il été ébloui ? Est-il réellement aveugle ? Il se pose la question avec angoisse. S'il est définitivement plongé dans le noir, c'en est fini pour lui. Que faire ?

— Dzang ? Prends ma place au fusil-mitrailleur. Et ne lâche pas !

— Compris, xep !

Ignorant du drame qui se joue au blockhaus d'en face, Volet a eu un étourdissement. Quand il reprend ses esprits, il constate que les Viêts s'en prennent à la tour dont il demeure l'un des derniers défenseurs. Le processus est le même : des voltigeurs rafalent, se glissent le long des murs et tentent d'atteindre la porte. Par son créneau, Volet leur balance ses grenades.

Alors, les attaquants rameutent un nouveau bazooka. Ils ne prennent plus de risques, ils s'installent hors de portée, à l'angle du blockhaus ouest.

Ils tirent.

La porte de la tour vole en éclats. A l'intérieur, des cris de douleur se font entendre. C'était là en effet que s'étaient réfugiées quelques familles de partisans nungs. Volet dégringole son échelle. Et recule, horrifié. Trois femmes ont été déchiquetées par les éclats. Deux enfants baignent dans leur sang. A l'autre bout de la pièce, un même morceau de fer a tué Préget et la jeune femme qui tentait de l'apaiser.

Les Viêts s'encadrent déjà dans la porte. La Thompson de Volet les décourage. Ils refluent, en désordre, avec des cris de rage.

Alors, Volet remonte, décidé à livrer là-haut son dernier combat. Il n'a plus de grenades ; il épuise maintenant les munitions des armes de ses soldats morts. En face, au blockhaus est, le garde Dzang lui lance des appels à l'aide :

— Xep, xep ! Il n'y a plus de munitions pour le F.M.

Par-dessus la cour, Volet lui lance des cartouches.

— Courage ! crie-t-il. Nous tiendrons !

— Oui, xep !

— Et vive la Garde !

Blessé, le sang inondant ses vêtements, Volet se bat. Il se bat. Comme un fou. La peur ne l'habite pas. Ou plutôt, il l'a dépassée, il est bien au-delà. La peur, c'est dans une autre vie, quand il était au calme. A-t-on peur de la pluie quand on est mouillé ? On ne la redoute que lorsque l'on est au sec.

Alors, Volet ne songe qu'au moment présent, qu'à sa mission, qu'à défendre ce petit coin de terre vietnamienne qui lui a été confié, ce tas de ruines qui, quelques heures plus tôt, était un poste.

Et toujours l'artillerie ennemie. Et toujours les petits hommes sombres qui grouillent dans la cour. Et ces rafales...

Il est environné de fumée. Près de lui, un Nung agonise en balbutiant sa douleur :

— *Oï gioï oï...*

Volet se bat. Il n'a même pas remarqué qu'à l'est le ciel devenait clair. Que les ombres s'estompaient, que la brousse reprenait son relief. Les murs mêmes du poste apparaissent, blêmes, marbrés de grosses taches brunâtres. Le feu ? Le sang ?

Il regarde sa montre. Sept heures du matin.

« Et, au matin, le loup l'a mangée... »

— Jamais ! Ils ne me mangeront jamais.

Il délire. Il a de la fièvre et la fatigue lui plombe les épaules. Il n'a plus de munitions, rien qu'un dérisoire chargeur de son pistolet réglementaire. Quel modèle déjà ? Ah, oui, c'est un 7,65 long...

Des mots tournent dans sa tête cotonneuse. Tenir. Tenir encore un peu... La dernière balle sera pour moi...

Un cri, en face. Joncour :

— Ils s'en vont ! Vive la Garde !

En effet, aux premières lueurs de l'aube, les Viêts ont entamé leur décrochage. Ils savent que tant qu'ils n'auront pas regagné la brousse, ils seront vulnérable à l'aviation. La fortune change de camp.

Volet peut abandonner son emplacement. Il descend dans la cour désertée. Il marche comme un somnambule à travers les décombres. Il titube de fatigue.

Joncour vient à sa rencontre. Les deux hommes tombent dans les bras l'un de l'autre. Ils se sont battus, seuls, à quelques mètres et c'était comme s'ils étaient sur deux planètes différentes.

— Le loup n'a pas mangé la chèvre, murmure Volet.

Joncour relève la tête, interloqué. Son visage n'est qu'une plaie sanglante où la poussière noire fait de grosses taches, où le sang se mêle à la poussière. Il voudrait rire. Il pleure. Des larmes rosées tracent des sillons clairs sur ses joues.

— Ce n'est rien, dit-il. Je suis content. Nous avons tenu. — Puis, comme frappé d'une soudaine illumination : — Bon sang ! Le drapeau !

Les Viêts ont arraché le mât des couleurs. Qu'importe. Joncour ramasse un bambou, puis il grimpe dans la tour et accroche fièrement l'emblème aux trois couleurs. Et là, tout en haut, seul, il présente les armes.

Un Morane d'observation trace des ronds au-dessus des ruines. Il passe en rase-mottes au-dessus du pavillon, bat des ailes, fait demi-tour et lâche un message lesté.

En bas, Volet le ramasse, le déplie. Et hausse les épaules.

— Ecoute un peu, crie-t-il à l'adresse de son camarade. — Il lit : « Avez-vous des morts ou des blessés ? Avez-vous besoin de médicaments et de munitions ? »

— Réponds-lui : « oui » ! suggère Joncour.

Volet a la force de sourire. Répondre, bien sûr. Mais comment ?

Le Morane a appelé la chasse. Elle intervient presque aussitôt, rattrape les Viêts à découvert qui s'enfuient, abandonnant dans leur course les familles des partisans qu'ils avaient contraints à les suivre. Ces dernières ne perdent pas une minute, elles rallient aussitôt le poste.

Volet et Joncour ont dressé le bilan de la nuit. Deux gardes européens, Préget et Gressot, ont été tués et avec eux six gardes autochtones. Quinze blessés sont répartis dans les blockhaus et autour. Cinq femmes et deux enfants ont été déchiquetés par le bazooka qui a tué Préget.

— Creusez les tombes, ordonne Volet aux survivants.

— Qu'allons-nous faire ?

— Rassembler les armes des tués et des blessés, en faire des ballots que nous enterrerons à l'écart, culasses démontées.

— Crois-tu que des secours vont venir ?

Volet secoue la tête.

— Le Morane nous en aurait averti. Je crois que nous ne devons compter que sur nous-mêmes.

— Sans munitions ?

— Justement, c'est là le problème. J'espère que nous en recevrons avant la nuit.

— Parachutage ?

— Comme ça ou autrement. Mais si à deux heures, rien ne s'est produit, j'ordonnerai le repli du poste.

Joncour baisse la tête. Il sait que ce sont les consignes, mais il comprend quel crève-cœur c'est pour son chef d'abandonner ce poste qui s'est si bien défendu.

— Je suis d'accord, finit-il par dire.

La matinée s'est passée, employée aux corvées diverses, nettoyage sommaire des décombres, organisation de nouvelles positions de défense. Volet a voulu donner l'impression aux observateurs ennemis qu'il ne baissait pas les bras et qu'il se préparait pour un nouvel assaut.

Le crachin s'est mis à tomber vers midi. De gros nuages noirs et bossus ont envahi le ciel, devenu aussi sombre qu'au crépuscule. La pluie a suivi, dense, serrée. Une pluie de calamité, ajoutant un peu plus de désolation à la désolation.

— Les avions ne viendront pas, dit Joncour.

— Alors, nous partons.

A 14 heures, Volet a constitué une colonne avec ses Nungs blessés et les familles et l'a envoyé en avant, aux ordres de Joncour. Après avoir détruit les documents du poste, démoli le poste radio et piégé l'entrée de la soute pratiquement vidée, il est parti à la tête d'un groupe de Nungs.

Il ne s'est pas retourné.

Ils ont marché trois heures, dans la forêt, évitant les pistes, contournant les villages. Leur objectif était le pagodon que Lamonzie espérait bien rallier, lui aussi.

Ils y sont arrivés à cinq heures. Et là, enfin, ils ont pu souffler un peu. Une patrouille du poste de Bi Cho, aux ordres du lieutenant Léonard, de la Coloniale, s'y trouvait, prête à repartir vers Décanteur.

— Nous devions vérifier si le poste tenait encore.

Volet a raconté en quelques mots ce qu'avait été sa nuit. Et puis il s'est évanoui.

Le lieutenant Léonard a aussitôt réquisitionné des porteurs au village voisin et immédiatement fait acheminer les rescapés sur Uong Bi, le P.C. du groupe d'escadrons. Puis il a regagné son poste de Bi Cho.

Léonard savait que son tour viendrait bientôt. Mais il avait confiance, il avait appris qu'une compagnie du bataillon étranger de parachutistes nouvellement reformé[5] arrivait à la rescousse à marches forcées.

Les bérets verts ont progressé pendant seize heures. Le 28 au soir, ils étaient à six kilomètres du poste de Bi Cho. Deux heures plus tard, le poste était attaqué, pris et rasé.

5. Après son anéantissement à Dong Khé en octobre dernier.

Voyant son plan déjoué, Giap a monté les enchères. Il voulait sa bataille.

Dans la nuit du 29 au 30 mars, il a lancé ses deux divisions sur Mao Khé, un important centre minier entre Hong Hay et Dong Trieu. Déboulant de la montagne, les troupes d'assaut de la 312 et de la 308 se sont ruées sur le village. Leur objectif, après avoir fait sauter ce verrou, était de foncer sur Haïduong, pour couper la route coloniale n° 5, le cordon ombilical du Tonkin qui relie Hanoi à Haiphong.

Tout jouait en faveur des assaillants. Leur nombre d'abord, leur détermination ensuite, mais surtout l'effet de surprise sur lequel ils comptaient.

Un grain de sable a fait échouer l'affaire. Un grain de sable qui s'appelait Toan.

Toan était un officier de l'armée vietnamienne, instruit et formé par la Garde. Sa troupe se composait d'une soixantaine de partisans, nungs comme lui, encadrés par des sous-officiers de l'infanterie coloniale.

Tout comme Volet, son ancien camarade de la 3e Légion, Toan n'a pas voulu se laisser manger et son poste « Mao-khé-mines » a résisté toute la nuit.

Cette résistance a donné à de Lattre les quelques heures dont il avait besoin pour rameuter, de Sept Pagodes où il était constitué aux ordres du colonel Sizaire, le groupement mobile comprenant toutes les unités d'élite du Tonkin : le 6e B.C.C.P., le 2e B.E.P.[6], un tabor marocain, le régiment d'artillerie coloniale du Maroc (R.A.C.M.) et un escadron blindé du R.I.C.M.

Le 30 mars, ce G.M. était à pied d'œuvre, rassemblé à Mao Khé-Village pour attendre le second choc.

Giap a attaqué, sur un front de 30 kilomètres. Et il s'est cassé les dents. De Lattre l'a d'abord stoppé, puis il a fait donner l'artillerie, l'aviation qui, pour la première fois en Indochine, utilisait les bombes au napalm.

Alors, le 2 avril, exsangues, démoralisées, les trois divisions du corps de bataille viêt ont dû refluer dans leurs forêts.

Dans quelques semaines, Giap tentera encore une offensive dans le Sud cette fois, sur le fleuve Day en faisant sauter le verrou de Ninh Binh[7]. Il y subira un échec sanglant.

6. *Paras-Légion* de Pierre Sergent (Presses de la Cité).

7. Où le lieutenant Bernard de Lattre trouvera la mort.

Et quand, en septembre 1951, il s'en prendra au Pays thaï, il connaîtra sa quatrième défaite.

Alors, seulement, il renoncera, pour deux ans au moins, à son projet d'offensive générale.

— Tu vois, a dit Volet à Joncour : dans cette année de victoires, nous avons apporté, modestement, notre contribution à l'Histoire.

XII

1.

Diên Biên Phu, mars-avril 1954.

— Mon commandant, je viens me mettre à votre disposition, avec mes neuf gendarmes. Nous avons pensé que nous serions plus utiles auprès de vous qu'à dresser des procès-verbaux dans le camp retranché.

Il y a un peu d'humour dans la fin de la phrase. Le médecin commandant Grauwin esquisse un petit sourire. Il est épuisé. Cette nuit, l'attaque du point d'appui « Béatrice », tenu par le 3e Bataillon de la 13e Demi-Brigade de la légion étrangère, a marqué le début de la bataille. La vraie. Tout ce qui a précédé n'a été que des escarmouches à côté de cet enfer. Deux régiments de la Division 308, six mille bo-doïs fanatisés, se sont rués à l'assaut d'une position tenue par moins de cinq cents légionnaires. Sous un véritable déluge d'obus de tous calibres, soumis à des attaques répétées de fantassins, déboulant au coude à coude en vagues successives, la position a résisté six heures. Elle est tombée à une heure, ce matin.

Dans le même temps, un bombardement inouï s'abattait sur l'ensemble du site de Diên Biên Phu. Rien, ni personne, n'était épargné, les combattants du premier rang, en arrière, les artilleurs, ceux des P.C., les transmetteurs, les magasiniers, les unités de réserve générale. Le colonel Gaucher, le patron du groupement mobile n° 9, a été déchiqueté à l'intérieur de son abri.

L'infirmerie de Grauwin est pleine. Elle comportait 42 lits. Ils sont tous occupés et des brancards s'alignent déjà nombreux dans les boyaux d'accès. Et d'autres arrivées sont signalées ; les Viêts ont proposé une trêve pour restituer aux Français les prisonniers blessés de Béatrice[1].

— Que savent faire vos gendarmes ? demande Grauwin, méfiant.

— Tous sont secouristes diplômés, répond Salaün. J'ai même Pochelu, qui possède son brevet d'infirmier de la Marine.

— C'est d'accord, répond le commandant. De toute façon, les bonnes volontés ne seront pas de trop ; j'ai plus de 150 blessés à soigner.

Très vite, les deux hommes se sont mis d'accord. Salaün et Pochelu s'emploieront à seconder les infirmiers, les autres donneront les premiers soins, brancarderont les futurs opérés, iront chercher les colis de médicaments et de vivres, convoieront les camions qui doivent effectuer des navettes entre l'antenne chirurgicale et le terrain d'aviation où se posent les Dakotas d'évacuations sanitaires[2].

— Moi, propose Arnone, j'ai un brevet de cuisinier. Si vous le désirez, je peux prendre en charge les repas des blessés ?

— D'accord.

Arnone est un garçon du Midi, jovial et débrouillard. Avec Martinez, le pied-noir, ils forment une équipe soudée. A eux deux, ils assureront le ravitaillement et l'approvisionnement des cuisines. Sans plus tarder, ils se mettent au travail. Un trou, creusé dans la terre meuble, tout près de là, leur suffit pour l'installation. Au-dessus, une simple toile de tente. En dessous, une plaque de tôle sous laquelle brûlera, vingt-quatre heures sur vingt-quatre, un feu de planches. La cuisine fonctionne, elle ne s'arrêtera plus. En permanence, Arnone ou Martinez assurent repas chauds, avec les moyens du bord, tisanes, cafés, boissons chaudes, bouillies pour les « ventres » ou les « mâchoires ».

Ce travail, obscur et ingrat, Arnone et Martinez vont l'assumer jusqu'au bout. Ils réaliseront des prodiges d'ingéniosité pour ramener les colis, parachutés bientôt n'importe où sur le maigre périmètre défensif, ils procéderont à des échanges compliqués pour tenter de varier les menus.

Le 14 avril, Arnone sera tué, à son poste, par un obus. Deux jours plus tôt, l'un des infirmiers lui avait fait observer que ce

1. Cette trêve, dont la réalité fut, plus tard, contestée par Giap lui-même, était un piège. En interdisant à l'aviation française le survol de la position, les Viêts ont mis ces quatre heures à profit pour déménager leur artillerie et l'approcher, sans risque, au maximum de « Gabrielle » qu'ils projetaient d'attaquer le soir même.

2. Maréchal des logis-chef Salaün, gendarmes-prévôtaux Martinez, Arnone, Sansus, Piéplu, Adam, Garcia, Desry, Pochelu.

n'était pas sérieux, cette unique toile de tente, déjà criblée d'éclats, et qu'il devrait couvrir son abri avec une tôle, récupérée sur le terrain d'aviation. Arnone avait refusé :

— Les blessés en ont plus besoin que moi.

Et il était allé lui-même la poser au-dessus d'un boyau à découvert au fond duquel gisaient une dizaine de camarades, paras, légionnaires ou tirailleurs.

Martinez a repris le flambeau. Jusqu'au 7 mai, jamais les habitants de l'antenne ne manqueront de vivres.

Ils bénéficieront, en prime, de la bonne humeur de ce garçon maigre dont le leitmotiv, célèbre dans toute l'antenne était :

— O, ma mère ! Si tu voyais ton fils...

Et il ajoutait :

— Qu'est-ce qu'il m'a pris de devenir infirmier ! J'étais si tranquille !

2.

Tranquilles, les prévôts de Diên Biên Phu l'étaient avant l'attaque. Créé le 1er janvier 1954, au début de l'opération « Castor », le poste se composait d'un gradé et de neuf gendarmes, et disposait de la jeep du poste de gendarmerie de Laï Chau, replié au cours du mois de décembre précédent au cours de la tristement fameuse opération « Pollux »[3].

Le premier travail avait été de creuser des abris, à proximité du P.C. du colonel de Castries à la disposition duquel ils avaient été placés. Travail de routine que celui-là. Il consistait à contrôler les arrivées et les départs des personnels empruntant les avions, à vérifier l'identité des civils thaïs qui pénétraient dans l'enceinte du camp retranché ou qui en sortaient, à effectuer quelques patrouilles dans les villages environnants et à mener, à la demande de Hanoi, des enquêtes dans les unités.

Ces enquêtes, peu nombreuses, se limitaient à quelques auditions diligentées par les magistrats militaires à la suite d'accidents ou d'incidents survenus dans les bases arrière. Des broutilles.

Le maréchal des logis-chef Salaün et ses prévôts coulaient des jours sans histoire, d'autant plus paisibles que le colonel de Castries et son état-major leur laissaient l'entière liberté d'organiser leur travail et que, depuis le 24 février, plus aucun contact n'avait pu être établi avec leur patron, le capitaine commandant les prévôtés du Tonkin.

3. Cf. *Les 170 jours de Diên Biên Phu,* même auteur, même collection.

Et puis, il y a eu l'attaque de Béatrice et l'effroyable bombardement qui l'a précédée et accompagnée.

— Nous ne pouvons pas demeurer les bras croisés alors que nos camarades sont à la peine, a dit Salaün.

— D'accord avec vous, a répondu Sansus, le plus ancien, celui que ses camarades appellent familièrement « l'Oncle ». Mais à qui pouvons-nous proposer nos services ? Aux paras ? Ils vont nous rire au nez, et ils auront raison. Bien sûr, nous sommes sous-officiers, et militaires. Mais nous n'avons ni la formation ni l'expérience du combat des paras. Même observation en ce qui concerne la Légion...

— Sans compter que les prévôts n'ont jamais eu très bonne réputation parmi les unités d'assaut particulièrement turbulentes, ajoute Pochelu, l'ancien marin.

Mais Salaün a une idée. Il l'a brièvement exposée, sans phrases inutiles, en bon Breton qui ne perd pas son temps en bavardages :

— Si la bataille se prolonge, il faudra des volontaires pour aller chercher les blessés sous le feu, pour les ramener jusqu'à l'antenne chirurgicale, pour les évacuer. En proposant de l'assumer, nous libérerons d'autres combattants qui pourront aller tenir leur place au créneau.

Unanimes, les 9 prévôts ont accepté cette proposition.

— Adam ? Sansus ? Un avion sanitaire est annoncé pour cet après-midi ! Commencez à sortir les blessés, un G.M.C. va venir les récupérer dans trente minutes !

Il fait gris et froid. Gabrielle est tombée ce matin, sous une pluie d'avant-mousson fine et glacée. De temps à autre, l'artillerie ennemie expédie quelques salves qui arrivent, au hasard, dans l'enceinte du camp retranché.

Tout, ici, respire la calamité. Le sol est gris et noir, creusé d'entonnoirs jaunes et pustuleux. De-ci, de-là, un blockhaus, éventré par un obus court retard, montre ses entrailles de bambous calcinés.

Sur Diên Biên Phu plane un air de catastrophe.

Sans un mot, les deux prévôts commencent à dégager de leurs couchettes sommaires une dizaine d'allongés, puis ils aident les autres, ceux qui ont une jambe, un bras, un torse plâtrés, à escalader les degrés de l'escalier de terre qui mène dehors. Il y a aussi un aveugle, qui geint et se cogne à tous les madriers de soutènement.

Il leur faut plus de trois quarts d'heure pour mener leur mission à bien. Le G.M.C. est là, sur la plate-forme, moteur tournant au ralenti. A l'arrière, soutenant quelques infirmes, Lachamp, l'un des hommes de Grauwin, agite un grand drapeau blanc, timbré de la Croix-Rouge.

Les blessés, trente au total, sont empilés dans le G.M.C. et l'ambulance venue en renfort. Lentement le petit convoi s'ébranle, remontant vers le nord. Un quart de tour, voici les alvéoles des chasseurs dont le dernier achève de se consumer. Encore un quart de tour, voici le parking de la piste d'envol.

De là, les prévôts ont une vue imprenable sur l'ensemble du camp retranché. Sur leur gauche, empanachée d'un brouillard ocre, c'est Gabrielle, sur lequel s'abattent les salves d'artillerie. En face, les Dominique, dominant la piste de leur masse rouge. A droite, les Eliane et, de l'autre côté de la rivière, cette sorte de caravansérail, peuplé de tentes, hérissé de toits de paillotes éventrés, c'est le camp de P.I.M.[4], ces civils ramassés ici ou là au cours d'opérations de secteurs et devenus coolies au profit des combattants.

Les P.I.M. font, ici, partie du paysage ; Diên Biên Phu ne se concevrait pas sans eux. Ils ont creusé la plupart des abris, rempierré les routes et ce sont eux qui, aujourd'hui, alignent les tombes dans le petit cimetière.

Ces P.I.M., constitués en « bataillons », sont encadrés par les collègues d'Adam et de Sansus, gardes républicains de la 2e et 3e Légion de marche de la Garde. A leur tête, le maréchal des logis-chef Lesserteur. Ils ont le redoutable privilège d'escorter leurs ouailles partout où leur présence est souhaitée et, depuis deux jours, les endroits où on a besoin des P.I.M. sont les plus exposés.

Au-delà du camp des P.I.M., il y a des tumulus bardés d'antennes ou de canons, les P.C., les cantonnements du Bataillon étranger de parachutistes, les dépôts et, plus près, au pied d'un arbre mutilé dans les branches duquel est accroché, dérisoire, un fût de 200 litres, le 8e Groupement de commandos parachutiste.

La pluie redouble de violence. Prévenant, Sansus a étendu sur les couchés quelques toiles de tente. Il subit, sans rechigner, les réflexions aigres-douces de ceux qui souffrent et qui s'impatientent.

— Toi, tu as du pot, tu es planqué...

Planqué, Sansus aimerait bien l'être. Les obus commencent à tomber, au plus près de la piste, encadrant l'épave du Fairchild Packett incendié voici trois jours.

— Et le Dakota ? Quand arrive-t-il ? demande un légionnaire aveugle.

— Bientôt, ne t'en fais pas. Tiens, le voici !

Emergeant de la couche basse des nuages, l'appareil se présente,

4. Prisonniers internés militaires.

venant du sud, exactement dans l'axe du terrain. Il a sorti le train et, sur le flanc de sa carlingue, une énorme croix rouge atteste sa condition de sanitaire.

Le G.M.C. a remis son moteur en route. Il roule, à la rencontre du Dakota qui a fait demi-tour et revient vers lui, en cahotant sur la piste abîmée par les obus.

A l'arrière, la porte-cargo est ouverte. De sa place, Sansus aperçoit les silhouettes des convoyeuses qui se penchent, prêtes à saisir les brancards. Elles aussi savent que chaque seconde est précieuse. Sans couper ses moteurs, le Dakota s'est immobilisé après un ultime demi-tour, paré pour l'envol. Dans le vent des hélices, les brancardiers commencent à hisser leur chargement. Un, puis deux, puis quatre blessés passent ainsi du camion à la carlingue, tandis que leurs camarades, ceux qui ont leurs deux jambes, arrivent à grimper à bord, aidés par les hommes de l'équipage.

Soudain, une rafale d'obus s'abat tout à côté. Les éclats ricochent sur les tôles minces de l'appareil. Aussitôt, le pilote remet les gaz et roule, de plus en plus vite, poursuivi à la course par quelques blessés légers qui tentent désespérément de se hisser dans la soute, leur dernier espoir de salut. Mais ils ont présumé de leurs forces ou de leur souplesse. Ils lâchent prise et s'écroulent bientôt sur les plaques de tôle.

Dans le camion, les allongés regardent s'éloigner le Dakota. Ils sont au-delà du désespoir, dans leurs yeux il y a beaucoup de douloureuse résignation.

Les jours qui suivent voient d'autres tentatives pour embarquer les blessés. Pour le docteur Grauwin, elles sont essentielles, vitales même. Un blessé qui s'en va a une chance de survivre ; en plus, il libère une place pour un blessé nouveau.

Les Viêts l'ont compris. Réalistes, ils savent le handicap que présente, pour la défense du camp retranché, la présence d'un nombre de plus en plus grand d'impotents, d'infirmes, d'agonisants. Un problème qui pèsera lourd dans les décisions du commandement. Aucune raison dès lors pour ne pas multiplier ses attaques contre les appareils sanitaires, bien au contraire. La croix rouge ne constitue plus une protection, c'est une cible de choix.

Aussi le transport des brancards jusqu'à l'aire d'atterrissage devient-il une sorte de loterie, un jeu de mort où les prévôts doivent tendre l'oreille, guetter chaque arrivée des obus, deviner, au son, l'endroit de l'explosion à venir.

Le processus est toujours le même. Un coup de téléphone du commandant Guérin au P.C. met les brancardiers en alerte. Ils chargent les blessés, les regroupent dans le boyau de sortie de l'antenne, attendent le G.M.C. qui doit assurer la navette. Tout doit aller très vite ; à peine arrivé, le camion est encadré par les salves des 105 et des 120. Une course contre la montre s'engage. Les brancards sont chargés à la voltige, parfois même, pour gagner du temps, les prévôts hissent les couchés sur leurs épaules.

Vient ensuite la traversée cahotante du camp jusqu'à la piste, tandis que le Dakota glisse lentement au-dessus d'eux, va se poser en bout de terrain, effectue son demi-tour, et revient. Les obus pleuvent. Les Viêts ont depuis longtemps repéré les coordonnées du point d'embarquement.

Deux fois sur trois, le Dakota ne peut pas prendre le risque d'être détruit et repart, sans attendre, tandis que les blessés ont été, en hâte, mis sommairement à l'abri dans les tranchées voisines. Alors, satisfaits, les artilleurs ennemis stoppent leur tir.

Et c'est le retour vers l'antenne et sa puanteur, ses mouches, sa boue, ses gémissements, ses râles, son obscurité de tombeau.

Une semaine passe ainsi. Le 19 mars, par six fois, la ronde infernale antenne-piste et retour va se produire.

— Mon commandant, disent les infirmiers, ce n'est plus possible de continuer ainsi : nous n'avons pas peur pour nous, mais nous faisons courir trop de risques aux blessés.

Ils ont raison, et même s'ils n'osent le dire, leur terreur est grande de voir, ce qui finira par se produire, leurs blessés brûler dans un avion en flammes.

Grauwin est d'accord. Le soir même, avec le commandant Guérin et l'aviation, une nouvelle tactique est adoptée, celle des évacuations de nuit.

— Le principe est le suivant, explique Salaün à ses prévôts. Un Dakota survole le camp à basse altitude de façon à couvrir, du bruit de ses moteurs, l'atterrissage et le décollage d'un second appareil. Début d'exécution, ce soir.

La première opération se passe comme prévu. Quarante blessés sont évacués par le premier vol. Le lendemain soir, quarante encore.

— Ça marche, disent Sansus et Adam. Encore quatre jours comme cela et nous vidons l'infirmerie !

Ils oublient simplement que, pour quarante blessés qui s'en vont, vingt nouveaux arrivent.

— Ce soir, annonce Grauwin, les aviateurs mettent le paquet : ils vont tenter six atterrissages !

A la nuit tombante, tout est paré. Salaün, Pochelu et les autres infirmiers effectuent une ultime vérification. Chaque blessé possède sa fiche d'évacuation comportant, en résumé, toute sa pauvre histoire. Ils sont heureux, ils plaisantent :

— Bande de veinards, demain matin, vous vous réveillerez au chant des oiseaux, à l'hôpital Lanessan !

— Et, à la place de vos sales têtes, nous aurons le sourire des belles infirmières !

C'est dit sans méchanceté. Les paras, les légionnaires, les tirailleurs, ceux de Béatrice, de Gabrielle, d'Huguette ont le moral au beau fixe. De temps à autre, ils tendent l'oreille. Entre les éclatements sporadiques, il leur semble entendre le ronronnement d'un moteur.

— Le voilà ! C'est lui !

C'est lui en effet. Les brancardiers sont rodés, ils transbordent leurs fardeaux, foncent à la piste, dix minutes leur suffisent pour l'embarquement. Ils rentrent.

— Première fournée terminée ! Aux suivants !

Le scénario fonctionne. Deux fois. Trois fois. Et puis, à la quatrième, catastrophe ! La position « Huguette 6 », le point d'appui situé tout en bout de piste, lance une fusée éclairante, les Viêts sont dans ses barbelés.

La luciole monte, éclate... et révèle aux observateurs ennemis la ruse si laborieusement montée. Trente secondes plus tard, une grêle d'obus s'abat tout au long du terrain. Le Dakota décolle à toute allure avant d'être transformé en écumoire. Deux blessés sont tués sur leurs brancards. Il n'y aura plus d'évacuation cette nuit-là.

— Nous recommencerons demain, promettent les aviateurs. Peut-être que les Viêts...

Les Viêts y ont pensé. Ils y ont réfléchi. Et, à minuit ce soir-là, lorsque le Dakota effectue son posé, il est encadré par l'artillerie. Pire, un commando a réussi à s'infiltrer en bout de piste et, à la mitraillette, ouvre le feu à bout portant. Le pilote est blessé, à son poste, son radio est tué.

Au matin pourtant, l'avion réussira à décoller.

Deux autres tentatives seront faites la nuit suivante. La première réussit. La seconde échoue, de justesse. Elle vaut aux assiégés quatre pensionnaires de plus, et, parmi eux, Geneviève de Galard.

3.

Juste en face de l'antenne, de l'autre côté de la route, sont implantés les maquisards méos du groupement de commandos mixtes aéroportés[5] du capitaine Hébert. Ce dernier, prévoyant, a fait édifier des abris vastes, solides, à l'épreuve des obus pour y loger

5. Cf. *Commandos de choc, Indochine,* par Erwan Bergot, Grasset, 1977.

ses gens, entre deux missions extérieures. Depuis le début du siège, un certain nombre d'équipes n'ont pu regagner leurs bases.

Le maréchal des logis-chef Salaün l'a appris. Il va trouver Hébert.

— Pourquoi ne pas mettre vos casemates à la disposition de l'antenne ? Nous pourrions installer ici les blessés les moins graves avant qu'ils ne rejoignent leur unité.

Depuis que les évacuations se sont avérées impossibles, le commandant Grauwin ne sait plus où loger ses malades. Il a fait creuser des alvéoles supplémentaires dans les parois de ses boyaux, des brancards sont déposés un peu partout dans les tranchées d'accès, à ciel ouvert. Pour atteindre le bloc opératoire, les brancardiers sont obligés de se livrer à des exercices de haute acrobatie, veillant à la fois à ne pas renverser leur délicat fardeau et à ne pas piétiner ceux qui sont couchés par terre.

Hébert accepte. Puis il dit :

— Montfort, mon sous-officier adjoint, a été tué hier soir en allant au ravitaillement en munitions. Je n'ai plus personne pour assurer le commandement des pièces de mitrailleuses installées dans les blockhaus en bord de rivière. Est-ce que vos prévôts pourraient prendre en charge cette mission ?

Salaün ne peut pas refuser. Dès lors, hormis Pochelu qui a été définitivement intégré à l'équipe chirurgicale du commandant Grauwin, les huit prévôts de Diên Biên Phu assurent durant la journée les soins aux blessés « légers » installés dans les locaux du G.C.M.A. Le soir, par roulement, ils montent la garde aux mitrailleuses.

Ce ne sera pas leur seule mission.

Depuis le début du mois d'avril, juste après la chute des positions Dominique et Eliane, un certain nombre de soldats sans chefs se sont regroupés, par affinités douteuses, dans des abris creusés dans les berges verticales de la rivière. Ils constituent une société parasite, vivant de rapines, pillant les parachutages, récupérant tout ce qui est nécessaire à la survie des combattants.

— Salaün, ordonne un soir le commandant Léost, le chef du 3e bureau du G.O.N.O., allez donc faire un tour du côté de la Nam Youm, et tâchez de mettre un peu d'ordre là-dedans.

Salaün grimace. C'est une mission qu'il n'aime pas beaucoup ; comme ses prévôts, il aurait préféré conserver, des hommes de Diên Biên Phu, l'image sans tache de combattants ardents et loyaux. La pègre est toujours un spectacle affligeant.

Le soir même, il opère une descente dans cette cour des miracles. Il chasse ces déserteurs de l'intérieur qui ne se défendent même pas et qui s'enfuient.

— Comme des rats, raconte Sansus, blessé par des éclats d'obus au cours de cette mission peu ragoûtante. Les rats de la Nam Youm.

Le surnom leur restera. Car ils sont revenus, un peu plus tard, réoccuper leurs trous. On raconte qu'un soir, écœuré par leurs agissements — ils ont volé des caisses contenant du plasma destiné à l'antenne chirurgicale — un lieutenant du bataillon Bigeard est allé, à son tour, effectuer un sévère nettoyage des lieux. A la mitraillette...

4.

Diên Biên Phu, 7 mai 1954.

Il est cinq heures du soir. Depuis le milieu de la matinée, les combats ont cessé. Tôt, ce matin, les gendarmes du bataillon de P.I.M. du maréchal des logis-chef Lesserteur[6] ont protégé, de leurs armes, le repli des derniers légionnaires de la 13e demi-brigade qui franchissaient la rivière. Sur la rive droite de la Nam Youm, il n'y a plus que des morts, des prisonniers. Et des Viêts.

Le cessez-le-feu a été décrété pour 16 h 30. Brusquement, un grand silence bleu s'est abattu sur le camp retranché. Tout au-dessus, brillant de soleil, un Dakota solitaire tourne en rond, inutile désormais.

A travers les tranchées vides, les abris démolis, les carcasses des chars et des canons, les colonnes ennemies convergent vers le P.C.

Immobiles, rangés autour de leur chef, les huit prévôts de Diên Biên Phu attendent, anxieux, que s'accomplisse leur destin. Sur l'ordre du commandant Grauwin, ils ont passé autour de leur bras droit un bout de tissu blanc sur lequel ils ont tracé, au mercurochrome, une croix rouge.

— Restez auprès de vos blessés, a-t-il décidé.

Une silhouette s'encadre dans l'ouverture de l'abri. Une petite silhouette vêtue de vert, coiffée d'un casque plat auquel sont accrochées quelques branches feuillues. Un commandement claque, le premier d'une longue série :

— *Di ! Di vé !* (Allez, allez, vite !)

Silencieux, les prévôts serrent la main de leurs blessés qu'ils abandonnent, pour la première fois depuis cinquante-sept jours. Puis, un par un, ils émergent à l'extérieur.

Ils ont été parmi les derniers à être faits prisonniers. Au soir,

6. Burlot, Donnard, Guibert, Queva, Guiriec, Rabaud, Saillet, Ventrillon, Barriot, Cochod.

ils sont regroupés dans un camp de triage, en pleine forêt. Ils y retrouvent leurs camarades, les gendarmes de Lesserteur qu'ont rejoints deux gendarmes de l'air, Le Roy et Guillamot.

— D'où sortez-vous, tous les deux ? demande Salaün.

— Nous avons été envoyés ici le 13 mars, pour effectuer une enquête de routine auprès des aviateurs. Et, plutôt que de prendre la place des blessés dans les premiers avions, nous sommes allés nous mettre à la disposition du capitaine Charnod, de l'armée de l'air, qui avait constitué une compagnie de combat avec les volontaires de son détachement.

« Les premiers jours, notre rôle consistait à apporter à pied d'œuvre aux unités au contact, le B.E.P. notamment, les munitions dont ils avaient besoin.

« Par la suite, nous avons combattu, comme chefs de groupes de circonstance, avec des gens venus de partout, légionnaires, Marocains, parachutistes. L'espace d'une nuit, j'ai même commandé une section. Hétéroclite d'ailleurs, elle était composée de Thaïs, de paras vietnamiens, de bérets verts...

Dès le lendemain, les gendarmes du bataillon de P.I.M. sont rassemblés par les Viêts.

— Vous avez maltraité et torturé d'innocents civils vietnamiens, leur disent-ils. Vous allez être jugés par le tribunal du peuple !

A la suite de leur chef, le lieutenant Patricot, un brave bougre d'officier aux tempes grisonnantes, au bon sourire de grand-père, les hommes de Lesserteur sont alignés derrière une barrière de bambou.

— Faites venir les victimes, ordonne le « juge ».

Solidement encadrés de bo-doï en armes, les P.I.M. de Diên Biên Phu arrivent, en procession calamiteuse, la coiffure à la main, le maintien aussi humble que possible. Ils ne savent pas quelle contenance adopter. Hier, coolies chez les Français, ils sont aujourd'hui devenus coolies chez leurs « libérateurs ».

— Voici vos bourreaux, clame le can-bô. Exprimez-leur votre juste colère !

Les ex-P.I.M. relèvent le front. Leur visage s'illumine, leurs bouches se fendent de grands sourires. Ils se précipitent, les mains tendues, vers Patricot et les gardes. Ils rient, ils leur broient les phalanges, ils leur touchent les vêtements.

— Mon z'yeutenant, chefs ! Nous c'est bien contents. Nous beaucoup tristes quand vous partis !

Ils fouillent dans leurs poches, ils ouvrent leurs musettes, ils déplient leur maigre baluchon. Ils en sortent des poignées de riz, des biscuits, des cigarettes.

— Tenez, chefs ! C'est moyen pour vous ! Nous c'est bien contents vous donner tout cela...

De pauvres choses. Des trésors.

Les bo-doïs interviennent.

— La séance du tribunal du peuple est ajournée, clame le « juge », dépassé par l'ampleur de la catastrophe. Nous la reprendrons plus tard.

— Quand les P.I.M. auront été rééduqués, souffle Lesserteur. Elle ne sera jamais reprise.

La marche vers les camps commence dès le lendemain. Dans leur convoi, les gendarmes se sont efforcés de rester groupés[7]. Certains partent confiants, persuadés que la guerre va prendre fin bientôt et que des camions les conduiront vers une libération rapide. C'est une erreur. Solidaires de la révolution algérienne qu'ils savent prochaine, les Viêts veulent anéantir le corps de bataille français. Ils ont donc décidé que cette progression serait une marche à la mort. Elle l'est.

Un cauchemar ne se raconte pas. Il s'exorcise. Parmi les survivants, nombreux sont ceux qui se taisent pour ne pas réveiller ces souvenirs atroces qui, longtemps, ont hanté leurs nuits. Les autres ne l'évoquent qu'entre eux. Il faut être initié pour comprendre ; l'horreur est un secret.

Le premier à faiblir est le gendarme de l'air Le Roy. Abandonné par les Viêts dans un petit village près de Moc Chau sur la route de Hoa Binh, il ne reparut jamais.

Donnard, Guiriec, Rabaud, de la 3e Légion, sont morts d'épuisement durant le trajet vers les camps du Thanh Hoa.

Le 18 juin, les rescapés arrivent au sinistre camp 73. Ils croient que leurs souffrances touchent à leur fin. Leurs sentinelles leur avaient annoncé le paradis. C'est pire que l'enfer. Un cloaque immonde, au milieu des mouches, des tombes, des cadavres pourrissants, de la boue excrémentielle.

La maladie, aggravée par la misère physiologique, fait des ravages. Au départ de Diên Biên Phu ils étaient 400. Sur les 289 arrivés au camp de Vinh Loc, 97 seront morts avant le 1er juillet.

Parmi eux, Martinez, nommé maréchal des logis-chef à titre exceptionnel pour sa conduite durant la bataille ; les prévôts Garcia et Desry ; les gardes Burlot et Ventrillon. Sur les vingt gendarmes, prévôts et gardes présents à Diên Biên Phu, la moitié seulement connaîtra la libération.

7. A l'exception du gendarme Adam, demeuré à Diên Biên Phu comme aide-infirmier et qui fut affecté au convoi « 42 » où se trouvait également l'auteur.

5.

M'Drak, Sud-Annam, 7 mai 1954.

M'Drak est un petit poste de montagne, perché au sommet d'un piton dominant une rivière et protégeant le pont qui l'enjambe sur la route de Ban Mé Thuot à Ninh Hoa. Effectif : 120 gardes moïs encadrés par deux gardes français, Beluche et Michel, aux ordres de Blottiaux, un jeune garde de 22 ans.

M'Drak est encerclé depuis un mois par un bataillon viêt. L'officier qui le commande a pris l'habitude de faire porter par des civils une lettre quotidienne dans laquelle, au milieu des slogans révolutionnaires, il fait part de ses intentions dans des termes peu équivoques :

« Je prendrai ton poste quand je voudrai. »

Ou bien :

« A ta place, je demanderais rapidement mon rapatriement pour ne pas mourir inutilement... »

Y Blim, un lieutenant supplétif, un vieux soldat qui a déjà combattu contre les Japonais, fait office d'interprète. Il ajoute ses commentaires :

— Si les Viêts prennent le poste, je me tuerai. Je ne veux pas être torturé une nouvelle fois.

Mais Blottiaux a confiance, dans la solidité de son poste, garni de blockhaus de béton, bâti au sommet d'un piton dénudé que l'ennemi sera obligé d'escalader, dans les qualités de ses hommes, tous tireurs d'élite et qui servent un armement important : douze fusils-mitrailleurs, une mitrailleuse de 12,7, trois mortiers.

— Si les Viêts attaquent, réplique-t-il à Y Blim, non seulement tu n'auras pas à te suicider, mais c'est eux qui auront chaud aux fesses, je te le garantis.

Depuis le début de la bataille de Diên Biên Phu, les messages du commandant viêtminh se sont faits pressants :

« Va-t'en ! Va-t'en vite, nous allons attaquer ! A Diên Biên Phu, nos troupes ont écrasé un bataillon de la légion... »

Blottiaux a haussé les épaules : la pleine lune a chassé la nuit. Si les bo-doïs donnent l'assaut, ils courent au massacre.

— Peut-être vont-ils recevoir des renforts ? s'inquiète Michel.

— S'ils reçoivent des renforts, je le saurai. Les civils renseignent les Viêts, mais ils me renseignent aussi sur eux.

Le 7 mai au soir, un jeune garçon se présente devant les barbelés.

— Tiens, observe Beluche, depuis son blockhaus : voilà le facteur !

C'est le « facteur » en effet. Son message est bref et, pour une fois, trahit des sentiments personnels :

— Diên Biên Phu a capitulé cet après-midi. La guerre est terminée. Tu peux rentrer chez toi, et moi aussi. Je ne tire plus.

Blottiaux a reposé le message, sans un mot. Une immense tristesse lui a broyé le cœur.

ÉPILOGUE

Hanoi, 9 octobre 1954.

Ajoutant à la calamité, depuis quatre jours il pleut à verse. Les rues de Hanoi, désertes, sont transformées en lacs qui s'écoulent, à gros bouillons, le long des caniveaux. Il est six heures quarante du matin. La ville semble morte, elle est figée, encoconnée d'un grand silence, retenant son souffle dans l'attente de son destin. De temps à autre, au long des grandes avenues rectilignes, des jeeps militaires passent, très vite, levant des gerbes d'eau. A leur bord, visages fermés, les hommes ne parlent pas ; ils sentent, comme une brûlure, les regards qui les suivent derrière des volets mi-clos, des portes entrebâillées. Parfois, un message rompt le silence :

— Deux Papa-Sierra de Trois Zoulou-Québec. Faites connaître votre position ?

— Trois Zoulou-Québec de Deux Papa-Sierra. Suis arrivé en limite de Bach Maï. Contact avec l'A.P.V.N.[1] Roméo-Alpha-Sierra. Terminé.

Dans son P.C., près de la gare centrale, le colonel Crozafon, patron de la 3e Légion de marche, trace une croix rouge sur son plan de la ville.

Le premier acte de la « rétractation » vient de commencer, Hanoi change de maîtres...

Dans les derniers jours du mois de juillet dernier, lorsqu'il est devenu certain que la signature du cessez-le-feu n'était plus qu'une question d'heures et prévoyait, dans des délais proches, l'évacuation de Hanoi par les troupes de l'Union française, le haut commandement français a envisagé l'hypothèse de troubles graves suscités, en ville et dans la banlieue, par des « éléments incontrôlés »,

1. Armée populaire du Viêt-nam.

agents provocateurs lançant la populace à l'assaut des bâtiments publics, des magasins ou des cantonnements français, pillards profitant du chaos pour faire régner la terreur ou le désordre.

Responsable de la capitale du Tonkin, le général Masson a convoqué le colonel Crozafon :

— Prenez dès aujourd'hui vos dispositions pour assurer le maintien de l'ordre et transférer Hanoi dans les meilleures conditions de sécurité. Les deux facteurs principaux de réussite seront la rapidité et la coordination.

Crozafon a demandé et obtenu les moyens nécessaires à la bonne exécution de sa mission. Puis il s'est mis au travail, rassembler sa 3e Légion de marche, éparpillée à travers tout le territoire tonkinois, la réorganiser sur le modèle des légions de métropole, la doter des matériels adéquats.

Premier regroupé, le 7e escadron, arrive à Hanoi dans les premiers jours du mois d'août. Les autres escadrons suivent, à quelques jours d'intervalle.

Vers le 20 août, la 3e Légion a trouvé sa structure définitive, deux escadrons mixtes (le 7e et le 8e) et trois escadrons portés (le 1er, le 2e, le 5e).

Les deux derniers, le 4e et le 6e, réduits à un détachement provisoire d'instruction et d'encadrement des minorités ethniques, Thaïs et Nungs, sont expédiés sur le Centre-Annam avec leurs personnels.

Cette masse de huit cents gardes solidement organisés trouve immédiatement un emploi à sa mesure.

En effet, par suite du départ progressif des diverses administrations dépendant directement du gouvernement vietnamien, les forces de l'Union française sont appelées à remplacer peu à peu tous les fonctionnaires civils. La 3e Légion de marche reçoit la charge de la police municipale ; elle va assurer, pendant cinquante jours, les missions de la bonne marche des commissariats d'arrondissements.

Le 29 septembre, un détachement en provenance de la 1re L.M.G.R.[2], fort de cent gardes, débarque à Gia Lam, l'aérodrome de Hanoi. Il est aussitôt réparti, en renforts, dans les escadrons.

Le même jour, des détachements précurseurs de l'armée populaire arrivent discrètement à Hanoi pour s'initier au fonctionnement des installations techniques, l'usine des eaux, la centrale électrique, les télécommunications ; ainsi que les administrations publiques.

Le 7 octobre, la garnison de Hadong est « rétractée » sur Hanoi.

2. Capitaine Bancelin, lieutenant Moures.

Le 8, c'est au tour de l'aérodrome militaire de Bach Maï. Les Viêts sont aux portes de la ville.

Il est 7 heures du matin, ce 9 octobre. Hanoi vit sa dernière journée française.

Les premiers véhicules s'engagent sur la route de Haiphong. Sous leurs roues, le tablier du pont Doumer vibre, une dernière fois. Derrière eux, Hanoi est devenue rouge. La ville pavoise, sous la pluie.

A l'autre extrémité du pont, une jeep attend, solitaire. A son bord, le gendarme Merlevède.

Il sert au Tonkin depuis six années. Quand il est arrivé, le 6 mars 1946, avec les premières troupes du général Leclerc, il a éprouvé un coup de foudre pour ce pays rude et attachant, pour ces Vietnamiens durs au travail, mais chaleureux et hospitaliers.

A l'inverse de ses camarades qui passent, obstinément tournés vers l'est, vers Haiphong, se refusant à conserver le spectacle d'une ville abandonnée, Merlevède regarde venir les Viêts.

Juste avant eux sont passés les derniers Français. Merlevède a capté une phrase, au vol :

— Allons, disait l'un d'eux. Tout s'est bien passé.

Merlevède a relevé le mot. « Tout s'est bien passé. »

« Ils ont raison, songe-t-il, amer. Nous nous sommes battus ici pendant plus de huit années. Nous avons laissé partout des témoignages de notre présence, pas seulement des instituts, des gares, des écoles, des casernes. Mais des tombes, surtout des tombes. Et tout s'est bien passé. »

Il est monté dans sa jeep et, d'un coup sec, il a embrayé, le capot tourné vers Haiphong.

« Nous avons rêvé. Rien ne s'est passé. »

ANNEXES

ANNEXE 1

HISTORIQUE SUCCINCT DU RÔLE DE LA GENDARMERIE EN INDOCHINE (1945-1955)[1]

En août 1945, après la capitulation japonaise, la France s'efforce de se rétablir dans une position dirigeante en Indochine.

Répugnant à s'engager dans une guerre qui semblerait contredire ses intentions véritables, elle tente de désarmer l'hostilité nationalo-communiste en usant de solutions politiques. Elle limite son action militaire.

Elle parvient ainsi à reprendre les leviers de commande au Cambodge et au Laos, mais elle n'arrive pas au Viêt-nam à un « accord parfait » avec Hô Chi Minh.

Arrivé après la première brigade anglo-indienne qui trouve le Viêt-minh pratiquement maître du pays, le corps expéditionnaire français voit tout d'abord son action limitée par l'occupation chinoise à la zone sud du 16e parallèle.

L'impulsion donnée par le général Leclerc permet cependant le rétablissement partiel et progressif de l'autorité française, même au Tonkin où, début mars, à Haiphong, la flotte française est accueillie à coups de canons par les Chinois.

Mais les négociations engagées avec Hô Chi Minh changent la tournure des événements.

Celui-ci profite des entretiens de Dalat (avril-mai), de Fontainebleau (août) et surtout du « modus vivendi » du 14 septembre pour rétablir partout son réseau d'insurrection, s'organiser en profondeur et exterminer l'opposition nationaliste.

Le coup de force du 19 décembre change pour un temps la face des choses. La résistance des 15 000 soldats français du Nord permet aux renforts de Cochinchine et du Laos d'intervenir en janvier et février 1946 pour rétablir la situation, alors que le gouvernement et les principales forces d'Hô Chi Minh se réfugient dans la haute région tonkinoise où ils s'appuient à la frontière de Chine.

Au printemps, de nouvelles unités venues de France et d'Afrique permettent de consolider les positions françaises au Tonkin.

Dans ces conjonctures, la gendarmerie française d'Indochine cesse pratiquement d'exister le 9 mars 1945. Les installations, les matériels et les archives sont pillés et détruits. Les militaires de l'arme prennent la brousse ou sont internés. Cependant, en métropole la gendarmerie met sur pied un certain nombre d'unités qui vont participer activement aux différentes phases de l'action « politico-militaire » engagée par la France.

I. SITUATION EN 1947

I. PRÉVÔTÉS

En septembre 1945 une prévôté de corps d'armée est mise sur pied à partir de la compagnie coloniale de police de la 1re Division d'infanterie coloniale d'Extrême-Orient stationnée à Saint-Raphaël depuis la fin 1944.

1. Etude réalisée par l'école des Officiers en Gendarmerie (E.O.G.N.).

Son articulation est la suivante :

— Prévôtés du quartier général et du haut-commissariat de France formées au château de Savigny-sur-Orge dans la Seine-et-Oise.
— Prévôté de la 3e Division d'infanterie coloniale formée à Saint-Raphaël (Var).
— Prévôté de la 9e Division d'infanterie coloniale formée à Rottweil (Allemagne).
— Prévôté de la 1re Brigade d'Extrême-Orient formée à Moramanga (Madagascar).

Les embarquements pour l'Indochine s'effectuent par détachements sucessifs et s'échelonnent d'octobre 1945 à janvier 1946.

A peine arrivées à pied d'œuvre, les différentes prévôtés participent aux opérations sur tous les territoires indochinois. Elles vont s'organiser progressivement, évoluer afin de s'adapter aux impératifs de commandement et de contrôle militaire et prendre, par là même, des formes différentes au gré des événements.

II. GENDARMERIE COLONIALE

Au cours de la libération du territoire par le corps expéditionnaire, les anciens chefs de postes de la gendarmerie coloniale et les anciens commandants de brigades de garde civile (gendarmes) sont affectés dans les résidences où ils étaient en fonction avant le coup de force japonais et où ils rendent de grands services, par la connaissance du pays et des habitants, dans la réorganisation administrative.

Ils sont rassemblés en un « détachement d'Indochine-Sud et de la garde civile de Cochinchine », rattaché au corps expéditionnaire, qui va procéder progressivement à la réinstallation des postes de gendarmerie sur tous les territoires et donner naissance en juillet 1946 à la garde républicaine de Cochinchine (ex-garde civile locale).

III. LÉGIONS DE MARCHE

Le 20 novembre 1946, la constitution d'une légion de garde républicaine de marche destinée au corps expéditionnaire d'Extrême-Orient est ordonnée par le ministre des Armées.

Cette légion à 8 escadrons est mise sur pied par prélèvement sur les effectifs de la gendarmerie d'Allemagne (rassemblement en 2 fractions : la première à Lorrach, la seconde un peu plus tard à Horb et Worms).

Le 24 décembre 1946 une deuxième légion de marche, également à 8 escadrons, se constitue par prélèvement sur les légions de gendarmerie et de garde républicaine de la métropole (rassemblement aux E. P. de Romans et de Pamiers à partir du 20 janvier 1947).

Le 27 décembre 1946 une troisième légion de marche est formée dans les mêmes conditions — son rassemblement s'effectue à Romans et Pamiers à un mois d'intervalle de celui de la 2e Légion.

Les embarquements à Marseille s'échelonnent du 7 janvier au 18 février 1947.

Les trois légions sont en place en avril 1947.

La 1re constitue principalement l'encadrement de la garde républicaine cochinchinoise nouvellement formée.

La 2e reste en majeure partie groupée à Saigon pour des missions de protection et d'escorte.

Les effectifs de la 3e sont répartis entre le Tonkin, l'Annam et la Cochinchine.

L'implantation des légions subira par la suite d'importants aménagements et des modifications adaptées aux missions diverses données par les autorités et le commandement militaire à la gendarmerie.

IV.

Un colonel inspecteur de la gendarmerie en Indochine dont le poste est créé le 10 avril 1947 va coordonner les mouvements des unités et du personnel et contrôler leurs différentes activités.

II. ÉVOLUTION DANS L'ORGANISATION ET L'IMPLANTATION DES UNITÉS

Au début de cette période 1947-1955 on trouve donc en Indochine un détachement de gendarmerie d'Extrême-Orient réparti en postes sur tous les territoires, une prévôté des forces terrestres en Extrême-Orient constituée par des détachements prévôtaux territoriaux ou opérationnels et trois légions de garde républicaine de marche employées dans une forme initiale ou encadrant des unités régulières ou supplétives locales.

L'organisation va évoluer empiriquement de 1947 à 1955.

I. LE DÉTACHEMENT DE GENDARMERIE D'EXTRÊME-ORIENT ET DE LA GARDE DE COCHINCHINE

Au fur et à mesure de la libération des provinces les postes de gendarmerie sont réinstallés en Cochinchine où les deux sections de Saigon et de Cantho sont remises sur pied.

Puis sont créées successivement les sections du Sud-Annam (Nha Thang) en juillet 1946 et du Laos (Vientiane) en septembre 1946 tandis que la section du Cambodge (Phnom Penh) est réinstallée en août de la même année.

Parallèlement à la réinstallation des sections la réorganisation de la garde civile de Cochinchine est entreprise à raison d'un escadron par province plus un groupe autonome d'escadron d'honneur à Chi Hoa sous la nouvelle appellation de garde républicaine de Cochinchine.

L'encadrement de cette garde passe à la 1re légion de garde républicaine de marche en janvier 1947.

Le 20 mai 1947 sont créées les sections du Tonkin (Hanoi) et du Centre-Annam (Hué) et le 23 octobre celle des plateaux montagnards du Sud indochinois (P.M.S.I.) à Dalat.

Au 1er novembre 1947 la section de gendarmerie maritime et la section de gendarmerie de l'air stationnées en Indochine font partie intégrante du détachement.

Les effectifs sont alors de :

10 officiers
272 sous-officiers
105 gendarmes auxiliaires
(non comprises les sections de gendarmerie marine et air), répartis en 2 compagnies (groupement), celle d'Annam-Tonkin-Laos et celle de Cochinchine-Cambodge-P.M.S.I.

La section du Laos est dissoute le 31 janvier 1951 et devient mission d'organisation de la gendarmerie royale laotienne tandis qu'en juillet une convention crée la mission d'organisation de la gendarmerie nationale vietnamienne répartie en trois missions régionales :

Nord-Viêt-nam, Centre-Viêt-nam et Sud-Viêt-nam.

La gendarmerie nationale vietnamienne créée en août sur le papier se forme en fait progressivement à partir des deux centres d'Hanoi et de Saigon, encadrée par du personnel du détachement de gendarmerie d'Extrême-Orient (et non plus d'Indochine) et commandée à titre exceptionnel et transitoire par le chef de la mission d'organisation.

Au Cambodge les conventions relatives au transfert des compétences en matière de police et de sûreté entraînent la suppression de la section de gendarmerie en août 1953.

Au Viêt-nam et à la suite des accords de Genève la gendarmerie française perd également toute compétence en septembre 1954. Le personnel devient uniquement « conseiller technique ». Le commandement des sections et des postes passe au personnel vietnamien.

Il subsiste toutefois un certain nombre de postes de gendarmerie française placés près des délégations générales de France à Hanoi, Huê, Saigon et des délégations de France à Tourane, Dalat, Nha Trang et Hai Phong. Ils assurent sur le plan militaire les fonctions normalement dévolues aux consulats.

En mai 1955 après l'évacuation du Tonkin le détachement de gendarmerie d'Extrême-Orient se transforme en un certain nombre de missions d'organisation (Viêt-nam-Laos-Cambodge) groupées en une inspection de ces missions. Le colonel commandant le détachement cumule les fonctions d'inspecteur de la gendarmerie en Indochine.

Le détachement de gendarmerie d'Extrême-Orient est dissous le 31 décembre 1955. Les missions d'organisation sont rattachées à la légion de gendarmerie d'Extrême-Orient (ex-légion mixte d'Extrême-Orient).

II. PRÉVÔTÉ DES F.T.E.O.

Au mois d'avril 1946, c'est-à-dire quelques mois après le débarquement des divisions du corps expéditionnaire et de leurs prévôtés, l'organisation est la suivante :
— **En Cochinchine** : un commandement de la prévôté des F.T.E.O. (Saigon). La prévôté du haut-commissariat français. La prévôté du Q.G. La prévôté de base. La prévôté de la 3e D.I.C. (Cholon).
— **En Annam** : la prévôté de la 1re B.E.O. (Ban Me Thuot).
— **Au Tonkin** : la prévôté des T.F.I.N. (ex-prévôté de la 9e D.I.C. à Hanoi). Une prévôté de base à Haiphong.

Les effectifs globaux sont de 6 officiers et 156 gradés et gendarmes.
Un an plus tard (mars 1947) les effectifs ont sensiblement augmenté par prélèvement sur les légions de garde républicaine de marche : 7 officiers et 257 gradés et gendarmes.
Un peu plus tard les détachements prévôtaux ont tous un caractère territorial : prévôté de T.F.I.S. (Saigon). Prévôté des T.F.I.N. (Hanoi-Langson). Prévôté du Centre-Annam (Hué-Tourane). Prévôté du Cambodge (Phnom Penh-Battambang). Prévôté du Laos (Savannakhet-Vientiane).
En 1949, alors que les effectifs sont de 6 officiers et 350 gradés et gendarmes, apparaît en plus la prévôté des troupes françaises du Sud-Annam et des plateaux montagnards qui va d'ailleurs fusionner en janvier 1950 avec la prévôté du Centre-Annam.
Par la suite, la situation s'aggravant au Tonkin, les détachements prévôtaux vont perdre leur caractère territorial pour retrouver localement le titre opérationnel qui avait présidé à leur naissance.
En 1951, la prévôté des forces terrestres du Viêt-nam-Nord devient la prévôté des forces franco-vietnamiennes du Nord et de la zone opérationnelle du Tonkin (F.F.V.N. et Z.O.T.).
En 1953, la prévôté du Cambodge prend le nom de prévôté du groupement opérationnel du Bas-Mékong (Kratie).
Le 12 décembre 1953 est créé un poste prévôtal opérationnel à Diên Biên Phu qui subira le 7 mai le sort des unités du camp retranché.
Au moment des opérations de repli du Tonkin qui vont voir la disparition des prévôtés du Nord indochinois, le 1er octobre 1954, est constituée la 1re Légion des forces prévôtales d'Indochine qui comprend un état-major à Saigon et deux commandements de groupe d'escadrons des forces prévôtales adaptés, d'une part, aux commandements des groupes de division :
— Demi-brigade autonome du Laos (Seno).
— Division légère des plateaux (Pleiku).
— 1re Division d'infanterie nord-africaine d'Extrême-Orient (1re D.I.N.A.E.O. à Quang Tai).
— 2e D.I.N.A.E.O. (Bien Hoa).
— 1re Division d'infanterie coloniale d'Extrême-Orient (1re D.I.C.E.O. à Baria).
— 2e D.I.C.E.O. (Tourane).
D'autre part :
— aux organes de commandement de logistique ;
— aux bases et éléments portuaires.
Soit au total un E.H.R. et 7 escadrons prévôtaux.
Après les opérations d'évacuation du Viêt-nam-Nord qui entraînent la dissolution d'escadrons prévôtaux nord à Hué et dans le cadre d'une réorganisation générale des unités, la 1re Légion des forces prévôtales d'Indochine devient la légion mixte de gendarmerie d'Indochine.

III. LÉGIONS DE GARDE RÉPUBLICAINE DE MARCHE

Les trois légions de garde républicaine de marche, dont les débarquements s'échelonnèrent de janvier à avril 1947, réunissent un effectif total initial de 95 officiers et de 2 840 gradés et gardes. Composées d'hommes venant de toutes les légions de gendarmerie et de garde républicaine, de France, d'Allemagne et d'A.F.N., elles comprennent une proportion de 4/5 de gendarmes pour 1/5 de gardes.
Leur organisation et leur implantation vont évoluer également d'une manière empirique avec, au moins dans les premières années, peu de liens entre elles, de similitudes dans leurs charges et de coordination dans leurs actions.

1re Légion.

Dès son arrivée en Cochinchine la 1re Légion est utilisée entièrement à l'encadrement de formations autochtones.

La Garde républicaine de Cochinchine.

Partant d'un noyau de 3 500 hommes encadrés initialement par du personnel du détachement de gendarmerie d'Extrême-Orient la 1re Légion organise et forme de toutes pièces quatre régiments de G.R.C. (soit 9 000 hommes environ) constitués par chacun des groupes d'escadrons de G.R.C. d'importance variable implantée dans chaque province de Cochinchine.

1er Régiment à Cantho, provinces du Transbassac.
2e Régiment à Mitho, provinces du Mékong.
3e Régiment à Giadinh, provinces du Centre.
4e Régiment à Bien Hoa, provinces orientales.

La Gendarmerie laotienne.

Articulée en 2 compagnie Laos-Nord et Laos-Sud encadrée par un officier et 48 gradés et gardes.

L'Armée royale khmère.

La 1re Légion participe à l'encadrement de la garde nationale, articulée en 12 sections, et de bataillons de chasseurs cambodgiens en coopération avec d'autres unités de corps de troupe français.

Les Forces autonomes des Hauts-Plateaux.

Encadrement de la garde montagnarde.

Dans le courant de l'année 1947 de nouvelles unités sont créées : un escadron parachutiste (Thu Duc). Deux escadrons de commandos. Un groupe autonome d'escadrilles fluviales (G.A.E.F.) à 4 escadrilles (Saigon, Mytho, Vinhlong, Cantho). Tandis que le 4e régiment est dissous.

En juin 1948 la G.R.C. prend l'appellation de Garde du Viêt-nam-Sud (G.V.N.S.).

En mars 1949 la mission de la 1re Légion est limitée à l'encadrement de cette G.V.N.S. La mission d'encadrement de l'Armée royale khmère, de la Gendarmerie laotienne et de la Garde montagnarde est confiée à du personnel de la 2e Légion.

La légion va alors être appelée à mettre sur pied plusieurs bataillons vietnamiens qui vont progressivement se regrouper sous le commandement d'un « état-major du Viêtnam-Sud ».

Le 1er janvier 1953, à la suite d'une réorganisation consécutive au transfert des « Vieilles Provinces » cochinchinoises à l'autorité vietnamienne, le 2e régiment de G.V.N.S. disparaît.

Enfin, en juin 1953, la mission d'encadrement de la G.V.N.S. est terminée. La légion quitte le Sud indochinois pour le Centre.

Le P.C. légion, les services administratifs et l'E.H.R. s'installent à Dalat (Sud-Annam).

Le 1er Groupe d'Escadrons dont le P.C. est à Hué (Centre-Annam) comprend 2 escadrons : le 1er réparti en détachements de Hué, Tourane, Quang Tri et Dong Hoi, le 2e basé à Nhatrang avec de nombreux petits éléments en zone sud du Centre Viêt-nam.

Le 2e Groupe d'Escadrons à Ban Me Thuot (plateaux montagnards) est constitué en 5 groupes de compagnies pour l'encadrement de bataillons de la garde montagnarde (451 à Djiring, 452 à Ban Me Thuot, 453 et 455 à Pleiku, 454 à Kontum).

Les unités ne subirent aucune modification jusqu'au cessez-le-feu du 21 juillet 1954. Puis, après la disparition de quelques-unes d'entre elles, la légion est dissoute le 31 décembre.

2e Légion.

Débarquée le 11 mars 1947 en Cochinchine la 2e Légion de Garde républicaine de marche reste groupée dans sa presque totalité dans la périphérie de Saigon.

En avril 1947 un détachement (1er Escadron) est déplacé à Nha Trang pour assurer l'encadrement de la garde indochinoise en formation dans le Sud-Annam.

La légion compte alors un état-major, un groupe à 4 escadrons et la musique, qui est la musique de garnison (Saigon).

En mai 1947 un détachement (3e Escadron) constitue à Pnom Penh l'encadrement de l'Armée royale khmère (chasseurs cambodgiens).

En décembre 1947 un élément rattaché au 1er Escadron de Nha Trang est chargé de l'encadrement de la garde montagnarde des Hauts-Plateaux.

Après avoir perdu du personnel au profit des prévôtés et de la 3e Légion (Groupe d'Escadron muong) les effectifs de la légion sont en mai 1949 de 26 officiers et de 1 084 gradés et gardes. Elle comprend :

Un E.M. légion à Cay Mai.

Un E.H.R. administrant un grand nombre de détachements :

Musique de garnison (Saigon).

Détachement d'honneur de H.C.F.

Encadrement de la gendarmerie laotienne.

Encadrement de la garde montagnarde.

Un 1er Escadron formant l'ossature de la garde indochinoise du Sud-Annam (Nha Trang).

Un 2e Escadron assurant la garde de la prison de Chi Hoa et l'encadrement des partisans des plantations (Chi Hoa).

Un 3e Escadron d'encadrement de l'armée royale khmère (Phnom Penh).

Un 4e Escadron de garde et d'escorde (Saigon).

Un groupe d'escadrons cochinchinois basé dans la province de Bentré qui sera dissous en septembre 1950.

En 1952 après quelques modifications de détails la 2e Légion est à nouveau réorganisée. Elle se compose :

De personnels à la disposition des Etats associés :

E.M. légion et E.H.R. : services et détachements du Cambodge et du Laos.

1er Escadron : encadrement du régiment de la garde des provinces méridionales du Centre-Viêt-nam.

2e Escadron : encadrement des réguliers et supplétifs vietnamiens et escadrilles fluviales du Centre-Viêt-nam.

3e Escadron : encadrement de la garde montagnarde et réguliers. Détachement de sécurité de la place de Dalat.

Des personnels des F.T.E.O. :

E.M. de groupe et P.H.R.

4e Escadron : gardes du port de Saigon, des plantations de Cochinchine et du Cambodge, du commissariat de la République française au Cambodge.

5e Escadron : musique, gardes du H.C.F. de la prison de Chi Hoa, des internés chinois à Phu Quoc.

En octobre 1953, le groupe autonome d'escadrilles fluviales n° 1 (ex-1re Légion) est rattaché à la 2e Légion. Il forme un 6e escadron avec le détachement des écoles du Sud-Viêt-nam et les éléments de la base aéroportée sud des forces d'Indochine.

Le G.A.E.F. n° 1 cesse ses fonctions début 1954 à la suite de la vietnamisation de toutes ses unités.

Le 31 mars 1955 la légion est dissoute. Ses effectifs sont affectés en totalité à la légion mixte de gendarmerie d'Indochine constituée à partir de la 1re Légion des prévôtés d'Extrême-Orient.

3e Légion.

A peine arrivée en Indochine, la 3e Légion éclate sur l'ensemble du territoire. Son implantation fin 1947 est la suivante :

- **En Cochinchine** : l'état-major légion et l'E.H.R. (Cholon). Le 2e Escadron de F.V. (Thanh Tuy Ha). Le 3e Escadron de F.V. (Giong Trom). Le 4e Escadron de P.V. (Saigon et Cap-Saint-Jacques).
- **Au Tonkin** : le 1er Escadron de F.V. (Haiphong et Hanoi) à l'encadrement de la garde tonkinoise.
- **Au Centre-Annam** : l'escadron porté d'accompagnement à Hué à l'encadrement de la milice locale.

En janvier 1948 le colonel commandant la légion est désigné pour prendre le commandement du secteur de Bentré.

L'E.M. légion, l'E.H.R. et le 2e Escadron rejoignent le 3e Escadron dans cette province et s'y implantent.

En juin 1948 le 4e Escadron de F. V. fait mouvement sur le Tonkin pour l'encadrement de la garde tonkinoise à Hanoi.

Après une série de réorganisations et la création à Hoa Binh (Tonkin) d'un groupe d'escadrons « muong » avec des personnels venant de la 2e Légion l'implantation de la légion est la suivante :
Secteur de Bentré (Cochinchine) : E.M. Légion. E.H.R. Groupe et 4 escadrons.
Inspection Tonkin (Centre-Annam) : 1er escadron à Hanoi. 4e escadron à Haiphong. Escadron porté d'accompagnement à Hué. Groupe d'escadrons « muong » à Hoa Binh.

En mai 1949 à la suite de la mise sur pied d'une mission d'organisation de la garde tonkinoise et d'un brassage des effectifs des légions de marche, l'E.M. légion et l'E.H.R. de la 3e légion font mouvement sur le Tonkin et s'installent à Hanoi. Le 1er escadron assure à Hanoi et Haiphong l'encadrement de la garde du Viêt-nam-Nord. Le 2e escadron, fixé à Hongay, encadre la garde des frontières de l'Est tonkinois (G.F.E.T.). Les autres unités constituent le groupe d'escadrons muong à Hoa Binh qui sera dissous le 1er mars 1950 et le 3e escadron en postes à Hué (Centre-Annam) qui passera à la 2e légion le 1er janvier 1951.

Dès le début de 1950 le 1er escadron crée des groupes mobiles franco-vietnamiens (garde du Viêt-nam-Nord) avant de prendre, en avril 1950, l'appellation de « groupe d'escadron d'encadrement des forces régulières du Viêt-nam-Nord » et de constituer une « mission d'organisation des forces régulières du Viêt-nam-Nord ».

Ce groupe va se développer et donner le jour progressivement à un certain nombre de bataillons vietnamiens : 4e Bataillon à Dong Van. 6e Bataillon à Ban Yen Nhan. 9e Bataillon à Thai Binh.

Il est dissous en avril 1951. Le 1er Escadron est reconstitué à Hanoi où il encadre des forces régulière du Viêt-nam-Nord. Un 4e Escadron assure l'administration des gendarmes constituant les différents détachements d'encadrement des forces régulières ou supplétives vietnamiennes auxquelles viennent s'ajouter des escadrilles fluviales à Namdinh, un groupement de gardes thaïs à Laichau et un bataillon « Nung » à Hongay.

En décembre 1953 la légion constitue toujours l'encadrement des forces armées du Viêt-nam-Nord. Elle assure la protection de points sensibles dans les secteurs d'Hanoi et Haiphong ainsi que de multiples missions de moindre importance.

Elle compte alors 6 escadrons auxquels s'ajouteront en mars un 7e puis un 8e Escadron.

A partir de septembre 1954 les escadrons ramenés sur Haiphong et Hanoi vont participer à la sécurité et aux missions de police dans ces agglomérations (commissariats d'arrondissements).

La ville de Hanoi passe alors zone opérationnelle.

La légion reçoit des renforts temporaires des 1re et 2e Légions de marche. Elle participe à la rétraction sur Haiphong et à la remise des installations aux représentants de la R.D.V.N.

En mars 1955 au moment de sa dissolution la légion comprend un E.H.R. et 4 escadrons à Haiphong : 2 escadrons portés (3e et 5e) et 2 escadrons mixtes A.M. (7e et 8e).

Les effectifs non rapatriables rejoignent au Viêt-nam-Sud la légion mixte de gendarmerie.

Légion mixte de gendarmerie d'Indochine.

Mise sur pied en mars 1955 à la dissolution des trois légions de marche et de la prévôté des F.T.E.O. la légion mixte de gendarmerie d'Indochine est donc constituée à partir des détachements prévôtaux existants, d'escadrons d'intervention de la 2e Légion de marche et d'effectifs non rapatriables des autres unités de gendarmerie dissoutes (à l'exception du détachement de gendarmerie d'Extrême-Orient). Elle comprend :
Un E.M. et un E.H.R. à Saigon.
Un groupe prévôtal à 4 escadrons prévôtaux :
— n° 1 - 1re D.I.E.O. à Susanah et Cap Saint-Jacques.
— n° 2 - 2e D.I.E.O. à Bien Hoa.
— n° 3 - 3e D.I.E.O. à Tourane-Hué et Quang Tri.
— n° 4 - Base et installations portuaires et aéroportuaires Saigon Cap Saint-Jacques, Tan Son Ut.

Auxquels il faut ajouter : un détachement prévôtal de la prison militaire. Un détachement prévôtal de sécurité de Q.G.
Un groupe d'intervention à 4 escadrons (mixte chars).
5e, 6e et 7e Escadrons à Saigon (périphérie).
8e Escadron à Cap Saint-Jacques.

En avril 1955, les effectifs sont de 32 officiers et 1 209 gradés et gendarmes. Ils vont s'amenuiser avec les dissolutions successives d'unités et les suppressions de postes.

Le 1er janvier 1956 la légion mixte de gendarmerie d'Indochine devient par changement de dénomination la légion de gendarmerie d'Extrême-Orient qui sera elle-même dissoute le 15 mars 1956.

Nota : l'inspection de la gendarmerie en Indochine cessera d'exister le 29 février 1956.

LES MISSIONS DE LA GENDARMERIE D'INDOCHINE

Le général Serignan, inspecteur de la Gendarmerie en Extrême-Orient de mars 1947 à mai 1949, a écrit dans la revue « Combattant d'Indochine » :

« Ce n'est pas sans curiosité ou même sans quelque appréhension — il faut bien le dire — que les camarades des autres armes virent débarquer les formations de garde républicaine. Selon les bruits qui couraient alors avec persistance, ces unités venaient pour assurer la police de la circulation et réprimer au moyen de P.V. les infractions commises par les militaires des autres corps de troupe.

Il s'agissait bien de cela !

En fait, dès le début et en dehors de quelques missions de garde ressortissant particulièrement à leurs possibilités techniques, les unités de garde républicaine furent employées à l'encadrement des forces armées ou des forces de police des Etats associés qu'il était de la plus haute importance de constituer au plus tôt. Tel garde qui, hier encore, était dans une tranquille brigade rurale fut transformé en chef de poste. Il dut recruter et instruire ses hommes dont il ne connaissait ni la langue ni les mœurs, construire son poste, en assurer la défense et, mission essentielle, pacifier une partie de territoire. D'autres gardes qui n'avaient jamais rêvé pareille aventure furent parachutistes ou marins ».

En vérité nos gendarmes qu'ils soient gendarmes dit « coloniaux », prévôts ou gardes furent utilisés, du Nord au Sud et d'Est en Ouest, à des tâches les plus diverses, les plus nobles comme les plus ingrates et ils s'en tirèrent fort bien.

Avant toute chose, parce que militaire et pour la majorité d'entre eux, ils coopèrent à la lutte contre le Viêt-minh. En unité organique, portée ou blindée, encadrant des forces régulières ou supplétives locales, souvent isolément, ils participent aux opérations, à la tenue des postes, aux escortes de toutes sortes : sur les routes, les voies ferrées et les rachs, à la sécurité des convois et des points sensibles, à la garde des Q.G., à la fourniture des renseignements mais aussi et surtout à la pacification, au contrôle et à la protection des populations.

Dans ce domaine leur ardente volonté de bien servir et leur adaptation parfaite aux aspects si divers de ces missions, qui sont en somme celles de notre vocation, humainement et souvent au péril de leur vie ils obtiennent les meilleurs résultats.

C'est le cas du maréchal des logis-chef Menut, « sous-officier de classe qui, investi des pouvoirs civils et militaires de l'île de Caolanh (Cochinchine), sait en quelques mois d'un travail acharné et intelligent pacifier la plus grande partie de sa délégation, rallier plusieurs milliers d'habitants et refouler les rebelles. Qui allie aux qualités d'administrateur de belles qualités de chef au combat, qui les montre en maintes occasions et se distingue particulièrement dans la nuit du 20 au 21 mai 1948 en franchissant à la tête de ses gardes le rach de Caolanh à la nage et repousse l'assaillant qui incendiait la localité. Le 23 novembre 1948, commandant le détachement mobile de gardes et de partisans interdit l'accès de la ville à une forte bande rebelle, repousse l'adversaire au cours d'une sortie audacieuse et lui impose la supériorité de nos armes ». (Citation à l'ordre de l'Armée).

Plus sobrement dans l'exécution d'une mission toute simple de combat c'est la leçon d'énergie et de volonté donnée à ses hommes par le « jeune garde Carré, chef de poste d'un courage et d'un sang-froid à toute épreuve qui, blessé le 28 septembre 1947 à Tieu-Can (Cochinchine) lors de l'attaque de son poste, continue pendant deux jours et deux nuits à assurer la défense, faisant preuve d'une activité et d'un moral extraordinaires et qui soigné sur place refuse de se faire évacuer ». (Citation à l'ordre du Corps d'armée).

Dans ce cadre militaire une des plus importantes missions qui revient à la gendarmerie est sans nul doute l'encadrement et l'instruction des unités des armées des nouveaux Etats assosiés, dans des centres de formation ou plus couramment sur le terrain, dans des bataillons vietnamiens et laotiens ou dans des unités nungs, thaïs ou khmères. Ce sera l'occasion pour le ministre de la Défense nationale du Cambodge monsieur Vœunsai d'écrire dans un ordre du jour : « Je n'oublie pas que du mois de mai 1947 au mois de janvier 1951 dix-huit gradés et gardes ont été tués au combat et que vingt-deux autres ont été blessés en servant le Cambodge autant que la France. Je n'oublie pas non plus la somme de labeur, parfois obscur, qu'a représentée la contribution de (telle unité) de gendarmerie à la mise sur pied et au développement de l'armée royale khmère ».

Si les missions d'encadrement furent les principales, exercées par nos officiers, nos gradés et nos gendarmes elles ont été aussi les plus curieusement variées. On les trouve dans :

— des bataillons de l'armée vietnamienne ;
— des bataillons de chasseurs cambodgiens ;
— des tabors marocains ;

— des compagnies africaines et nord-africaines ainsi que, naturellement, dans :
— la garde républicaine de Cochinchine ;
— la garde montagnarde ;
— la garde nationale khmère ;
— la garde tonkinoise ;
— la garde des provinces méridionales du Centre-Viêt-nam ;
— la garde frontalière de l'Est tonkinois ;
— la milice du Centre-Annam ;
— les unités de partisans des plantations ;

auxquels il convient d'ajouter :
— les écoles d'enfants de troupe ;
— les centres d'instruction des forces armées vietnamiennes ;
— le centre d'administration et service auto du Viêt-nam-Sud ;
— les écoles militaires vietnamiennes ;

et les différentes missions d'organisation des gendarmeries vietnamiennes, laotiennes et cambodgiennes.

Le personnel, connu il est vrai par ses aptitudes foncièrement polyvalentes, se trouva à la tâche dans des formations organiquement et militairement bien différentes les unes des autres :
— section de gendarmerie ;
— détachement prévôtal ;
— escadron porté ;
— escadron mixte A.M. ou char ;
— escadron de reconnaissance ;
— escadron de parachutistes ;
— escadron de commandos ;
— escadrille fluviale ;
— compagnie d'infanterie ;
— compagnie de combat du génie ;

et bien entendu les escadrons d'honneur et la musique des Forces française d'Extrême-Orient.

CONCLUSION

Sur tout le territoire de l'ancienne Indochine française il a été fait, une fois de plus, la preuve que le brave gendarme est mieux que tout autre prédisposé à ces missions de choix, dont l'exécution stricte et exemplaire justifie la place de la gendarmerie à la droite des autres armes.

D'âge sérieux, habitué par ses fonctions au contact de la population civile, calme, patient et humain, il s'interdit les exactions, les brutalités inutiles, le pillage et il traite avec correction et dignité le rallié comme le prisonnier.

On a dit que son œuvre fut magnifique parce qu'elle allia avec doigté une action militaire active à une pacification persuasive, adroite, éclairée, peu meurtrière, acceptée avec empressement par les populations.

Par lui la Gendarmerie nationale française a acquis à cette tâche un prestige nouveau qui s'ajoute avec bonheur aux longues pages de gloire de son passé mais qui reste hélas marquée par la perte de :
— 8 officiers et 399 sous-officiers tués au combat ;
— 1 officier et 64 sous-officiers morts des suites de leurs blessures ;
— 16 sous-officiers disparus,

tandis que les plus belles récompenses s'inscrivent en témoignage de son action :
— 15 citations collectives ;
— 4 croix d'Officiers de la Légion d'honneur à titre exceptionnel ;
— 5 croix de chevalier à titre exceptionnel et 28 à titre posthume ;
— 193 médailles militaires à titre exceptionnel et 447 à titre posthume ;
— 6 362 citations portant attribution de la Croix de guerre des T.O.E.

A ces missions militaires, les plus nobles, se rattachent normalement les missions plus spécifiquement traditionnelles qui sont exercées malgré tout, sur le territoire indochinois, dans le cadre du détachement de gendarmerie d'Extrême-Orient et des différentes prévôtés, avec le soutien actif des personnels des légions de marche.

Elles subissent également les contrecoups et l'influence de l'évolution nationaliste des Etats et de leurs relations avec la France. Il n'empêche qu'un travail peut être obscur mais apprécié et réalisé dans chaque province, délégation ou village au profit des autorités civiles tandis que la coopération avec le commandement militaire demeure le fil conducteur.

On vit ainsi des militaires de l'arme comme le maréchal des logis-chef Gerbier « exercer dans une région difficile, le quartier de Phen Ri (Sud-Annam), les délicates fonctions de commissaire de police et de chef des partisans administratifs et faire preuve en cette occasion des plus belles qualités de courage et de dévouement, (félicitations du colonel commandant les troupes françaises du Sud-Annam et des Hauts-Plateaux).

De service dans un important dépôt de riz, gardé militairement, le garde Durand « a par sa vigilance et son esprit de décision découvert un vol important puis provoqué l'arrestation d'une bande organisée de malfaiteurs » (félicitations).

Par son sang-froid, son courage et sa décision le garde Bouyer réussit, malgré une blessure reçue, à faire échouer une tentative de rébellion des détenus à la prison militaire de Saigon » (félicitations) tandis que le garde Claisse « intervient au cours d'une patrouille au quartier réservé de Saigon pour rétablir l'ordre, fait preuve dans ces circonstances de courage et de sang-froid et se fait blesser grièvement en désarmant l'un des agresseurs ». (Félicitations).

Les conséquences de ces actions obscures, non exemptes de danger, permettent au personnel de la gendarmerie de tenir une place digne de ses plus belles traditions et à des moments les plus poignants de notre histoire.

« Chef de la prévôté de Diên Biên Phu le maréchal des logis-chef Salaün au cours de 60 jours de combats ininterrompus fait preuve de grandes qualités de bravoure et d'intelligence. Chargé dès le début de la bataille, le 13 mars, de porter assistance aux armées, il accomplit cette tâche avec dévouement et compétence. Dès le 15 avril, devant les difficultés inouïes que le commandement éprouve à récupérer les parachutages de vivres, il reçoit pour mission de surveiller la D.Z. et d'empêcher la disparition des colis. Il exécute de nuit et de jour son dangereux travail à l'extérieur des tranchées sous les tirs intenses de l'artillerie ennemie, donnant ainsi un admirable exemple de courage, de dévouement et de résistance physique. Se distingue particulièrement, à l'aube du 7 mai, au moment où les ramassages des vivres s'avèrent particulièrement urgents » (citation à l'ordre de l'Armée).

D'autres fois, des missions au départ moins difficiles que celles dévolues à ce prévôt conduisent nos gendarmes à vivre des événements plus ou moins extraordinaires et à faire matériellement la preuve de leurs aptitudes et de leurs capacités.

« Envoyé à Diên Biên Phu, le 11 mars 1954, pour effectuer une enquête judiciaire le gendarme Guillamot se trouve bloqué par l'impossibilité d'envol des avions. Il se bat courageusement et montre de belles qualités de militaire, de chef et de combattant au cours des engagements d'avril et de mai qui le font désigner comme chef de section. Sérieux, méthodique, intelligent, par son exemple, un total mépris du danger et sa connaissance parfaite du combat d'infanterie, il obtient des résultats excellents. Son caractère droit et sa haute valeur morale lui valent la grande estime de ses chefs. Est capturé par les rebelles le 7 mai 1954 lors de la chute du camp retranché » (citation à l'ordre de l'Armée).

ANNEXE 2

CHRONOLOGIE DES OPÉRATIONS AÉROPORTÉES[1] DE L'ESCADRON PARACHUTISTE DE LA G.R.C./G.V.N.S.

1948

11 janvier	Opération Teta Tan Tich (Cochinchine) Nettoyage de secteur	1er Commando (40 h.) (G.R. Boulanger, Cne Richard)
14 février	Giong Dinh (Vega) S'emparer de villages en plaine des Joncs	1er Commando (50 h.) Cne Richard G.R. Boulanger
3 mars	Lagna. Interception du chi-doï 10, libérer les prisonniers du convoi de Dalat	1er Commando (50 h.) Cne Richard. G.R. Boulanger
30 avril	Ly Nhon (Xom Ly Thuan) Détruire installations V.M.	2e Commando (49 h.) Cne Richard, s/lt Duc
1er juin	Binh Hoa. Délivrer des prisonniers Binh Xuyen	2e Commando (40 h.) Cne Richard, s/lt Duc
13 juin	« Huron » Than Nhon. Can Gio. Ralliement des Binh Xuyen	2e Commando (39 h.) Cne Richard, s/lt Duc
7 juillet	« Caibé » Nhon Ninh (Cochinchine) contre zone VIII V.M.	Escadron para. (100 h.) Cne Richard M.d.l.c. Perrier, s/lt Duc
17 juillet	Phuoc An (Xom Babong), Cochinchine Délivrer 250 prisonniers binh-xuyen	Tous détach. (50 h.) Cne Richard
31 juillet	Tortue (Qui Nhon, Sud-Annam)	Tous détach. (50 h.) 1er et 3e Cdos, cne Richard
5 août	Rach Gia. renforcer la garnison, détruire 1 canon	2e Commando (44 h.) Cne Richard, s/lt Duc
16 décembre	Ap. Ba Chuc Renforcer le poste attaqué	2e et 3e Cdos (50 h.) Cne Richard, s/lt Duc M.d.l.c. Perrier
18 décembre	Ap La Ban	1er stick 1er Cdo (15 h.) M.d.l.c. Boulanger

1949

2 juin	Jonquille. Canal Lagrange. Cap Vong Nettoyage zone VIII V.M.	Esc. G.V.N.S. (110 h.) S/lt Santchi, lt Duc

1. Les opérations terrestres ne sont pas mentionnées.

1950

29 mars	Tra Cu. Renforcer le poste	2 Cdos (90 h.) Lt Biard
3 septembre	Rouleau (Cochinchine)	Esc. G.V.N.S. (120 h.)
	Bouclage au profit d'unités terrestres	Lt Biard
13 novembre	Phu My (Saint-Martin)	1er Commando (60 h.)
	Bouclage région Phuoc Hoa	Lt Biard

ANNEXE 3

UNITÉS AYANT ÉTÉ ENCADRÉES PAR LA 3e L.M.G.R.

1947

Garde autochtone Haiphong (école Michelet).
Garde autochtone Hanoi.
Travailleurs indochinois (Cap Saint-Jacques).
Garde tonkinoise (postes).
Détachement des îles Gow Tow.
Milices du Centre-Annam (Hué, Thué, Thiem, Quang Tri, Dong Hoi, Quang Nam).

1948

Garde tonkinoise (postes).
Milices du Centre-Annam qui deviennent les V.B.D. (Viêt Binh Doan).
Détachement des îles Gow Tow.
1er Commando vietnamien (Ben Tre).
Bataillons vietnamiens catholiques.
Détachement de l'île Mocay.
Ecole d'enfants de troupe du Cap Saint-Jacques.
Groupe d'escadrons muongs (Hoa Binh et région).

1949

Garde tonkinoise, qui est scindée en : .
— Garde frontière de l'Est tonkinois (G.F.E.T., éléments nungs de la garde tonkinoise).
— Garde du Viêt-nam-Nord (éléments vietnamiens).
Bataillons muongs (Hoa Binh et région).
Ecole d'enfants de troupe du Cap Saint-Jacques.
Viêt Binh Doan (V.B.D.) qui deviennent garde nationale du Centre-Viêt-nam.

1950

Garde du Viêt-nam-Nord (G.V.N.N., 16 compagnies).
Garde frontière de l'Est tonkinois (G.F.E.T., 6 compagnies).
4e B.V.N. (Nhat Tu).
6e B.V.N. (Ban Yen Nhan).
9e B.V.N. (Thai Binh).
Bataillons muongs (Hoa Binh et région).
Bataillon de gardes thaïs (ex. G.F.O.T.).

1951

Garde du Viêt-nam-Nord (G.V.N.N.).
Garde frontalière de l'Est tonkinois (G.F.E.T., qui devient bataillon de gardes nungs).
4e, 6e, 9e B.V.N. (mêmes implantations que précédemment).
20e B.V.N. (Hoi Trung).
22e B.V.N. (Dong Ta).
26e B.V.N. (Ninh Cu).
Centres d'instruction de Quang Yen et Bac Ninh.
Bataillon de gardes thaïs.

1952

Garde du Viêt-nam-Nord.
Bataillon de gardes nungs.
Bataillon de gardes thaïs qui devient 301e B.V.N.
Escadrille royale laotienne.
Encadrement supplétifs zone sud.
Prévôtés F.A.V.N..
Groupe autonome d'escadrilles fluviales n° 2 et 3 (G.A.E.F.).
Sous-secteur de My Trach.
Ecole des Bao Chinh Doan (Binh Dong).
Ecole des cadres de Bac Ninh.
Centre d'instruction de Quang Yen.
6e B.V.N. (Ban Yen Nhan).
9e B.V.N. (Thaï Binh).
14e B.V.N. (Ninh Giang).
20e B.V.N. (Hoi Trung).
22e B.V.N. (Dong Ta).
53e B.V.N. (Ninh Giang).

1953

301e Bataillon vietnamien (Laï Chau et région).
302e B.V.N. (ex-bataillon de gardes nungs) et sous-secteur de Hongay.
351e B.V.N. (Hanoi et région) et sous-secteur rive droite.
352e B.V.N. (Ninh Giang, Dan Phuong, Thanh Lang) et sous-secteur de Trinh Xa.
353e B.V.N. sous-secteur de Uong Bi.
Secteur de la garde (Quang Yen).
Ecoles d'enfants de troupes Hanoi et Moncay.
Centre d'instruction de Quang Yen de l'armée vietnamienne.
Ecole de Bao Chinh Doan (Binh Dong).
Supplétifs zone sud (Nam Dinh, Phat Diem, Bui Chu) 101e, 103e, 104e, 108e, 400e, 404e, C.S.M., 58e B.V.N., commandos 13, 52, 53.
Centres d'organisation et d'instruction des 1er, 2e, 3e, 4e, 5e, 6e et 7e bataillons légers laotiens qui deviennent les 21e, 22e, 23e, 24e, 25e, 26e, 27e bataillons légers laotiens.
5e tabors (région d'Haiphong).
Compagnie africaine des points sensibles (Haiphong).
Escadrille royale laotienne (Laos).
Bataillons de prisonniers et internés militaires n° 1, 2, 3 et 4.
220e, 223e compagnies de supplétifs militaires (région d'Haiphong).
370e compagnie de supplétifs militaires (région d'Hongay).
386e compagnie de supplétifs militaires (région d'Hanoi).
553e, 554e, 555e, 556e compagnies légères de supplétifs militaires (C.L.S.V.).

1954

31e B.V.N. (ex-301e B.V.N., Lai Chau, Yen Khanh).
32e B.V.N. (Hongay et région, ex-302e B.V.N. et sous-secteur d'Hongay).
51e B.V.N. (région d'Hanoi, ex-351e B.V.N.) et sous-secteur rive droite.
52e B.V.N. (Thuy Tu, Ha Dong, ex-352e B.V.N.).
50e B.V.N. (ex- 353e B.V.N., Uong Bi et région) et sous-secteur Uong BI.
Supplétifs zone nord :
— Secteur de Haiduong : 253e, 364e, 365e, 366e, 367e C.S.M.
— Secteur de Bacninh : 260e, 341e, 354e, 259e, 355e, 344e, 348e, 349e, 405e, 265e, 343e, 351e, 353e, 342e, 345e, 347e, 357e C.S.M.
— Secteur de Sept Pagodes : 254e, 346e, 358e, 359e, 368e, 369e, 255e, 353e, 356e C.S.M.
— Secteur de Ke Sat : 360e, 361e, 406e, 264e, 362e, 364e C.S.M.
Supplétifs zone de Haiphong :
— Secteur R.N. n° 5 : 224e, 226e, 266e C.S.M.
— Secteur Kien An : 203e, 204e, 235e C.S.M.
— Secteur Quang Yen : 222e, 227e, 370e, 220e, 223e C.S.M.
— Secteur Ninh Giang : 201e, 202e, 225e, 228e, 230e, 231e C.S.M.
Bataillons de P.I.M. n° 1, 2, 3, 4, 5, 6.
Centre d'instruction de Quang Yen.
Ecole d'enfants de troupes de Hanoi et Moncay.
Compagnie africaine des points sensibles.
Escadrilles fluviales.
Compagnie fluviale n° 5.
Escadrille fluviale royale laotienne.
1e, 2e, 3e, 4e, 5e, 6e et 7e Bataillons légers laotiens (ex 21e, 22e, 23e, 24e, 25e, 26e et 27e B.L.L.).
4e et 5e Bataillons d'infanterie Lao.
553e, 554e et 556e Compagnies légères de supplétifs vietnamiens (régions de Hongay et Uong Bi).

PERSONNELS DE LA GENDARMERIE TUÉS AU COURS DE LA GUERRE D'INDOCHINE (1947-1954)

Abréviations : G.R. : garde républicain ; Ge : gendarme ; P.M. : prévôt militaire ; Ch. : maréchal des logis-chef ; Adj. : adjudant ; A.C. : adjudant-chef ; Lt : lieutenant ; Cne : capitaine.

1re L.M. : 1re Légion de marche de la garde républicaine ; 2e L.M. : 2e Légion de marche ; 3e L.M. : 3e Légion de marche ; G.I.S. : Gendarmerie d'Indochine du Sud (N : Nord ; A. Annam) ; (D.P.) : disparu, mort en captivité.

1947

CHAPELIER Paul, P.M. 1re L.M., 27-1-47.
DERIENNIC Marcel, G.R. 1re L.M., 8-2-47.
GAC Pierre, G.R. 1re L.M., 8-2-47.
FAVIER Henri, G.R. 1re L.M., 10-2-47.
NOËL René, P.M., 16-2-47.
SOHLER Alfred, G.R. 1re L.M., 20-2-47.
LAMOTTE Lucien, G.R. 1re L.M., 1-3-47.
VALOT Robert, G.R. 1re L.M., 1-3-47.
AMBLARD Joseph, G.R. 1re L.M., 29-3-47.
THEISSE Raymond, G.R. 1re L.M., 29-3-47.
BLANZAT Jean, S/Lt. 1re L.M., 2-4-47.
MARTINEAU Maurice, G.R. 1re L.M., 2-4-47.
BUGNANI Jean, G.R. 1re L.M., 2-4-47.
DABRE André, G.R. 3e L.M., 17-4-47.
DANIEL François, Ch. 1re L.M., 22-4-47.
CADIOT Raymond, G.R. 1re L.M., 22-4-47.
CHAIGNON Raymond, G.R. 1re L.M., 22-4-47.
DURIS Aimé, G.R. 1re L.M., 22-4-47.
LASALLE Jean, Ge G.I.S., 25-4-47.
BORDRON Jean, Ge G.I.S., 25-4-47.
COTONEA François, G.R. 2e L.M., 25-4-47.
SAPON Marcel, G.R. 2e L.M., 25-4-47.
LEQUIMENER Léopold, G.R. 2e L.M., 25-4-47.
MERCIER René, G.R. 2e L.M., 25-4-47.
GEORGET André, G.R. 1re L.M., 6-5-47.
CLOCHON Paul, G.R. 1re L.M., 6-5-47.
VILLENEUVE Albert, G.R., 6-5-47.
BASTIDE Elie, G.R. 1re L.M., 8-5-47.
RENAUDEAU Roger, G.R. 1re L.M., 15-5-47.
COLAS Roger, G.R. 2e L.M., 15-5-47.
ABAD Alexandre, G.R. 1re L.M., 18-5-47.
LECHEVALLIER André, G.R. 1re L.M., 18-5-47.
VILLENEUVE Paul, G.R. 1re L.M., 3-6-47.
JEANMAIRE Edmond, G.R. 1re L.M., 3-6-47.
GINESTET Pierre, G.R. 1re L.M., 3-6-47.
DENIS Marcel, G.R. 1re L.M., 8-6-47.
BRODIER Pierre, G.R. 1re L.M., 8-6-47.
BUGNANI Dominique, G.R. 1re L.M., 8-6-47.
PILLIE Marius, G.R. 1re L.M., 10-6-47.
GIROD Pierre, G.R. 1re L.M., 13-6-47.
BONNET Georges, G.R. 3e L.M., 14-6-47.
CARTIER J.-Bpte, G.R. 2e L.M., 14-6-47.
LOZACH Auguste, G.R. 2e L.M., 14-6-47.
CARON André, G.R. 1re L.M., 24-6-47.
OZERAY Roland, G.R. 1re L.M., 24-6-47.
PETILLON Roger, G.R. 1re L.M., 24-6-47.
MARTIN Maurice, G.R. 3e L.M., 29-6-47.
RIVARD Maurice, G.R. 3e L.M., 1-7-47.
DESHAYES Robert, G.R. 3e L.M., 2-7-47.
PERRIN Marcel, G.R. 1re L.M., 3-7-47.
GRIFFAULT Maurice, G.R. 1re L.M., 8-7-47.
LEROUX Charles, G.R. 1re L.M., 11-7-47.
DOUSSET Georges, G.R. 3e L.M., 12-7-47.
COSTANTINI Jean-Baptiste, G.R. 1re L.M., 15-7-47.
LE BOURBASQUET Guillaume, G.R. 1re L.M., 15-7-47.
LAURENCEAU Pierre, G.R. 3e L.M., 16-7-47.
VINAY Léopold, G.R. 1re L.M., 22-7-47.
AFFORTIT Pierre, G.R. 3e L.M., 8-7-47.
FICHELLE Maurice, G.R. 3e L.M., 8-7-47.
JARRY René, G.R. 1re L.M., 6-8-47.
FROELIGER Alfred, Ch. 1re L.M., 14-8-47.
PETIT Fernand, G.R. 1re L.M., 22-8-47.
GAUDUCHON Georges, G.R. 2e L.M., 5-9-47.

Loth Pierre, G.R. 2e L.M., 7-9-47.
Feyt Louis, G.R. 1re L.M., 8-9-47.
Degraeve Marcel, G.R. 1re L.M., 18-9-47.
Fontanille Marcel, G.R. 1re L.M., 11-9-47.
Rouat Pierre, G.R. 1re L.M., 11-9-47.
Colnot Aimé, G.R. 1re L.M., 17-9-47.
Flori Dominique, G.R. 1re L.M., 21-9-47.
Castain Emile, G.R. 3e L.M., 22-9-47.
Ignasse André, G.R. 3e L.M., 8-9-47.
Dubaille Roger, G.R. 3e L.M., 8-9-47.
Barillot Raymond, G.R. 1re L.M., 7-10-47.
Sondag Michel, G.R. 1re L.M., 9-10-47.
Jagueneau Olivier, G.R. 1re L.M., 15-10-47.
Simon Joseph, Ch. 1re L.M., 15-10-47.
Troudart Daniel, G.R. 1re L.M., 21-10-47.
Barrère René, G.R. 1re L.M., 22-10-47.
Duplan Jean-Louis, G.R. 2e L.M., 28-10-47.
Bagard Robert, G.R. 1re L.M., 3-11-47.
Chevreau Roger, G.R. 1re L.M., 7-11-47.
Brule Emile, G.R. 1re L.M., 15-11-47.
Esnouf Raoul, G.R. 1re L.M., 21-11-47.
Ory Maxime, G.R. 1re L.M., 28-11-47.
Brunet Aimé, Ge. G.I.S., 8-11-47.
Blain Emile, G.R. 1re L.M., 4-12-47.
Mebon Ange, G.R. 1re L.M., 7-12-47.
Robert Georges, G.R. 3e L.M., 13-12-47.
Marec Yves, G.R. 1re L.M., 12-12-47.
Liénard Marcel, G.R. 1re L.M., 19-12-47.
Dufeil Francis, G.R. 2e L.M., 23-12-47.
Vierm Joseph, G.R. 2e L.M., 23-12-47.
Luciani Joseph, G.R. 1re L.M., 27-12-47.

1948

Boher Jean, G.R. 1re L.M., 9-1-48.
Maison Jules, G.R. 1re L.M., 10-1-48.
Chassaing René, A.C. 1re L.M., 11-1-48.
Varin Roger, G.R. 1re L.M., 11-1-48.
Gosset Yves, G.R. 1re L.M., 11-1-48.
Peiffer Paul, G.R. 1re L.M., 11-1-48.
Le quellec François, G.R. 1re L.M., 11-1-48.
Peraldi Colomb, G.R. 1re L.M., 11-1-48.
Durand Georges, G.R. 1re L.M., 16-1-48.
Valet Alain, G.R. 1re L.M., 20-1-48.
Huftier Germain, G.R. 3e L.M., 5-1-48.
Diascorn Corentin, G.R. 1re L.M., 30-1-48.
Le Thenadec Lucien, G.R. 1re L.M., 3-2-48.
Jollivet Jean, G.R. 1re L.M., 3-2-48.
Gras André, Ge G.I.S., 21-2-48.
Auguet François, G.R. 3e L.M., 18-2-48.
Contant Marcel, G.R. 1re L.M., 1-3-48.
Mathieu Georges, G.R. 1re L.M., 2-3-48.
Hebting Lucien, G.R. 1re L.M., 6-3-48.
Maurice Joseph, G.R. 1re L.M., 9-3-48.
Bordes Martial, G.R. 3e L.M., 6-3-48.
Garreyte Raymond, G.R. 3e L.M., 6-3-48.
Lopez Jean, Ch. 3e L.M., 19-3-48.
Lebeau Joseph, G.R. 3e L.M., 19-3-48.
Froger Roland, G.R. 3e L.M., 19-3-48.
Masmejean Jean-Marie, G.R. 3e L.M., 19-3-48.
Pericot Paul, Ch. 1re L.M., 19-3-48.
Ducret Albert, G.R. 3e L.M., 21-3-48.
Piquet Marcel, S/Lt 3e L.M., 19-3-48.
Gendre Paul, Ch. 1re L.M., 29-3-48.
Daudé Antonin, P.M., 29-3-48.
Moisy Pierre, G.R. 1re L.M., 6-4-48.
Dhivert Maurice, G.R. 1re L.M., 14-4-48.
Bouchet Michel, G.R. 1re L.M., 15-4-48.
Michel Louis, G.R. 3e L.M., 23-4-48.
Duc André, G.R. 2e L.M., 20-4-48.
Moricet André, S/Lt 1re L.M., 3-2-48.
Devaux Arthur, G.R. 3e L.M., 2-5-48.
Barbier André, G.R. 1re L.M., 28-4-48.
Tucoulou-Tachoueres, Yves, Lt, 1re L.M., 30-4-48.
Therrier Georges, G.R. 1re L.M., 30-4-48.
Lemercier Jean, Ch. 3e L.M., 7-5-48.
Guittonneau Louis, G.R. 3e L.M., 7-5-48.
Le Borgne François, G.R. 3e L.M., 7-5-48.
Lescoat André, G.R. 3e L.M., 7-5-48.
Morellec Francis, G.R. 3e L.M., 7-5-48.
Rannou Pierre, G.R. 3e L.M., 7-5-48.
Julou Francis, G.R. 3e L.M., 8-5-48.
Leduc Maurice, G.R. 3e L.M., 7-5-48.
Le Roux Joachim, G.R. 3e L.M., 7-5-48.
Balin Maurice, G.R. 1re L.M., 15-5-48.
Greil René, G.R. 1re L.M., 16-5-48.
Ceze Daniel, G.R. 1re L.M., 16-5-48.
Miot René, G.R. 3e L.M., 21-5-48.
Bigillon Francis, G.R. 2e L.M., 26-5-48.
Delaitre Louis, G.R. 2e L.M., 31-5-48.
Boncourre François, G.R. 3e L.M., 15-5-48.
Chevalier René, G.R. 1re L.M., 6-6-48.
Finet Paul, G.R. 1re L.M., 20-6-48.
Trautmann Lucien, A.C. 1re L.M., 15-6-48.
Escoffy Simon, Ch. 1re L.M., 15-6-48.
Grac Joseph, G.R. 1re L.M., 14-6-48.
Sèchet Roger, G.R. 1re L.M., 2-7-48.
Chiara René, Cne, 3e L.M., 7-7-48.
Grasset André, G.R. 3e L.M., 11-7-48.
Barboteau Joseph, G.R. 3e L.M., 11-7-48.
Hivert René, M. Ch. 1re L.M., 16-7-48.
Levenard Léon, G.R. 1re L.M., 16-7-48.
Guilgot Charles, G.R. 1re L.M., 12-7-48.
Parant Jacques, G.R. 1re L.M., 12-7-48.
Le Berrigaud Louis, G.R. 1re L.M., 22-7-48.
Devenon Jean, G.R. 2e L.M., 10-7-48.
Jean Eugène, G.R. 1re L.M., 3-8-48.
Guihur Julien, G.R. 1re L.M., 9-9-48.
Carniche André, G.R. 1re L.M., 18-7-48.
Lagourgue Jean, G.R. 3e L.M., 18-8-48.
Letournel Louis, G.R. 3e L.M., 17-8-48.
Clement Roger, G.R. 1re L.M., 19-8-48.
Marechal Pierre, Ch. 1re L.M., 21-8-48.
Leonet Jean, G.R. 3e L.M., 24-8-48.
Pecheur Albert, Ch. G.I.S., 26-8-48.
Friant Georges, G.R. 1re L.M., 26-8-48.
Goulois Emile, G.R. 3e L.M., 1-9-48.
Martinez Henri, G.R. 1re L.M., 5-9-48.
Dupont Ernest, Adj. 2e L.M., 11-9-48.

Mocq Louis, Ch. 2e L.M., 11-9-48.
Tancrez Georges, G.R. 2e L.M., 11-9-48.
Airaud Gaston, G.R. 1re L.M., 28-9-48.
Carré Francis, G.R. 1re L.M., 28-9-48.
Jouhanel Alphonse, G.R. 2e L.M., 2-9-48.
Thourez Marcel, G.R. 2e L.M., 6-10-48.
Chaillot Henri, A.C. 1re L.M., 13-10-48.
Bazin Fernand, G.R. 1re L.M., 13-10-48.
Schorung Ulger, G.R. 1re L.M., 31-10-48.
Monserat Jean-Baptiste, G.R. 1re L.M., 31-10-48.
Lachaise Henri, G.R. 1re L.M., 14-11-48.
Delrue René, G.R. 1re L.M., 15-11-48.
Barraud René, G.R. 2e L.M., 11-11-48.
Douence Paul, G.R. 2e L.M., 11-11-48.
Leclercq Paul, G.R. 2e L.M., 11-11-48.
Sabot André, G.R. 1re L.M., 16-11-48.
Jean Raymond, G.R. 1re L.M., 16 11 48.
Drot René, Adj. 3e L.M., 21-11-48.
Avenel Roland, G.R. 2e L.M., 30-11-48.
Lang Lucien, G.R. 1re L.M., 3-12-48.
Beaugendre Bernard, Adj. 1re L.M., 3-12-48.
Allegre Auguste, G.R. 1re L.M., 3-12-48.
Declerck Roger, Cne, 2e L.M., 13-12-48.
Toucheron Jean, S/Lt 2e L.M., 13-12-48.
Calvar François, Ch. 2e L.M., 13-12-48.
Bourdeau Léon, G.R. 2e L.M., 13-12-48.
Coque Gabriel, G.R. 2e L.M., 13-12-48.
Herbreteau Maurice, G.R. 2e L.M., 13-12-48.
Jame Robert, G.R. 1re L.M., 14-12-48.
Durand Roger, G.R. 1re L.M., 27-12-48.
Thibault Pierre, G.R. 1re L.M., 16-12-48.
Visseyras Paul, G.R. 1re L.M., 16-12-48.
Salingue Louis, G.R. 1re L.M., 16-12-48.
Receveur Aimé, G.R. 3e L.M., 31-12-48.
Jaudon Marcel, G.R. 1re L.M., 28-12-48.

1949

Lescut Gaston, G.R. 1re L.M., 4-1-49.
Dhenin Léon, G.R. 1re L.M., 8-1-49.
Chagot Régis, G.R. 1re L.M., 1-1-49.
Allais Louis, G.R. 3e L.M., 19-1-49.
Gravallon André, G.R. 1re L.M., 27-1-49.
Michot Etienne, G.R. 3e L.M., 1-2-49.
Bidron Maxime, Ch. 2e L.M., 26-1-49.
Fity Jean, Ch. 3e L.M., 18-2-49.
Pasquier Roger, G.R. 3e L.M., 26-2-49.
Bouilhac Clément, Adj. 2e L.M., 28-2-49.
Belet Pierre, Ch. 3e L.M., 7-3-49.
Antoine Paul, G.R. 3e L.M., 7-3-49.
Lesage Augustin, G.R. 1re L.M., 12-2-49.
Faure Léon, G.R. 3e L.M., 17-3-49.
Yon Pierre, G.R. 1re L.M., 26-3-49.
Lesieur Pierre, G.R. 1re L.M., 27-3-49.
Martelot Laurent, G.R. 1re L.M., 29-3-49.
Augereau Pierre, G.R. 1re L.M., 3-4-49.
Picco Louis, G.R. 3e L.M., 8-4-49.
Gautherie Robert, G.R. 3e L.M., 8-4-49.
Cuvilly Gabriel, G.R. 1re L.M., 10-4-49.
Bedout Louis, G.R. 2e L.M., 12-4-49.
Fournet René, G.R. 1re L.M., 29-4-49.
Potiron Edmond, G.R. 1re L.M., 25-4-49.
Thirot Roland, G.R. 1re L.M., 12-4-49.
Morin Raymond, G.R. 1re L.M., 12-4-49.
Guinot Léon, G.R. 1re L.M., 12-4-49.
Voisin Robert, G.R. 1re L.M., 16-5-49.
Le Gentil Marcel, G.R. 1re L.M., 23-5-49.
Betrom Jean, G.R. 1re L.M., 6-6-49.
Moymeau Marcel, G.R. 1re L.M., 6-6-49.
Delahaye Robert, G.R. 1re L.M., 3-6-49.
Bignon Henri, G.R. 3e L.M., 3-6-49.
Gautier Rémy, G.R. 3e L.M., 3-6-49.
Manouvrier Antoine, G.R. 3e L.M., 6-6-49.
Meunier Hippolyte, G.R. 3e L.M., 3-6-49.
Lecossois André, G.R. 2e L.M., 28-5-49.
Houplon Roger, G.R. 2e L.M., 24-5-49.
Pruvot Jean-Paul, G.R. 2e L.M., 30-5-49.
Roué Gabriel, G.R. 3e L.M., 28-6-49.
Vignal Jean, G.R. 1re L.M., 30-6-49.
Kerneis Jean, G.R. 3e L.M., 30-6-49.
Lavie Raymond, G.R. 3e L.M., 30-6-49.
Mehu Michel, G.R. 3e L.M., 30-6-49.
Collignon Emile, G.R. 2e L.M., 18-6-49.
Jandeau Joseph, G.R. 2e L.M., 18-6-49.
Loas Robert, G.R. 2e L.M., 18-6-49.
Torillet Jean-Pierre, G.R. 2e L.M., 18-6-49.
Venne Gabriel, G.R. 2e L.M., 18-6-49.
Cazajous Laurent, G.R. 2e L.M., 5-7-49.
Goubelet Alfred, G.R. 2e L.M., 5-7-49.
Gassert Roger, G.R. 3e L.M., 10-7-49.
Le Couls René, G.R. 1re L.M., 13-7-49.
Lavauzelle Jean-Baptiste, G.R. 3e L.M., 18-7-49.
Cornelis Roger, G.R. 3e L.M., 22-7-49.
Boutin Marcel, G.R. 2e L.M., 14-7-49.
Javel Charles, G.R. 2e L.M., 28-7-49.
Blot Alphonse, G.R. 3e L.M., 3-8-49.
Bouron René, G.R. 3e L.M., 3-8-49.
Huguin Jean, G.R. 3e L.M., 3-8-49.
Lamendin Paul, G.R. 3e L.M., 8-8-49.
Berreur Jacques, G.R. 3e L.M., 4-8-49.
Bertrand Etienne, P.M., 13-6-49.
Guillemin Marcel, G.R. 3e L.M., 25-7-49.
Chilloux André, G.R. 3e L.M., 17-8-49.
Almeras Paul, G.R. 2e L.M., 6-8-49.
Moscardini Maxime, G.R. 2e L.M., 21-8-49.
Le Vincent Yves, Ch. 2e L.M., 26-8-49.
Landon Pierre, Ch. 2e L.M., 26-8-49.
Aix Roger, G.R. 2e L.M., 26-8-49.
Lavenu Sylvain, G.R. 2e L.M., 26-8-49.
Cervero Marcel, G.R. 2e L.M., 26-8-49.
Duran Julien, G.R. 1re L.M., 4-9-49.
Darciaux Jean-Louis, G.R. 3e L.M., 29-8-49.
Ducas Pierre, G.R. 3e L.M., 29-8-49.
Boisnard Bernard, G.R. 3e L.M., 29-8-49.
Voir Jean-Marie, Ch. 1re L.M., 16-9-49.
Vilain Jean, G.R. 1re L.M., 17-9-49.
Leglaive Jean-Marie, G.R. 2e L.M., 20-9-49.
Ramadier André, G.R. 2e L.M., 20-9-49.
Pichon Jean-Louis, G.R. 1re L.M., 22-9-49.

DOUHAUD Jean-Marie, Ch. 1re L.M., 23-9-49 (D.P.).
DROUHOT Guy, G.R. 3e L.M., 27-9-49.
AUBRY Bernard, G.R. 1re L.M., 4-10-49.
FAIVRE Jean, G.R. 2e L.M., 14-10-49.
POURGET Barthélemy, G.R. 1re L.M., 5-10-49.
SERVET Pierre, G.R. 3e L.M., 23-10-49.
RENAUD René, Ch. 3e L.M., 25-10-49.
LE PEMP René, G.R. 3e L.M., 25-10-49.
HAURIE Paul, G.R. 3e L.M., 2-11-49.
DENIS Lucien, G.R. 3e L.M., 13-11-49.
MARTIN Paul, Lt, 3e L.M., 13-11-49.
LAURENT René, G.R. 2e L.M., 2-11-49.
DEPLANQUE André, G.R. 3e L.M., 27-11-49.
SARRAZIN Francis, Ch. 3e L.M., 26-11-49.
JACQUIER Roger, G.R. 3e L.M., 26-11-49 (D.P.).
JORG Eugène, G.R. 3e L.M., 26-11-49.
WALSDORFF Henri, G.R. 3e L.M., 26-11-49 (D.P.).
CHEVALIER René, G.R. 3e L.M., 26-11-49 (D.P.).
DEVOIR Gaston, G.R. 3e L.M., 26-11-49 (D.P.).
BOUDEY Henri, G.R. 3e L.M., 29-11-49 (D.P.).
JAOUEN Jean-Louis, G.R. 3e L.M., 29-11-49.
LEMAIRE Albert, G.R. 2e L.M., 9-12-49.
DESBOIS Jean-Marie, G.R. 3e L.M., 7-12-49.
JOFFRE Jean, G.R. 3e L.M., 2-12-49.
SEGUIN Roger, G.R. 1re L.M., 4-12-49 (D.P.).
MERLE Justin, G.R. 3e L.M., 16-12-49.
TEYSONNIER Louis, G.R. 2e L.M., 10-12-49.
BOURCIER Roger, Ge. G.I.S., 6-12-49.
LUCAS René, G.R. 1re L.M., 12-12-49.
MIDAN Emile, G.R. 1re L.M., 16-12-49.
CARTAL Maurice, G.R. 3e L.M., 19-12-49 (D.P.).
BRIAND Adrien, G.R. 3e L.M., 21-12-49.
DHÉNIN Etienne, G.R. 3e L.M., 21-12-49.
SACRISTA Jean, G.R. 3e L.M., 28-12-49.
DULUC Joseph, G.R. 1re L.M., 27-12-49.

1950

AUBERT Jérôme, G.R. 1re L.M., 11-1-50.
BOUCHET Paul, Ch. 2e L.M., 19-1-50.
DOUX Lucien, G.R. 2e L.M., 19-1-50.
MAZERES Jean-Noël, Adj. P.M., 21-1-50.
GENDRE Raymond, G.R. 1re L.M., 28-1-50.
GAGET Georges, Ch. 3e L.M., 4-2-50.
VACHET Jean-Marie, G.R. 3e L.M., 6-2-50.
HALLEGUEN Jean-Louis, Ch. 2e L.M., 10-2-50.
DECARPENTERIE Jean-Marie, G.R. P.M., 7-2-50.
LAMBERT Pierre, G.R. 3e L.M., 17-2-50.
LEFEBVRE Lucien, G.R. 3e L.M., 17-2-50.
SOUBRIE Georges, G.R. 3e L.M., 26-2-50.
SALES Roger, G.R. 2e L.M., 20-2-50.
THIEBAUT Michel, G.R. 1re L.M., 28-2-50.
CARREYRE Marcel, G.R. 2e L.M., 19-3-50.
MISSUWE Georges, G.R. 1re L.M., 27-3-50.
DANTHINNE Albert, G.R. 1re L.M., 13-4-50.
BIGUEUR Lucien, G.R. 2e L.M., 14-4-50.
BOULBIN Louis, G.R. 3e L.M., 10-4-50.
CLAUDEL André, G.R. 3e L.M., 15-4-50.
QUENTIN Lucien, G.R. 3e L.M., 19-4-50.
BONNET Ulysse, G.R. 3e L.M., 29-4-50.
BOUZON Georges, G.R. 1re L.M., 24-4-50.
DUBOIS Marcel, G.R. 2e L.M., 19-4-50.
RIEL André, G.R. 1re L.M., 25-4-50.
NOËL Pierre, G.R. 1re L.M., 26-4-50.
COUGOUILLE Max, G.R. 3e L.M., 9-5-50.
DUCAY Jean, G.R. 1re L.M., 12-5-50.
DEDENON René, G.R. 2e L.M., 1-5-50.
ROBERT Georges, G.R. 3e L.M., 16-5-50.
GOMANNE Roger, G.R. 1re L.M., 19-5-50.
LAFFOND Maurice, G.R. P.M., 10-5-50.
MALINEAU Robert, G.R. 2e L.M., 30-5-50.
HERBE Raymond, G.R. 3e L.M., 16-6-50.
DUBOIS Louis, G.R. 3e L.M., 11-6-50.
GAUTHIER Pierre, G.R. 3e L.M., 1-7-50.
RAOULX Maurice, G.R. 1re L.M., 14-7-50.
BRUN Louis, G.R. 3e L.M., 20-7-50.
PERRIN Hippolyte, G.R. 3e L.M., 21-7-50.
CORNEVAUX André, G.R. 1re L.M., 27-7-50.
GAUTHIER Jean-Marie, A.C. 3e L.M., 28-7-50.
GONIDEC Pierre, G.R. 1re L.M., 31-7-50.
LAMARCHE René, G.R. 1re L.M., 6-8-50.
MAILLE-BIAU Paul, G.R. 2e L.M., 10-8-50.
GERY Jean, G.R. 1re L.M., 30-8-50.
CASTERAN Jean, G.R. 3e L.M., 14-8-50.
LIMINANA Henri, G.R. 2e L.M., 24-8-50.
SICRE René, G.R. 3e L.M., 3-9-50.
ORY Raymond, Adj. 1re L.M., 16-9-50.
RINGEVAL Robert, Ch. 1re L.M., 16-9-50.
BERNARD Jean, G.R. 3e L.M., 23-9-50.
GUENNEGUEZ Jean, G.R. 3e L.M., 27-9-50.
BAYE Jean, G.R. 3e L.M., 28-9-50.
ROUSSEAU Rémy, G.R. 3e L.M., 2-10-50.
NAVAS Yves, G.R. 3e L.M., 10-10-50.
VINCENT Marcel, G.R. 2e L.M., 15-10-50.
EYCHENNE Jean, G.R. 3e L.M., 15-10-50.
MAGNIER Robert, G.R. 3e L.M., 30-11-50.
DERRIEN Corentin, G.R. 1re L.M., 10-11-50.
COLOMINES Honoré, G.R. 1re L.M., 20-11-50.
BERNAUD Pierre, G.R. 2e L.M., 12-11-50.
DENAUX Gilbert, G.R. 3e L.M., 2-12-50.
PETILLON Arnaud, G.R. 3e L.M., 2-12-50.
LALEU Louis, G.R. 3e L.M., 2-12-50.
GREFFIER Gérard, G.R. 1re L.M., 7-12-50.
MATTELON Léon, G.R. 3e L.M., 30-12-50.
ABRAHAM Marcel, G.R. 3e L.M., 30-12-50.

1951

DOY Roger, G.R. 1re L.M., 10-1-51.
BOHUON Francis, G.R. 3e L.M., 14-1-51.
LAVINAL Marcel, G.R. 3e L.M., 10-1-51.
PINGUET Abel, G.R. 3e L.M., 10-1-51.
ALQUIER René, G.R. 2e L.M., 8-1-51.
POULAIN André, Ge P.M., 10-1-51.
THIBLIER Marius, G.R. 3e L.M., 19-1-51.
LACOSTE René, Lieutenant, 3e L.M., 27-1-51.
MALARDE Désiré, G.R. 3e L.M., 27-1-51.
BERNARD Henri, G.R. 3e L.M., 31-1-51.
BOUDAILLE Gilbert, G.R. 3e L.M., 30-1-51.
CAULET Henri, G.R. 3e L.M., 30-1-51.
MARCHAL René, G.R. 3e L.M., 30-1-51.
TEYCHENE André, G.R. 3e L.M., 30-1-51.
TERSINET Hubert, G.R. 3e L.M., 3-2-51.
LABORDE Henri, G.R. 3e L.M., 16-2-51.
BRAYE Jean, Ch. 3e L.M., 27-2-51.
CUVILLIERS Paul, Adj. 2e L.M., 27-2-51.
GRESSOT Charles, G.R. 3e L.M., 24-3-51.
PREGET Yves, G.R. 3e L.M., 24-3-51.
LAMBERT Achille, G.R. 3e L.M., 24-3-51.
VILLENEUVE Georges, G.R. 3e L.M., 24-3-51.
LE ROUX Jean, G.R. 3e L.M., 24-3-51.
PEFAUR Louis, Ch. 3e L.M., 28-3-51 (D.P.).
SANOIS Eugène, G.R. 3e L.M., 28-3-51.
OMS Louis, G.R. 3e L.M., 28-3-51 (D.P.).
RAIMON Jean, Ch. 3e L.M., 28-3-51 (D.P.).
LAUDETTE Jean, G.R. 3e L.M., 28-3-51 (D.P.).
BERTEL Rémi, G.R. 3e L.M., 28-3-51 (D.P.).
VITALI Emile, G.R. 1re L.M., 3-4-51.
CROS Louis, G.R. 2e L.M., 15-4-51.
SALON Henri, G.R. 2e L.M., 15-4-51.
VEILLEROT Maurice, Adj. 1re L.M., 12-5-51.
TAILFER Claude, G.R. 1re L.M., 13-5-51.
NICOLAS Gaston, G.R. 1re L.M., 14-5-51.
EVELINGER Roger, Ch. 3e L.M., 2-6-51 (D.P.).
ROBERT Jean, Ch. 2e L.M., 29-5-51.
FREROT Louis, G.R. 2e L.M., 4-6-51.
GUENNOC Michel, Lt, 1re L.M., 6-6-51.
BERAUD Paul, G.R. 3e L.M., 23-6-51.
BLAISE Fernand, G.R. 3e L.M., 23-6-51.
BANCONS Justin, G.R. 3e L.M., 23-6-51 (D.P.).
DESARNAUD Jean, G.R. 3e L.M., 25-6-51.
PELISSIER Jean-Pierre, Adj. 1re L.M., 25-6-51.
DEHAYE Guy, G.R. 3e L.M., 14-7-51.
FAURE Jean, G.R. 1re L.M., 12-7-51.
PICART Georges, Ch. 1re L.M., 19-7-51.
BOUQUET Elie, G.R. 2e L.M., 25-7-51.
BRIANÇON Charles, G.R. 2e L.M., 6-8-51.
LAGARDE Elie, G.R. 1re L.M., 11-9-51.
LABELLE Henri, G.R. 2e L.M., 6-9-51.
PIGOIS Pierre, G.R. 2e L.M., 12-9-51.
LEPREUX Hubert, G.R. 2e L.M., 26-9-51.
HENRIET Raymond, G.R. 3e L.M., 2-10-51.
CECCALDI Jules, G.R. 3e L.M., 20-10-51.
FAVIER Jean-Claude, G.R. 3e L.M., 20-10-51.
TAILY Guy, G.R. 1re L.M., 5-10-51.
MORILLO Jean, G.R. 3e L.M., 31-10-51.
GESTREAUD Raymond, G.R. 3e L.M., 15-10-51.
MONCHANY Marcel, Ch. 1re L.M., 15-10-51.
GARCIA René, G.R. 1re L.M., 15-10-51.
COURIEUX Gaston, G.R. 1re L.M., 15-10-51.
RAU Camille, G.R. 1re L.M., 10-11-51.
GUILLAMON Albert, A.C. 3e L.M., 25-11-51.
FREULON Louis, G.R. 1re L.M., 4-12-51.
SIOM Jean, G.R. 2e L.M., 1-12-51.
DEROODE Martial, G.R. 1re L.M., 3-12-51.
JOTTREAU Alexis, G.R. 1re L.M., 7-12-51.
QUERIAUD Pierre, G.R. 1re L.M., 30-12-51.
POTEL Roger, G.R. 2e L.M., 29-12-51.

1952

PEZIN Bernard, G.R. 3e L.M., 12-1-52.
GILLOT Constant, G.R. 3e L.M., 23-1-52.
JUIN Norbert, G.R. 3e L.M., 28-1-52.
CABRERA Gilbert, G.R. 3e L.M., 11-2-52.
MARCHAND Léopold, G.R. 3e L.M., 13-2-52.
SUPERVILLE Marcel, G.R. 3e L.M., 27-1-52 (D.P.).
POCQ Jean, G.R. 2e L.M., 25-2-52.
CROUVOISIER Lucien, G.R. 1re L.M., 23-2-52.
ETIENNE Jean, G.R. 1re L.M., 23-2-52.
CARLES Sylvestre, G.R. 3e L.M., 19-2-52 (D.P.).
DEVILLARD Jean-Louis, G.R. 3e L.M., 3-3-52 (D.P.).
BONHOMME Christian, G.R. 3e L.M., 5-3-52 (D.P.).
GIRARDOT César, G.R. 3e L.M., 5-3-52 (D.P.).
PASSERON Christian, G.R. 3e L.M., 13-3-52.
SANTOLINI Jacques, Ge P.M., 6-4-52.
COURBET Guy, G.R. 3e L.M., 14-3-52.
AUGERAY Pierre, G.R. 3e L.M., 16-3-52.
SPANG Rémi, G.R. 3e L.M., 16-3-52.
VILLER Adrien, G.R. 3e L.M., 16-3-52 (D.P.).
GRESSIER Jean, G.R. 3e L.M., 16-4-52 (D.P.).
CALVEZ Jean-François, G.R. 2e L.M., 25-4-52.
BOUSSEMART André, G.R. 2e L.M., 28-4-52.
ANDRIEUX Jean, G.R. 2e L.M., 28-4-52.
JOLLY Guy, G.R. 3e L.M., 7-5-52.
ROUX Victorin, G.R. 2e L.M., 3-5-52.
GINDRE Robert, G.R. 1re L.M., 10-5-52 (D.P.).
HUCHET François, G.R. P.M., 21-5-52.
RAIMBEAUX André, G.R. 3e L.M., 21-5-52.
MONTEIL Jean, G.R. 3e L.M., 1-6-52 (D.P.).
ROUSSEL François, G.R. 3e L.M., 4-6-52.
BLANC Robert, G.R. 1re L.M., 31-5-52.
DUPRAT André, G.R. 3e L.M., 7-6-52.
CHAUVET Robert, G.R. 3e L.M., 15-6-52 (D.P.).
GIRY Jean, G.R. 2e L.M., 23-6-52.

CARRETE François, Ch. 2e L.M., 23-6-52.
JIOLAT Maurice, G.R. 3e L.M., 23-6-52.
DUCHEMIN Charles, Adj. 2e L.M., 12-7-52.
FINAS Noël, G.R. 3e L.M., 7-7-52.
CHATAIGNER Jean-Paul, G.R. 1re L.M., 25-6-52.
BOUTON André, G.R. 1re L.M., 14-7-52.
DERRIEN Eugène, G.R. P.M., 13-7-52.
NALY Louis, G.R. 2e L.M., 21-7-52.
DUNEAU Roger, G.R. 3e L.M., 11-8-52.
BREUDIN François, G.R. 3e L.M., 14-8-52.
MARÉCHAL Georges, G.R. 1re L.M., 26-8-52.
LAIME Guy, G.R. 2e L.M., 15-8-52.
POIRIER Guy, G.R. 2e L.M., 2-9-52.
CORTADA Pierre, G.R. 1re L.M., 9-9-52.
DAUVET Joseph, Ch. 1re L.M., 16-9-52.
BRUGIÈRE René, G.R. 2e L.M., 18-9-52.
TRAVERS André, G.R. 2e L.M., 19-9-52 (D.P.).
PARCHOMENKO Paul, G.R. 2e L.M., 21-9-52.
BLANC-PINGET Gaston, Ch. 1re L.M., 16-9-52.
BESSON Jacques, Ch. 1re L.M., 22-9-52.
FOUQUOIRE Adrien, G.R. 1re L.M., 22-9-52.
GALY Michel, G.R. 3e L.M., 19-10-52.
DENIS Robert, G.R. 2e L.M., 19-10-52.
TALICHET Robert, G.R. 1re L.M., 25-10-52.
BOSSER René, G.R. 2e L.M., 31-10-52.
CAILLER Hubert, G.R. 3e L.M., 8-11-52.
ROUX Aimé, G.R. 3e L.M., 8-11-52 (D.P.).
COCHU Raymond, G.R. 1re L.M., 1-11-52.
LE GALL René, G.R. 3e L.M., 7-11-52 (D.P.).
LEMPS Albert, G.R. 3e L.M., 7-11-52 (D.P.).
SIURANA Roger, G.R. 2e L.M., 13-11-52.
FOUCONNIER Maurice, Ge. G.I.S., 7-11-52.
CHAUDOUET Pierre, G.R. 2e L.M., 28-11-52.
BRÈME Jean-Marie, G.R. 3e L.M., 30-11-52 (D.P.).
REBIÈRE Louis, G.R. 3e L.M., 1-12-52.
CAILLOT Pierre, A.C. 1re L.M., 17-12-52.
CORNEBOIS Jacques, Ch. 1re L.M., 17-12-52.
CONVERSET Alphonse, G.R. 1re L.M., 10-12-52.
CROGUENNEC Emile, G.R. 1re L.M., 17-12-52.
MARCHAND Lucien, G.R. 1re L.M., 7-12-52.
BLANC Maurice, G.R. 2e L.M., 29-12-52.

1953

BREUIL André, G.R. 2e L.M., 19-1-53.
CLAIRE Bernard, G.R. 1re L.M., 10-1-53.
DARBOUX Robert, G.R. 1re L.M., 25-1-53.
SAUVAGE Marcel, G.R. 2e L.M., 7-2-53.
DARRACQ Joseph, G.R. 3e L.M., 12-2-53 (D.P.).
GUILLEBAUD Claude, G.R. 3e L.M., 12-2-53.
BOUDAUD Raymond, G.R. 1re L.M., 27-2-53.
MORDON Etienne, G.R. 3e L.M., 3-3-53.
GUINDET Jacques, G.R. 2e L.M., 21-3-53.
SERVANT Robert, G.R. 2e L.M., 6-4-53.
CHEVRIER Roger, G.R. 2e L.M., 1-5-53.
LENÈVF Jean-Marie, G.R. 1re L.M., 19-5-53.
RÉMY Jean, G.R. 2e L.M., 17-5-53.
JEUNE Paul, G.R. 2e L.M., 15-5-53.
MERLET Jean, G.R. 3e L.M., 24-5-53.
EMIN Francis, Ge GIS, 12-4-53 (D.P.).
VICENTE Albert, Ge P.M., 16-6-53.
FRELEZEAU René, G.R. 2e L.M., 30-6-53.
FONTENEAU Amédée, G.R. 1re L.M., 22-6-53.
SABLAIN Florimond, G.R. 2e L.M., 19-7-53.
LEYENDECKER Marcel, G.R. 3e L.M., 10-7-53.
MARANBER Gabriel, G.R. 3e L.M., 7-8-53.
PENVEN Raymond, G.R. 3e L.M., 13-8-53.
LABORDE Lucien, G.R. 2e L.M., 11-8-53.
DARRET Georges, G.R. 1re L.M., 17-8-53.
SEUZARET René, G.R. G.I.S., 16-8-53.
LOZACH Jean, G.R. 1re L.M., 23-8-53.
VINCON Jacques, G.R. 2e L.M., 31-8-53.
LEFORT Raymond, Ch. 1re L.M., 26-8-53.
BRUGNONI Henri, G.R. 1re L.M., 23-8-53.
GIRARD Claude, G.R. 3e L.M., 17-9-53.
CLERGET André, G.R. 1re L.M., 11-9-53.
PASTOR Pierre, A.C. 3e L.M., 28-9-53.
ACQUAVIVA Pierre, G.R. 3e L.M., 11-11-53.
TOQUEBENS Maurice, G.R. 3e L.M., 4-12-53.
BLAIVE Pierre, Ge G.I.S., 7-12-53.
NICOL Jean, G.R. 3e L.M., 11-12-53.
MOULIS Raymond, G.R. 2e L.M., 11-12-53.
ERRECART Robert, G.R. 3e L.M., 22-12-53.
BERTIN André, Ch. 2e L.M., 21-12-53.
DAVRIL Jean, G.R. 3e L.M., 29-12-53.
LE CLANCHE Jean, G.R. 3e L.M., 30-12-53.
GOUAILLARDEU Bernard, G.R. 3e L.M., 31-12-53.
CHAUVEL Marcel, Adj. L.M , 29-12-53.
GASSON René, Ge. P.M., 29-12-53.
DULAC Aimé, G.R. 2e L.M., 25-12-53.

1954

BRICOT René, Lt, 2e L.M., 4-1-54.
MAURY Marc, G.R. 1re L.M., 11-1-54.
LEUCHAT André, G.R. 3e L.M., 24-1-54.
JOUVET André, G.R. 2e L.M., 26-1-54.
VESIN Louis, G.R. 1re L.M., 25-1-54.
VACHERON Rémi, G.R. 1re L.M., 27-1-54.
RICARD Elie, G.R. 1re L.M., 31-1-54.
CHAUD Marcel, G.R. 3e L.M., 28-1-54.
HUGON Léon, G.R. 1re L.M., 28-1-54 (D.P.).
CHARPENTIER Georges, G.R. 1re L.M., 6-2-54.
SERRET Henri, G.R. 2e L.M., 26-2-54.
WALTER René, Ch. 3e L.M., 8-3-54.

DOINEAU Paul, G.R. 3e L.M., 8-3-54.
GAUTHIER Jean, G.R. 3e L.M., 8-3-54.
BAUD Gabriel, G.R. 3e L.M., 8-3-54 (D.P.).
MOUFFOK Belkaïa, G.R. 3e L.M., 11-3-54.
MAINDRON Pierre, G.R. 2e L.M., 13-3-54.
NASSIET Gabriel, G.R. 3e L.M., 15-3-54.
CHAZAL Auguste, G.R. 1re L.M., 11-3-54.
BRIGAND Lucien, G.R. 1re L.M., 27-3-54.
ARNONE Frédéric, G.R. P.M., 1-4-54.
PONCHON René, G.R. 1re L.M., 5-4-54.
DELPHIS Jacques, G.R. 2e L.M., 7-4-54.
DUBOST Roger, G.R. 3e L.M., 26-4-54.
LECLERCQ Michel, G.R. 1re L.M., 26-4-54.
GROSSIN Germain, G.R. 1re L.M., 5-4-54.
PUCHAUD Georges, Ge GIS, 2-5-54.
BURLOT Paul, G.R. 3e L.M., 8-5-54 (D.P.).
DONNARD Yves, G.R. 3e L.M., 8-5-54 (D.P.).
RABAUD Jean, G.R. 3e L.M., 8-5-54 (D.P.).
VENTRILLON Gustave, G.R. 3e L.M., 8-5-54 (D.P.).
DAUBAIRE Maurice, G.R. 1re L.M., 19-5-54.
MARQUIS Pierre, G.R. 1re L.M., 15-4-54.
THIERRY Maurice, G.R. 3e L.M., 22-5-54.
DESRY Gabriel, Ge P.M., 7-5-54 (D.P.).
GARCIA Norbert, Ge P.M., 7-5-54 (D.P.).
MARTINEZ Pierre, Ch. P.M., 7-5-54 (D.P.).
LEROY Jean, Ge G.I.S., 7-5-54 (D.P.).
BRESSOLLES Gustave, G.R. 3e L.M., 26-5-54.
ALLA Julien, G.R. 3e L.M., 6-6-54.
POUPIN Michel, G.R. 3e L.M., 6-6-54.
DORIN Michel, G.R. 3e L.M., 7-6-54.
TOURNIER Jean, G.R. 2e L.M., 12-6-54.
BAYOL Fernand, G.R. 3e L.M., 16-6-54.
STALTER Guy, G.R. 1re L.M., 5-6-54.
MAURY Guy, G.R. 1re L.M., 13-6-54.
DAUMUR Jean, G.R. 2e L.M., 24-6-54.
STURCHLER Georges, G.R. 3e L.M., 11-7-54.
FAVIE Gabriel, G.R. 3e L.M., 14-7-54.
PERRIN Camille, Adj. 3e L.M., 16-7-54.
COULON René, G.R. 2e L.M., 14-7-54.
DEGOUTIN Roger, G.R. 3e L.M., 23-7-54.
DARAGUEZ Gaston, Ge. P.M., 12-7-54.
MEDORI Joseph, G.R. 3e L.M., 17-7-54.
PUGET Gustave, G.R. 2e L.M., 4-8-54.
LEDOUX Hubert, G.R. 1re L.M., 17-7-54.
HERBULOT Roger, G.R. 3e L.M., 12-9-54.
AUBERT Georges, Ge 3e L.M., 4-11-54.
DUPONT Alphonse, Ge G.I.S., 14-11-54.
PELLERIN Robert, G.R. 2e L.M., 22-12-54.
PERROT Raymond, G.R. 1re L.M., 7-12-54.

1955

NIOCHE André, G.R. 1re L.M., 6-3-55.
GROSSARD Emile, G.R. 3e L.M., 21-3-55.
TRETOUT Corentin, G.R. 1re L.M., 15-5-55.
MAUREL Robert, A.C. G.I.S., 23-7-55.

1956

TASTET Jean, G.R. 1re L.M., 21-2-56.

TABLE

L'impression de ce livre
a été réalisée sur les presses
des Imprimeries Aubin
à Poitiers/Ligugé

pour les Presses de la Cité

Achevé d'imprimer en octobre 1985
N° d'édition, 5125 — N° d'impression, L 20563
Dépôt légal, octobre 1985

Imprimé en France